Savoir-Faire Plus

Written by an experienced tutor, *Savoi*[illegible]e requirements of today's generation of language un[illegible]phone first-year undergraduate studying French in the UK [illegible] francophone students, this engaging textbook provides:

- a clear, logical structure
- a blend of communicative, research-based and traditional exercises
- a wide range of activities covering the four key linguistic skills as well as intercultural skills
- authentic texts (with extracts from *Le Monde*, *L'Express*, *Le Nouvel Observateur* and *Libération*)
- guidance and practical tips for effective and independent learning.

Each of the 10 chapters consists of 4 topic-based sections which provide students with a wealth of diverse material allowing them to gain an in-depth knowledge of relevant topical subjects such as regional languages, sustainable development and fair trade, amongst others. Digestible grammar points are integrated throughout and a range of additional exercises are available on the accompanying website allowing students to perfect their language skills.

Suitable for both self-study and class use, *Savoir-Faire Plus* is the ideal course for all advanced students of French, consolidating knowledge gained at A level while supporting the transition to undergraduate study.

Géraldine Enjelvin is a senior lecturer in French at the University of Northampton. She has published in *Le français dans le monde*, *Francophonie* and *Modern and Contemporary France.*

Savoir-Faire Plus
Le français à l'université

Second edition

Géraldine Enjelvin

LONDON AND NEW YORK

First published 1999

This edition published 2009
by Routledge
2 Park Square, Milton Park, Abingdon, Oxon OX14 4RN

Simultaneously published in the USA and Canada
by Routledge
711 Third Ave, New York, NY 10017

Routledge is an imprint of the Taylor & Francis Group, an informa business

Typeset in 12pt Chaparral Pro by Fakenham Photosetting Ltd, Fakenham, Norfolk

British Library Cataloguing in Publication Data
A catalogue record for this book is available from the British Library

Library of Congress Cataloging-in-Publication Data
Enjelvin, Géraldine.
Savoir faire plus: le français à l'université / Géraldine Enjelvin. --2nd ed.
p. cm.
1. French language--Textbooks for foreign speakers--English. I. Title.
PC2129.E5E55 2008
448.2'421--dc22
2008021701

ISBN10: 0-415-44475-6 (pbk)
ISBN10: 0-415-44476-4 (CD)

ISBN13: 978-0-415-44475-0 (pbk)
ISBN13: 978-0-415-44476-7 (CD)

Table des matières

Acknowledgements

I wish to thank Gilles Enjelvin for his support and technical assistance.

I also wish to thank Claire Trocmé for her professionalism and indispensable involvement.

The publishers would like to thank the following for permission to reproduce material in this book.

Chapter 2

L'INSEE: Enquête – Vie associative, INSEE, 2002, http://www.insee.fr/fr/ffc/docs_ffc/es372a.pdf

Enquête sur la population active – le bénévolat suisse, Office fédéral de la statistique suisse, 2004, http://francebenevolat.org/PDF/Le_benevolat_en_Suisse.pdf

La France bénévole, CerPhi, 2005, 2 tables from http://www.cerphi.org/pdf_publications/la-france-benevole-2005.pdf

Projects abroad, information from http://projects-abroad.fr/

Fédération des Eglises protestantes de Suisse, table from http://www.eglises.ch/dossierbenevolat/www/dynfiles/alleKomp.php

Chapter 3

Ar'toit 2 générations : l'indifférence d'âge ! *Arras Actualités* – le magazine des Arrageois, n° 211, février 2007, http://ville -arras.fr/atooentreprise/download_fic.php3?chemin=/atooentreprise/43/_imgs_journal/&fichier=20070123367094.pdf

Audrey Minette, La colocation, une mode devenue un mode de vie, La Voix du Nord, 18 février 2003, http://infologement.org/pages/revuepresse/revuelavoix03.php

Valérie Cohen-Scali, Quand les petits boulots des étudiants influencent leurs projets professionnels, Lettre *Consommation et Modes de Vie*, CRÉDOC, n° 180, décembre 2004, http://www.credoc.fr/pdf/4p/180.pdf

Chapter 4

Papy Loft, un nouveau concept pour les seniors, Domoclick, 20 octobre 2005, http://www.domoclick.com/index.php?option=com_content&task=view&id=161&Itemid=30

Tendances – Papy Loft, Question Maison, France 5 Télévision, © France Télévisions Interactive, http://www.france5.fr/question-maison/index-fr.php?page=article&id=743

Cocon3s : senior recherche . . . seniors pour colocation d'appartement, Senior Actu, 30 mai 2007, © Senioractu.com http://www.senioractu.com/Cocon3s-senior-recherche-seniors-pour-colocation-d-appartement_a7352.html

Jean-Phillipe Tarot, Allemagne – Colocation senior : vivre ensemble pour fuir la solitude, Senior Actu, 25 avril 2005, © Senioractu.com, http://www.senioractu.com/Allemagne-Colocation-senior-vivre-ensemble-pour-fuir-la-solitude_a4401.html?start_liste=5&paa=2

Secours populaire français, © Campagne de solidarité de la FAGE, FAGE 2006, image from http://www.secourspopulaire.fr/actualite.0.html?&id_actu=148

Chapter 5

Samuel Lepastier, Le bizutage : un paradigme, Revue *Psychiatrie Française*, n° 3.93, version de juillet 2003 (mise à jour depuis), http://acatparis5.free.fr/html/modules/news/article.php?storyid=32

Flore Galaud, Gaspard était un enfant joyeux, bien dans sa peau, 20 minutes France, 31 mai 2007, http://www.20minutes.fr/

article/161439/France-Gaspard-etait-un-enfant-joyeux-bien-dans-sa-peau.php

Les « jeux » dangereux et les pratiques violentes, ÉduSCOL, 18 avril 2007, © Direction générale de l'enseignement scolaire – MENESR, http://eduscol.education.fr/D0203/jeux_dangereux.pdf

L'Arche de Lanza del Vasto, Coordination française pour la décennie Internationale de la promotion d'une culture de non-violence et de paix, Coordination française pour la Décennie, http://www.decennie.org/links.php?op=viewslink&sid=24

Guillaume Gamblin, L'arche de Lanza del Vasto - l'expérience communautaire : un projet de vie radical et intégral au service de la non-violence, *Non-Violence* XXI, 2003, Paris, http://www.irenees.net/fr/fiches/acteurs/fiche-acteurs-308.html

Camp de jeunes : vivre les engagés de la communauté de l'Arche, Arche de St Antoine, http://www.arche-de-st-antoine.com/PJuin2000_fichiers/formation.htm

Chapter 6

Association Braillenet, image from www.accessiweb.org/_repository/images/id_328_1174302338692319.gif

Max Havelaar France, image from http://www.maxhavelaarfrance.org/document/tout_savoir_sur_le_label.pdf

Veronique Smée, La Redoute : bilan positif pour le coton équitable, NOVETHIC, 12 avril 2006, http://novethic.fr/novethic/site/article/index.jsp?id=99911&titre=La%20Redoute%20:%20bilan%20positif%20pour%20le%20coton%C3%A9quitable

Anna Musso, Mode éthique : une tendance durable, *Le journal du développement durabl*e, 10 avril 2007, www.developpementdurablelejournal.com, http://www.developpementdurablelejournal.fr/spip.php?article139&var_recherche=mode%20ethique

Les Français et le commerce équitable – L'image des produits issus du commerce équitable, TNS Sofres, 8-9 mars 2006, table from http://www.tns-sofres.com/etudes/pol/200406_commerceequitable_r.htm

Les Français et le tourisme responsable, TNS Sofres, 29 mars 2007, table from http://www.tns-sofres.com/etudes/sesame/160407_tourismeresponsable.pdf

Chapter 7

Jeremy Antippas, Nouvelle mise en demeure d'une radio pour propos attentatoire à l'épanouissement des mineurs lors d'émissions de « libre antenne », Cejem.com, 25 mai 2005, http://www.cejem.com/article.php3?id_article=183

Amandine Hirou, Libre antenne – Les ados fidèles au poste, *L'Express*, 12 janvier 2006, http://www.lexpress.fr/culture/tv-radio/les-ados-fideles-au-poste_483367.html

©Mikael Parkvall, Map of regional languages

Olivier Le Naire, Claude Hagège: Ne méprisons pas les langues régionales, *L'Express*, 12 avril 2007, http://www.lexpress.fr/info/region/dossier/aquitaine/dossier.asp?ida=456948

Philippe Argouarch, Le Centenaire de Bécassine, Communiqué du Parti Breton, 4 février 2005, http://www.partibreton.org/pb/article.php3?id_article=116

Boris Thiolay, Comment sauver la langue bretonne – Un cas d'école, *L'Express*, 7 juin 2007, http://www.lexpress.fr/info/france/dossier/bretagne/dossier.asp?ida=457852&p=2

Chapter 8

John C. Courtney and Drew Wilby, Le débat sur le vote obligatoire, *Revue parlementaire canadienne*, hiver 2007, vol. 30 n 4, pp 42–46, http://www.parl.gc.ca/Infoparl/francais/issue.htm?param=187&art=1265

Proposition de loi (n° 1698 rectifié) de M. Christian Jeanjean visant à rendre obligatoire l'exercice du droit de vote pour tous les électeurs français, ©Assemblée nationale, Document déposé le 21 octobre 2004. http://www.assemblee-nationale.fr/12/propositions/pion1698.asp

Assemblée nationale, Proposition de loi (n° 3674) de M. Pierre Cardo tendant à réformer les dispositions du Code civil relatives aux obligations d'entretien des enfants, ©Assemblée nationale, Document déposé le 20 mars 2002. (Proposition de loi redéposée le 15 octobre 2002 sous le numéro 305). http://www.assemblee-nationale.fr/11/propositions/pion3674.asp

Alain Chouffan, Bientôt des caméras partout ? Quand Sarkozy veut surveiller la France, *Le Nouvel Observateur*, n° 2135, 6 octobre 2005, http://hebdo.nouvelobs.com/hebdo/parution/p2135/articles/a278208.html

Le guide du créateur – Gîtes de France®, 2007, p.5, http://gites-de-france.com/var/plain/storage/fckeditor/File/Guidecreateurmars07.pdf

Every effort has been made to contact copyright holders. If any have been inadvertently overlooked the publishers will be pleased to make the necessary arrangements at the first opportunity.

Introduction

Welcome to *Savoir-Faire Plus – le français à l'université*. Written mostly in French, this content-based course is especially designed for first-year undergraduates studying post-A level French as the main subject of, or as a component subject within, their degree.

Savoir-Faire Plus – le français à l'université offers extensive opportunities for a variety of teaching contexts, and for the selection and/or adaptation of exercises according to the ability of a particular student or group.

Focusing on the life of an anglophone first-year undergraduate who is studying French in the UK and sharing a house with four francophone students, this textbook is divided into 10 chapters. Each chapter, in turn, is organised into 4 sections, and the titles give a flavour of the material in each section. The table at the beginning of each chapter lists the topics and grammar points covered, the skills practised as well as the study tips provided. Each chapter is supplemented with a range of online exercises. *Savoir-Faire Plus – le français à l'université* is designed to fit the typical 24-week teaching year and assumes two or three weekly hours of class contact.

This flexible, comprehensive and up-to-date textbook consolidates the language skills acquired at A level. It features a balanced four-skill approach to language learning and explores a variety of topics chosen for their cultural relevance and their success in fostering student engagement. It is designed to instil both communicative, grammatical and (inter)-cultural competency. A wealth of exercises for listening, speaking and writing are based on a wide range of authentic texts (with extracts from *Le Monde, L'Express, Le Nouvel Observateur, Libération,* etc.) as well as letters of complaint, letters of application, CVs, etc. New and recycled digestible grammar points have been carefully woven into each section's content and activities. The activities to be completed include comprehension questions in French and/or English, true/false statements, translations from English into French or vice versa, summary writing in French and/or English, synonym finding, gap filling, essay writing, advertisement analysis, role-plays, Internet searches, PowerPoint presentations, poetry writing, etc. For independent study, each section contains an *activité en plus* relating to the core material.

The type of exercise, and the skills practised, are indicated by icons.

 pair work

 box-ticking activity

 individual oral activity

 brain storming – oral activity (whole class)

 reading comprehension activity

 whole-class participation to complete the activity; one student writes/ types in the consensual answer

 writing activity

 listening comprehension activity

 improvised debate (whole class)

 role-play (pair or group work)

 Internet use

 online tasks to be completed

 study tips

Full recording transcripts are available in a separate booklet that accompanies the CDs. They provide the answers to activities involving listening comprehension and writing. Answers to other exercises, wherever possible, are available online – as are 40 reinforcement activities for independent study (one per section) and the corresponding answers.

Du français un peu partout

Activité 1 : vous savez sans doute que certains mots français sont utilisés par les anglophones et que certaines marques et personnalités francophones sont très connues dans le monde entier. Voyons quelles sont vos connaissances dans ce domaine. Cochez la bonne réponse (a, b ou c) pour chacune des 10 questions ou affirmations suivantes.

1. Quel est le nom de l'acteur français qui a joué dans *The Big Blue* (1988), *Mission Impossible* (1996) et *The Da Vinci Code* (2006)?
   a Jean Renoir
   b Jean Reno
   c Renaud
2. L'expression française utilisée par les anglophones et signifiant 'necessary; required' est
   a de valeur
   b de rigueur
   c de couleur
3. Tintin, Astérix, Obélix, Titeuf, Le Petit Nicolas et Spirou sont
   a de vrais chanteurs francophones
   b des héros d'histoires/de bandes dessinées francophones
   c de vrais auteurs francophones
4. Comment s'appelle le militaire français qui, suite à son rôle dans l'histoire de l'indépendance américaine, possède, à Washington, une place portant son nom?
   a La Rochefoucauld
   b Rochambeau
   c La Fayette
5. n° 5, Coco et Égoïste sont des parfums français de
   a Jean-Paul Gaultier
   b Chanel
   c Dior
6. Toblerone, Nestlé et Lindt sont des marques de chocolat de quel pays francophone ?
   a la Belgique
   b la Suisse
   c la France
7. La ville américaine bien connue pour son « Quartier français » s'appelle
   a New York
   b La Nouvelle-Orléans
   c Miami
8. L'ingénieur français qui a créé la structure de l'un des monuments les plus célèbres de Paris et l'armature de la Statue de la Liberté de New York s'appelle
   a Le Corbusier
   b Gustave Eiffel
   c I M Pei
9. Le pays francophone bien connu pour ses chalets et ses montres s'appelle
   a la Belgique
   b la Suisse
   c le Luxembourg
10. Hercule Poirot, le personnage de fiction créé par Agatha Christie, est
   a québécois
   b belge
   c français

Activité 2 : parler une langue étrangère facilite la découverte des autres et de leur culture. À votre tour de préparer un petit quiz, en utilisant l'activité ci-dessus comme modèle, pour tester les connaissances des autres étudiants sur votre pays (sa langue, sa cuisine, ses célébrités, ses grandes marques, son histoire, etc.). Vous allez leur poser 5 questions.

Apprenons à nous connaître

	Section 1 ***Correspondons***	Section 2 ***Textons***	Section 3 ***Téléphonons***	Section 4 ***Slamons***
Savoirs civilisationnels	- découvrir les autres	- les autres - le langage des SMS	- l'usage du téléphone portable en France	- le slam (ou poésie urbaine)
Savoir-faire fonctionnels	- parler de soi - parler des autres - parler de sa ville	- parler de soi - parler de sa ville - utiliser le langage des SMS	- utiliser le langage des statistiques - parler de son usage du téléphone portable	- utiliser le langage des slameurs
Savoir-faire notionnels	**Grammaire :** - adjectifs possessifs (p. 6) - présent des verbes réguliers (p. 6)	**Grammaire :** - adjectifs démonstratifs (p. 9) - présent des verbes pronominaux (p. 9)	**Grammaire :** - place des adverbes (p. 16)	**Grammaire :** - passé composé des verbes réguliers (auxiliaire avoir) (p. 17) - passé composé du verbe avoir (p. 17) - place des adverbes (p. 18)
Méthodes de travail efficaces	- réussir les exercices de compréhension écrite - mémoriser le vocabulaire - participer aux mini-débats improvisés	- réussir les exercices de compréhension auditive - bien utiliser l'Internet - bien utiliser un dictionnaire bilingue - préparer un mini-exposé oral		- bien gérer son temps
Activités de compréhension auditive		n° 2 (p. 8)		n° 3 (p. 17)
Activités de compréhension écrite	n° 2 (p. 5)		n° 2 (p. 14)	
Activités de production écrite	n° 3 (p. 6) n° 4 (p. 7)	n° 3 (p. 9) n° 4 (p. 9) n° 6 (p. 11)	n° 4 (p. 15)	n° 2 (p. 17) n° 4 (p. 18)
Activités de production orale	n° 1 (p. 4) n° 5 (p. 7) En Plus (p. 7)	n° 1 (p. 8) n° 5 (p. 10) En Plus (p. 11) n° 7 (p. 13)	n° 1 (p. 14) n° 3 (p. 15) n° 5 (p. 16) En Plus (p. 16)	n° 1 (p. 17) n° 4 (p. 18) En Plus (p. 18) n° 5 (p. 18)

CHAPITRE UN

Section 1 Correspondons

Activité 1 : dans cette section, nous allons faire, grâce à son mél, la connaissance de Mina, une jeune fille anglaise. Toutefois, rappelez-vous qu'afin de pouvoir comprendre un texte écrit, il faut en connaître les mots et expressions clés. Connaissez-vous la traduction des mots et groupes de mots suivants (lesquels sont listés dans leur ordre d'apparition dans le mél figurant dans l'activité 2 ci-dessous) ?

français	anglais
1. une petite annonce	a)
2. un correspondant	b)
3. corriger	c)
4. surnommer	d)
5. une maison jumelle	e)
6. un avocat	f)
7. un luminaire	g)
8. étudier le droit	h)
9. un cours du soir	i)
10. se prêter	j)
11. un texto	k)
12. bavarder	l)
13. supporter	m)
14. interdire	n)
15. une caissière	o)
16. économiser	p)
17. faire une licence pluridisciplinaire (à l'université)	q)
18. envoyer une pièce jointe (par email)	r)
19. tondre la pelouse	s)
20. se détendre	t)

Méthodes de travail efficaces : comment réussir les exercices de compréhension écrite

Plus vous lirez de textes en français, plus vous verrez de nouveaux mots, plus votre vocabulaire s'enrichira. Cependant, avant même de lire un texte, il est recommandé de lire attentivement les questions. Si les questions sont en français, assurez-vous tout d'abord que vous en comprenez bien la signification.

Les questions portent-elles sur des détails précis ou, au contraire, sur l'ensemble du texte ? Dans ce dernier cas c'est une compréhension globale du texte qui est demandée.

Si vos réponses doivent comporter des détails précis, relevez dans le texte les mots-clés (ou leur traduction, si les questions sont en anglais) contenus dans les questions – ces mots (ou leurs synonymes) (ou leur traduction, si les questions sont en anglais) seront à repérer dans le document écrit. Devez-vous repérer une date, un lieu géographique, un événement, un chiffre, un pourcentage, etc. ? La phrase comportant le mot-clé est-elle affirmative ou négative ? Le verbe est-il au présent ou au passé ?

Méthodes de travail efficaces : comment mémoriser le nouveau vocabulaire

Afin d'enrichir son vocabulaire, il est également indispensable d'apprendre, de façon régulière, les nouveaux mots et expressions rencontrés.

Il vous sera plus facile de mémoriser ce nouveau vocabulaire si vous le classez par catégories (verbes, noms, adjectifs, adverbes).

N'oubliez pas
- d'indiquer si le mot est masculin ou féminin
- d'ajouter la préposition qui va avec le verbe (par exemple « de », « à », etc.)
- d'ajouter le féminin et/ou le pluriel du nom ou de l'adjectif s'ils sont irréguliers
- d'ajouter un synonyme et un antonyme

Vous pouvez aussi classer les mots par champs lexicaux (par exemple le travail, les études, la santé, etc.).

Rappelez-vous que la mémoire est multiforme. Avez-vous une mémoire auditive ? Dans ce cas il est préférable de relire vos notes à haute voix. Avez-vous une mémoire visuelle ? Dans ce cas il est préférable de surligner ou souligner les mots et de les relire. Avez-vous une mémoire motrice ? Dans ce cas il est préférable d'écrire plusieurs fois certains mots.

Activité 2 : maintenant que le vocabulaire clé est connu, vous allez trouver le courriel de Mina facile à comprendre. Pour tester votre compréhension, remplissez le tableau en page 6.

From	**Mina_Mehta@yahoo.co.uk**
To	**Vero_la_lyonnaise@wanadoo.fr**
Subject	**Présentation**
Attachments	**Moi_cette_année.gif**

Salut Véro,

Mon professeur de français a vu ta petite annonce passée sur le site Internet « Entente Cordiale entre Correspondants » et donc, je te réponds. Mais j'avoue que c'est aussi mon professeur qui a (heureusement !) corrigé les fautes de français dans mon mail.

Je m'appelle Mina Mehta. Je viens d'avoir 17 ans mardi dernier. Mon anniversaire est le 27 septembre. J'habite dans une maison jumelle à Solihull, un quartier plutôt calme de Birmingham, qui est la ville où je suis née. J'adore ma ville natale ; c'est la plus grande ville d'Angleterre – après Londres, bien sûr ! On surnomme cette ville « Brum » et on appelle ses habitants les « Brummies ». Ma ville est bien connue pour son chocolat Cadbury - on peut d'ailleurs visiter son usine ; à la fin de chaque visite, ils distribuent même des chocolats gratuits !
Mon père, Sanjay, est d'origine pakistanaise ; il travaille comme avocat. Ma mère, Tzu-Yang, est d'origine chinoise ; elle dirige le service clientèle d'une compagnie anglaise de luminaires.
Je suis fille unique. Nous n'avons pas d'animaux à la maison car, malheureusement, je suis allergique ! Quelle malchance, hein ? !
Je vais en cours à « Grange Hill », à Solihull. Mon lycée se trouve à environ un quart d'heure à pied de la maison. Je suis en « year twelve » (l'équivalent de la première en France). Je prépare 3 matières pour mes « A levels » (l'équivalent du baccalauréat français) : le français, la littérature anglaise et le droit. Comme, pour mes « GCSEs » (l'équivalent du BEPC français), j'ai fait de l'espagnol, je continue à en faire ; je prends des cours du soir, tous les jeudis soirs. Nous commençons à 18h30 et finissons à 20h30. Dans notre groupe, nous trouvons tous cette langue très jolie !
Mon loisir préféré est de sortir avec mes meilleures amies (nous nous connaissons depuis longtemps !). Par contre, je n'ai pas de petit ami en ce moment. J'aime beaucoup la télé-réalité et la docu-fiction ; j'adore m'acheter des vêtements et des chaussures à la mode. D'ailleurs, mes amies me prêtent souvent leurs vestes et leurs chemisiers).
J'écoute régulièrement de la musique sur le lecteur mp3 que ma meilleure amie m'a offert pour mes 16 ans.
Je m'entends très bien avec mes parents – à part quand je passe des heures à envoyer des textos ou à bavarder sur mon portable ! Mon père ne supporte pas ça ! Ma mère, elle, est plus « cool » ; elle m'interdit rarement de faire quelque chose !
Au fait, mes amies et moi avons créé un blog ; voici l'adresse : **www.les_girls_ensemble@yahoo.com**. Nous nous amusons à y mettre nos photos préférées (de vacances, de chanteurs, d'acteurs, etc.). Alors, qu'est-ce que tu penses de notre blog ?
Pour gagner un peu d'argent, je travaille, depuis presque un an, comme caissière dans un supermarché – tous les samedis et parfois les dimanches. Je gagne un peu plus que le salaire horaire minimum et j'économise cet argent le plus possible (enfin, j'essaie !) car, après mon baccalauréat, je veux absolument faire une licence pluridisciplinaire français-droit international. Je n'ai vraiment pas envie d'avoir des problèmes d'argent et des dettes énormes à la fin de mes études !

Voilà, c'est tout pour aujourd'hui. J'espère que mon résumé va te donner envie de me contacter. À très bientôt,
Ta nouvelle amie anglophone,

Mina

PS : je t'envoie 1 pièce jointe (une photo de moi). Je voulais t'envoyer une photo de ma maison, vue de derrière, avec notre véranda et toutes nos fleurs, mais malheureusement, je ne la trouve pas – mon père tond la pelouse tous les dimanches ; il affirme que faire du jardinage l'aide à se détendre. Ma mère et moi ? On déteste faire ça !

	true	false	correct any false statements (in English)
1 Mina will be 17 next Tuesday			
2 She lives in a detached house			
3 Her father is a lawyer			
4 Her mother is in charge of an alumni association			
5 Mina is an only child			
6 Mina loves pets			
7 Her bus journey to school takes 15 minutes			
8 She is doing an A level in law			
9 She is doing an A level in Spanish			
10 Her best friend gave her an mp3 player for her latest birthday			
11 She always gets on well with her parents			
12 She's been working in a supermarket for over a year			
13 She tends to spend all her money on clothes and shoes			
14 She wants to do a combined honours degree			
15 Her parents like mowing the lawn			

Activité 3 : lorsqu'on se présente ou qu'on présente une autre personne, on utilise généralement des verbes au présent et des adjectifs possessifs. Aussi, révisez, si nécessaire, les adjectifs possessifs (soulignés dans le courriel) et le présent des verbes réguliers (surlignés dans le courriel) et aidez-vous également du mail de Mina pour traduire en français les 6 phrases suivantes.

Zoom sur … les adjectifs possessifs

Singulier masculin	
mon, ton, son	my, your, his/her
Singulier féminin	
ma, mon (+ voyelle) ta, ton (+ voyelle) sa, son (+ voyelle)	my, your, his/her
Singulier féminin et/ ou masculin	
notre, votre, leur	our, your, their
Pluriel féminin et/ou masculin	
mes, tes, ses	my, your, his/her
nos, vos, leurs	our, your, their

Zoom sur …
le présent des verbes réguliers

Verbes en er (aim**er**)	**Verbes en ir** (fin**ir**)	**Verbes en re** (descend**re**)
J'aim **e**	Je fin **is**	Je descend **s**
Tu aim **es**	Tu fin **is**	Tu descend **s**
Il/ elle/ on aim **e**	Il/elle/on fin **it**	Il/elle/on descend
Nous aim **ons**	Nous fin **issons**	Nous descend **ons**
Vous aim **ez**	Vous fin **issez**	Vous descend **ez**
Ils/ elles aim **ent**	Ils/elles fin **issent**	Ils/elles descend **ent**

1 Your mother works (travailler) as a checkout assistant; she finishes (finir) at 6 p.m.

2 My sister is doing (préparer) a degree in Spanish; she is awaiting (attendre) her results.

3 His daughters are checking (vérifier) their text messages; her sons are mowing (tondre) my lawn.

4 Their neighbours are studying (étudier) law; our brothers are filling in (remplir) a form.

5 You are hearing (entendre) her au pair; she is chatting (bavarder) with her boyfriend.

6 Our best friends are saving up (économiser); their children are growing up (grandir).

Activité 4 : si vous étudiez le français, c'est que vous aimez beaucoup cette langue. Aussi, pour vous, encourager d'autres jeunes à avoir un correspondant francophone est tout naturel. Réutilisez ce que vous avez appris dans cette section pour traduire en français le passage suivant.

Hi ! My name is Liz. I want a penfriend for my friend Paul. He is 13. He has seen your ad on your blog. His father works as a teacher and his mother works in a supermarket.

Paul loves French. He's studying English, French and Biology for his GCSEs. His house is a 20-minute walk from our school. His favourite sport is football; he hates flowers. He says that listening to his music on his mp3 player helps him to relax. He often spends hours chatting to his girlfriend on his mobile phone. Unfortunately, his mother can't stand it.

Here is his address: **Paul_the_great_one@hotmail.com** and here is his photo. What do you think of Paul?

Activité 5 : jusqu'à présent, vous n'avez pas vraiment parlé de vous, alors que se présenter et parler de soi sont ce que tout apprenant de Français Langue Étrangère (FLE) fait généralement en premier. Rassurez-vous, cette occasion vous est enfin donnée. Retournons en arrière… C'est l'année dernière ; vous allez encore au lycée. Utilisez le mél de Mina comme modèle et présentez-vous oralement à vos nouveaux camarades de classe (en 300-310 mots maximum). Vos verbes doivent être au présent.

Activité En Plus : votre université désire réaliser une vidéo pour encourager les lycéens de votre pays à apprendre une langue étrangère. La première étape est un mini-débat non enregistré. Pour quelles raisons avez-vous décidé, comme Mina, de faire des études de français à l'université ? Informez le public lycéen des avantages de la connaissance de langues étrangères.

Méthodes de travail efficaces : comment participer aux mini-débats improvisés

Participez, n'ayez pas peur de faire des fautes de français ! Ce qui est essentiel, dans cette activité, ce sont les idées. La correction de la langue est secondaire (à condition, bien sûr, que les erreurs ne rendent pas la compréhension difficile, voire impossible).

Si vous ne connaissez pas un mot-clé pour formuler votre idée, demandez-le au professeur (« J'ai une idée mais… quel est le mot pour " … " en français ? »). Écoutez attentivement les autres étudiants ; vous pourrez ainsi exprimer votre accord ou désaccord (« Je suis (entièrement/plus ou moins) d'accord avec X » ou « Je ne suis pas (du tout) d'accord avec X ») et vous pourrez également réutiliser certains de leurs mots dans vos propres phrases.

Surtout, n'hésitez pas à demander à votre interlocuteur de reformuler, clarifier son idée (« Je ne comprends pas très bien ; tu pourrais expliquer ce que tu veux dire ? »).

Section 2 Textons

Activité 1 : dans cette section, nous allons, grâce à son fichier mp3, faire la connaissance de Véro, une jeune étudiante française. Mais avant, voyons si vous connaissez la traduction des mots et groupes de mots suivants, qui sont listés dans leur ordre d'apparition dans le document sonore que vous allez ensuite écouter.

français	anglais
1. être majeur	
2. un jour férié	
3. se reposer	
4. un aviateur	
5. une (mauvaise) note	
6. se débrouiller	
7. une licence (à l'université)	
8. un département français	
9. une trentaine	
10. bien s'entendre avec	
11. être à la retraite	
12. être incroyable	
13. se tenir au courant	
14. se maintenir en forme	
15. être bénévole	
16. être défavorisé	
17. travailler à mi-temps	
18. une serveuse	
19. un pourboire	
20. une leçon de conduite	
21. le code de la route	
22. se prêter	
23. s'amuser	
24. un appareil photo numérique	
25. télécharger	
26. s'enregistrer	
27. être rêveuse	
28. se demander	
29. un fichier audio	

Méthodes de travail efficaces : comment réussir les exercices de compréhension auditive

Avant d'écouter un texte, lisez attentivement les questions. Assurez-vous tout d'abord que vous en comprenez bien la signification. Les questions portent-elles sur des détails précis ou, au contraire, sur l'ensemble du texte ? Dans ce dernier cas c'est une compréhension globale du texte qui est demandée.

Si vos réponses doivent comporter des détails précis, relevez mentalement les mots-clés contenus dans les questions ; ces mots (ou leurs synonymes) seront à repérer dans le document sonore. Devez-vous repérer une date, un lieu géographique, un événement, un chiffre, un pourcentage, etc. ? La phrase comportant le mot-clé est-elle affirmative ou négative ? Le verbe est-il au présent, au passé ?

Et surtout, n'oubliez pas qu'il n'est pas nécessaire de comprendre tous les mots d'un document sonore pour le comprendre dans son intégralité. Le contexte va très certainement vous aider à comprendre un mot inconnu. De plus, si ce mot ressemble à un mot anglais ou à un mot que vous connaissez déjà, et si cette signification semble bien fonctionner dans le texte, votre choix est probablement le bon. Et enfin, utilisez votre bon sens.

 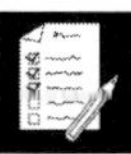

Activité 2 : il est maintenant temps de rencontrer Véro. Écoutez attentivement l'enregistrement (de 3′36″ minutes) puis indiquez si les affirmations suivantes sont vraies, fausses ou non mentionnées.

De	**Vero_la_lyonnaise@wanadoo.fr**
À	**Mina_Mehta@yahoo.co.uk**
Objet	**Présentation**
Pièce(s) jointe(s)	**Je_me_présente.mp3** **Photo_portrait_véro.gif**

Salut Mina,

Merci beaucoup pour ton email.
Si tu cliques sur le fichier son mp3, tu vas pouvoir entendre ma voix !
La prochaine fois, mon message sera en anglais, promis !

Bises amicales de ta nouvelle correspondante française,

@b1to jSpR (à bientôt, j'espère)

Véro

	vrai	faux	non mentionné
1. Véro adore se reposer le 1er mai			
2. Saint-Exupéry est né à Lyon en 1943			
3. Les notes de Véro sont très bonnes dans toutes les matières			
4. Véro voudrait faire une licence en littérature (anglaise et arabe)			
5. Le village natal de Véro est à environ 30 kilomètres de Lyon			
6. Sa grand-mère maternelle s'appelle Élise			
7. Élise travaille comme institutrice dans une association			
8. Véro travaille régulièrement comme serveuse			
9. Véro est satisfaite de son emploi			
10. Dans 3 mois, elle va commencer à réviser le code de la route			
11. Véro et ses amies discutent beaucoup en ligne			
12. Véro et ses amies ont toutes un appareil photo numérique			
13. Véro et ses amies enregistrent parfois des vidéos pour YouTube			
14. Véro explique qu'elle a des petits problèmes avec le fichier audio			
15. La photo de Véro est un peu vieille			

Activité 3 : dans sa description, Véro utilise de nombreux adjectifs démonstratifs. Révisez-les, si nécessaire, et réutilisez le vocabulaire du document sonore pour traduire en français les 6 phrases suivantes.

Zoom sur ... les adjectifs démonstratifs

Singulier masculin	
ce (+ consonne ou h aspiré : ce hamster), cet (+ voyelle ou h muet : cet homme)	this/that
Singulier féminin	
cette	this/that
Pluriel féminin et/ou masculin	
ces	these/those

Zoom sur ... le présent des verbes pronominaux

(**se** demander)
Je **me** demande
Tu **te** demandes
Il/elle/on **se** demande
Nous **nous** demandons
Vous **vous** demandez
Ils/elles **se** demandent

1 This year, Katie works part-time as a primary school teacher.
2 I love this laptop; we hate this digital camera.
3 They are downloading these songs; he is watching this online video.
4 This town is well known for its university.
5 You are watching this DVD. I'm sending you this sound file.
6 This job as a waitress is rather boring.

Activité 4 : dans sa présentation, Véro utilise également de nombreux verbes pronominaux. À votre tour ! Révisez, si nécessaire, le présent des verbes pronominaux pour traduire en français les 6 phrases suivantes. Les 4 phrases soulignées sont des traductions de phrases tirées du document sonore.

1 My grandmother and I, we get on very well.
2 She wakes up early, goes to bed late at night.
3 We exchange CDs and DVDs.

CHAPITRE UN

4 Sometimes, we record ourselves.
5 Your brother and my sister often ring each other (se téléphoner) and talk to each other (se parler) for hours.
6 On Sundays, his parents have a row (se disputer), then have a rest (se reposer) in their garden.

Activité 5 : Véro a terminé son email avec une expression en langage SMS. À vous d'apprendre ce langage ! Utilisez le mini-dictionnaire ci-dessous et traduisez oralement, en français, les 15 textos suivants.

@2m1	à demain
@l1di	à lundi
@+	à plus tard
@b1to	à bientôt
ama	à mon avis
Ap	après
ariV	arriver/arrivé
Av	avant
bal	boîte aux lettres
bap	bonne après-midi
bcp	beaucoup
biz	bise
bjr	bonjour
b1sur	bien sûr
C	c'est/sais/sait
C bo	c'est beau
ce ke G a fR	ce que j'ai à faire
chepa / nsp	je sais pas
Cki	c'est qui ?
Ckoi	c'est quoi ?
Cmal1	c'est malin
D6D	décider/décidé
dak	d'accord
danC	danser/dansé
Dbut	début
2manD	demander/demandé
DtST	détester/détesté
dxnre	dictionnaire
10kuT	discuter/discuté
doc	document
é	est/es
fds	fin de semaine
fR	faire
frR	frère
G	j'ai
GHT	j'ai acheté
GlaN	j'ai la haine
gnrle	généralement
GT	j'étais
ID	idée
info	information
je t'M	je t'aime
jSpR ktu va b1	j'espère que tu vas bien
j'tapLDkEj'pE	je t'appelle dès que je peux
K7	cassette
Kfé	café
KC	cassé (= fatigué)
Kdo	cadeau
ke	que
ki	qui
kom	comme
koman	comment
koser	causer
kwa d'9 / koi29	quoi de neuf
L	elle
LCKC	elle s'est cassée (= elle est partie)
mdr	mort de rire
msg	message
NRV	énervé
néCsR	nécessaire
Ok1	aucun
OQP	occupé
OtL	hôtel
pRméT	permettez
pq	pourquoi
pqu	parce que
proG	projet
qd	quand

qq1	quelqu'un
raf	rien à faire
r29?	rien de neuf?
rdv	rendez-vous
réu	réunion
slt	seulement
snif	j'ai de la peine (= je suis triste)
stp	s'il te plaît
s5pa	sympa
t'inkiet	ne t'inquiète pas
TKC	t'es cassé (= fatigué)
Tla ?	tu es là ?
Tle+bo	t'es le plus beau
tlm	tout le monde
T ou?	tu es où ?
TOK?	tu es d'accord?
tps	temps
ttb	très très bien
tu vi1 2m1 ?	tu viens demain?
txt	texte
x	fois
XLnt	excellent
ya	il y a
yaka	il n'y a qu'à…
2	de/deux
24 / 7 / 365	24 heures sur 24, 7 jours sur 7, 365 jours par an
6né	ciné
6T	cité
7n8	cette nuit

1. bjr G bcp 2 Kdo	8. j'M 7 ID
2. Che ke tu M le Kfé	9. L M koser la n8 6 L é NRV
3. G bes1 2 vs	10. C XLnt ce proG!
4. jSpR k L va b1	11. 7ap G 1 rdv
5. L vi1 l1di ; 7 fds LéT OQP	12. kwa? LCKC ? snif !
6. C kwa 7 k7?	13. GlaN !!
7. L va fR kwa de 6 DVD?	14. j'tapL 2m1.TOK ?
	15. L v1 O 6né ?

Activité 6 : voyons si vous maîtrisez bien ce nouveau langage – à ne surtout pas utiliser dans vos essais ! Utilisez à nouveau le mini-dictionnaire pour traduire en « langage texto » les 12 phrases suivantes.

1. Lundi, généralement, c'est le cinéma. Tu es d'accord ?
2. J'espère que Paul va bien.
3. Demain, avant la nuit
4. Tu viens cet(te) après-midi ?
5. Patricia était énervée.
6. Tu es arrivé au café ?
7. Pourquoi elle t'aime ?
8. J'ai un cadeau, bien sûr. C'est beau.
9. Elle était au rendez-vous après la cité.
10. J'ai la cassette. Tu es occupé ?
11. C'est décidé, c'est cette nuit.
12. Elle sait danser ? C'est nécessaire.

Activité En Plus : comme Véro, vous voulez montrer à votre correspondant un exemple de « langage texto ». Vous décidez de lui envoyer la phrase suivante. Qu'en pensez-vous ? Selon vous, les textos sont-ils responsables des fautes d'orthographe et, plus généralement, du déclin de langues comme l'anglais et le français ? Pour quelles raisons ?

My smmr hols wr CWOT. B4, we used 2go2 LA 2C my sis & her BF. LA is a gr8 plc, ILLA = mes grandes vacances ont été une vraie perte de temps. Avant, on allait à Los Angeles pour voir ma sœur et son petit copain. Los Angeles est un super endroit. J'adore Los Angeles.

Méthodes de travail efficaces : comment bien utiliser l'Internet

Attention ! Oui, l'Internet est un outil très utile mais certains sites Internet, en français ou en anglais, peuvent contenir non seulement des fautes d'orthographe et de grammaire (surtout les blogs, les forums, etc.) mais aussi des informations incorrectes. Ainsi, par exemple, wikipedia n'est pas fiable.

1. Les sites fiables sont :
   - les journaux français (comme *Le Monde, Libération, Le Courrier International*, etc.)
   - les magazines français (comme *Le Nouvel Observateur, Phosphore, L'Étudiant, Label France*, etc.)
   - les sites officiels : ceux des divers ministères du gouvernement français (comme, par exemple, celui de l'Éducation nationale), ceux des régions, mairies, offices de tourisme, etc.
   - les sites de résultats de sondages en France (comme « L'INSEE », « Le CSA », « L'IFOP », « TNS-SOFRES », « IPSOS », etc.)

2. Pour effectuer votre recherche, utilisez :
   - un moteur de recherche (comme Google ou Yahoo)
   - un métamoteur de recherche (comme Dogpile ou Metacrawler) qui cherchera dans des moteurs de recherche
   - Il est à noter que les résultats du métamoteur de recherche Vivisimo (**http://clusty.com/**) sont organisés en catégories (« clusters »), ce qui peut être très utile.

3. Pour limiter, affiner votre recherche :
   - placez vos mots-clés entre guillemets (« résultats du baccalauréat ») et non pas : résultats baccalauréat
     Ainsi, votre recherche portera sur l'expression entière.
   - choisissez la langue des documents recherchés
     - avec **http://www.google.fr/**, vous pouvez sélectionner « Pages francophones » ou même « Pages : France » au lieu de « Web »
     - de nombreux moteurs et métamoteurs vous permettent de sélectionner la langue désirée dans la section « Préférences ».
   - choisissez des dates précises
     - dans Google, placez ... entre deux nombres/dates pour inclure tous les nombres/toutes les dates se trouvant dans cet intervalle. (« résultats du baccalauréat » 2007...2012).
   - choisissez des lieux précis
     (« résultats du baccalauréat » Corse)

4. Pour vérifier la fiabilité des informations :
   - votre recherche a, par exemple, révélé que la première femme française ayant décroché son baccalauréat s'appelle Julie-Victoire Daubié. Pour vous assurer de l'exactitude de ce renseignement, faites une recherche avec les mots-clés de la réponse (« première femme » baccalauréat « Julie-Victoire Daubié »). Si de nombreux sites fiables vous donnent la même réponse, vous pourrez considérer l'information comme étant fiable.

5. Après avoir trouvé les renseignements recherchés, et une fois votre exposé tapé, utilisez le correcteur orthographique de votre ordinateur pour éliminer les fautes les plus évidentes.

Méthodes de travail efficaces : comment bien utiliser un dictionnaire bilingue

Familiarisez-vous avec votre dictionnaire. Ainsi, par exemple, savez-vous ce que les abréviations (comme « vulg » ou « vt ») signifient ?

Ensuite, rappelez-vous que le contexte du mot recherché est crucial. Ne choisissez pas au hasard. Si plusieurs traductions sont proposées, regardez l'explication (par exemple : **law** n. : 1. (rule) loi *f.* 2. (set of rules) loi *f.* 3. (system of justice) droit *m.*). Pourquoi, une fois votre choix effectué, et avant d'utiliser ce mot ou groupe de mots dans votre exposé, ne pas en vérifier la signification dans la partie français-anglais du dictionnaire ? Mettez toutes les chances de votre côté !

Méthodes de travail efficaces : comment bien préparer un mini-exposé oral

Ne téléchargez pas des paragraphes entiers que vous allez présenter tels quels. Reformulez l'information en utilisant vos propres mots, c'est-à-dire des mots que les autres étudiants vont pouvoir comprendre. N'utilisez que des mots que vous comprenez et que vous pouvez, si nécessaire, expliquer aux autres étudiants.

N'utilisez pas des mots que vous trouvez difficiles à prononcer. Si possible, choisissez un synonyme.

Il faut être sélectif ; vous ne pouvez pas tout dire. Présentez les informations les plus intéressantes, les plus récentes, un aspect particulier, etc. et donnez des exemples concrets.

Utilisez des rubriques, des sous-titres afin de structurer votre présentation.

N'apprenez pas votre exposé par cœur mais entraînez-vous à faire votre miniprésentation. Ainsi, vous serez plus détendu devant les autres étudiants et vous ne lirez pas vos notes.

Activité 7 : à votre ordinateur !

1 Faites les exercices en ligne nos 1 et 2 portant sur les sections 1 et 2 de ce chapitre.

2 Mina, dans la section 1, parle de Birmingham et de Solihull ; Véro, dans cette section, parle de Lyon : « Cette ville est la ville natale d'Antoine de Saint-Exupéry. Cet homme est le célèbre auteur-aviateur qui a écrit *Le Petit Prince* en 1943. » Elle explique également qu'elle « habite dans le département de l'Ain, à Versailleux. Ce petit village se situe à une trentaine de kilomètres de Lyon (environ 20 miles). Ce département est bien connu pour sa gastronomie. »

Faites quelques recherches sur l'Internet pour pouvoir donner des renseignements similaires à vos camarades de classe sur votre ville natale et/ou la ville/la région dans laquelle vous habitez. Vous devrez faire un exposé oral, en français, de 3-4 minutes.

CHAPITRE UN

Section 3 Téléphonons

Activité 1 : c'est une évidence. Les jeunes (et les moins jeunes) sont incapables de vivre sans téléphone portable – ce que montrent les 2 tableaux ci-dessous. Avant de les étudier, vérifions votre connaissance des mots et groupes de mots suivants – qui sont listés dans leur ordre d'apparition dans les tableaux.

français	anglais
1. un pratiquant	
2. un usage	
3. un répertoire	
4. un réveil	
5. une calculette	
6. un MMS	
7. un agenda	
8. une sonnerie (pour un portable)	
9. un fond d'écran	

Activité 2 : comprendre les tableaux et les statistiques est indispensable si l'on veut en utiliser les renseignements pour faire un exposé oral ou écrit riche en informations. Utilisez les 2 tableaux suivants pour faire l'exercice à trous ci-dessous. (Source : sondage TNS Sofres auprès d'un échantillon national représentatif des 12 ans et plus (1 224 personnes interrogées en France en face-à-face à leur domicile du 23 au 28 août 2006) – http://www.tns-sofres.com/etudes/pol/171006_afom.pdf)

Tableau 1 : En France, on utilise surtout son téléphone portable pour

	2005	2006	évolution 2005-2006
prendre des photos	31	44	+ 13
envoyer des photos ou des vidéos	19	27	+ 8
filmer, faire des vidéos	8	19	+ 11
écouter de la musique	8	14	+ 6

Tableau 2 (en % de pratiquants réguliers ou occasionnels) : Selon son âge, on utilise fréquemment son téléphone portable pour

Principaux usages	12-24 ans	25-39 ans	40 ans et +	ensemble
1. regarder l'heure	96	90	59	76
2. l'utiliser comme répertoire	95	83	57	73
3. envoyer des SMS	98	87	49	71
4. l'utiliser comme réveil	89	76	37	60
5. prendre des photos	75	52	27	45
6. l'utiliser comme calculette	75	55	18	41
7. envoyer des MMS	60	36	17	32
8. jouer	64	32	9	28
9. l'utiliser comme agenda	46	34	14	27
10. envoyer des photos ou des vidéos	54	32	11	27
11. télécharger des sonneries, fonds d'écran	46	30	11	24

Selon cette enquête de TNS Sofres, réalisée en France en 2006, 96 % des 12-24 ans utilisent le téléphone mobile pour __________, contre seulement 59 % des _____ ans _____. 83 % des ________ utilisent leur portable comme ________, contre seulement ______ des 40 ans et plus. Dans l'ensemble, ______ des usagers l'utilisent comme réveil, surtout les ______ ans (_____ % d'entre eux). La tranche d'âge des 12-24 ans utilisent surtout cet objet pour __________, alors que les 25-39 ans, comme les ________ ans _____, l'utilisent principalement pour __________. Les 40 ans et plus n'utilisent presque jamais leur portable pour ______ (seulement 9 % d'entre eux). Si 54 % des ______ ans envoient des photos ou des vidéos, ils sont seulement ______ dans la classe d'âge des 40 ans et plus. L'usage du portable comme calculette est surtout populaire chez les ______ ans, bien loin devant les _____ ans ______ avec seulement 18 %. Utiliser son portable pour télécharger des sonneries et fonds d'écran est fréquent chez les ______ ans et les ______ ans, mais rare chez les _____ ans ______ (seulement _____%). Dans l'ensemble, 44 % des utilisateurs de 12 ans et plus affirment prendre des photos avec leur mobile en 2006, contre seulement _______ en 2005, ce qui représente une augmentation de ______%. En 2006 toujours, ______ des utilisateurs de 12 ans et plus affirment écouter de la musique avec leur portable, contre seulement _____ en 2005, ce qui représente une augmentation de _____% par rapport à 2005.

Activité 3 : à votre tour de faire un commentaire sur des statistiques. Réutilisez les expressions de l'activité 2 pour expliquer, à l'aide de 5 phrases comparatives par tableau, les données statistiques ci-dessous (Source : sondage TNS Sofres auprès d'un échantillon national représentatif des 12 ans et plus (1 224 personnes interrogées en France en face-à-face à leur domicile du 23 au 28 août 2006) – http://www.tns-sofres.com/etudes/pol/171006_afom.pdf)

Tableau 1 : Les personnes qui, en France, possèdent un portable, selon la tranche d'âge

12-14 ans	15-17 ans	18-24 ans	25-29 ans	30-39 ans	40-59 ans	60 ans et +	Ensemble 12 ans et +
70 %	89 %	95 %	89 %	86 %	74 %	51 %	74 %

Tableau 2 : Les personnes qui, en France, possèdent un portable, selon le sexe

filles de 12 à 14 ans	garçons de 12 à 14 ans
76 %	64 %

Tableau 3 : Les personnes qui, en France, possèdent un portable, selon la catégorie sociale

cadre	intermédiaire	employé	ouvrier
86 %	82 %	83 %	80 %

Tableau 4 : En France, les gens (de 15 ans et +) pensent que le téléphone portable est

	2005	2006	évolution 2005-2006
pour la société : a) une bonne chose b) une mauvaise chose	 88 % 8 %	 82 % 16 %	 −6 +8
pour le monde du travail : a) une bonne chose b) une mauvaise chose	 88 % 8 %	 83 % 13 %	 −5 +5

Activité 4 : lorsque l'on veut comparer des attitudes, des populations, des pays, etc., les adverbes de quantité/d'intensité et de fréquence sont indispensables. Révisez, si nécessaire, la construction des phrases avec un adverbe et aidez-vous du vocabulaire de l'activité 2 pour traduire en français les 6 phrases suivantes.

Zoom sur … la place des adverbes de quantité/d'intensité et de fréquence avec des verbes au présent	
adverbes de quantité/d'intensité	
beaucoup	J'utilise beaucoup l'Internet pour…
peu	Tu utilises peu ton ordinateur pour…
surtout	Il utilise surtout son appareil numérique pour…
adverbes de fréquence	
fréquemment	Elle utilise fréquemment les textos pour…
généralement habituellement	On utilise habituellement l'Internet pour…
parfois	Nous utilisons parfois une pièce jointe pour….
(très) rarement	Vous utilisez rarement votre téléphone pour…
souvent	Ils utilisent souvent un correcteur orthographique pour…
toujours	Elles utilisent toujours Google pour….

1 She never uses her digital camera to take pictures.
2 You always use your mobile phone to send text messages.
3 I often use the Internet to download a new wallpaper.
4 We rarely use our computer to check the time.
5 They sometimes use YouTube to watch a video.
6 He usually uses his mp3 player to listen to his favourite music.

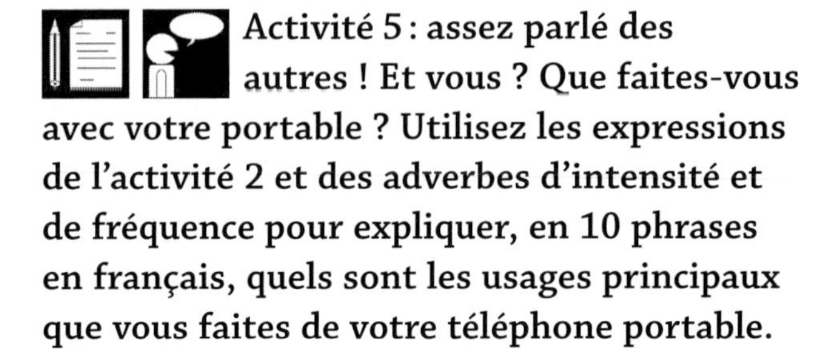

Activité 5 : assez parlé des autres ! Et vous ? Que faites-vous avec votre portable ? Utilisez les expressions de l'activité 2 et des adverbes d'intensité et de fréquence pour expliquer, en 10 phrases en français, quels sont les usages principaux que vous faites de votre téléphone portable.

Activité En Plus : les tableaux ci-dessus montrent que la majorité des Français considèrent le téléphone portable comme un outil très utile. Toutefois, le portable est aussi responsable du développement du « happy slapping » (littéralement « joyeuse baffe »). Expliquez, en français, ce qu'est le « happy slapping » et donnez votre opinion sur ce phénomène.

Section 4 Slamons

Activité 1 : il est bien connu qu'en France, « tout finit par des chansons ». Aussi allons-nous maintenant découvrir la poésie urbaine, ou slam. Ce moyen d'expression, que Véro a mentionné dans son courriel, est devenu très populaire en France depuis le début des années 2000, surtout auprès des jeunes. Mais avant, voyons si vous vous souvenez du vocabulaire des sections précédentes.

français	anglais
1.	a) a digital camera
2.	b) a ringing tone
3.	c) a term
4.	d) a text message
5.	e) a tip
6.	f) a volunteer
7.	g) a waitress
8.	h) an alarm clock
9.	i) an evening class
10.	j) to chat
11.	k) to download
12.	l) to talk to
13.	m) to use
14.	n) to work part-time

Activité 2 : comme les textes de slam ont souvent tendance à décrire la vie quotidienne, mais aussi le passé de leur auteur, vous allez commencer par réviser, si nécessaire, le passé composé des verbes réguliers (avec l'auxiliaire avoir). Ensuite, vous traduirez en français les 6 phrases suivantes.

Zoom sur ... le passé composé
— des verbes réguliers (avec l'auxiliaire avoir)
— du verbe avoir

	Verbes en er (aim**er** ➔ aim**é**)	**Verbes en ir** (fin**ir** ➔ fin**i**)	**Verbes en re** (attend**re** ➔ attend**u**)	**Verbe avoir** (➔ **eu**)
J'ai				
Tu as				
Il/elle/on a				
Nous avons	aimé	fini	attendu	eu
Vous avez				
Ils/elles ont				

1. This term, she worked part-time as a volunteer. She liked that job.
2. You used our digital camera; we heard your alarm clock.
3. He chatted then listened to music.
4. They downloaded a ringing tone then revised for their evening class.
5. He kept your text messages and watched my online videos.
6. He talked to that waitress; I gave a tip.

Activité 3 : maintenant que vous avez révisé le passé composé des verbes réguliers (avec l'auxiliaire avoir), vous allez pouvoir retrouver les paroles manquantes de cet extrait de slam (de 0′42″ minutes).

Mon identité

J' ______ dans les trains
J' ______ sur les chemins
J'ai ______
Contre le racisme, j'ai ______
J'ai ______
J'ai ______ des ennemis
Mais j'ai ______ des gens comme toi
Et j'ai ______ comme toi
J'ai ______ en silence
J'ai ______ d'impuissance
J'ai beaucoup ______
J'ai toujours ______
J'______ des pays
______ des amis
Puis, j'ai enfin trouvé
Et j'ai ______.

Activité 4 : à votre tour d'être créatif ! Vous allez créer votre propre slam pour parler de vos expériences passées. Afin d'avoir des phrases plus nuancées, révisez, si nécessaire, la place des adverbes de quantité/d'intensité et de fréquence avec les verbes au passé composé, et utilisez ces adverbes dans vos propres phrases. N'oubliez pas d'utiliser le slam de l'activité 3 comme modèle et les mots dans l'encadré ci-dessous. Votre slam doit comporter au moins 14 lignes et il doit rimer ! Vous devrez ensuite lire votre création à haute voix, comme un « pro » !

Zoom sur …
la place des adverbes de quantité/d'intensité et de fréquence avec les verbes au passé composé

	adverbes	
J'ai Tu as Il/elle/on a Nous avons Vous avez Ils/elles ont	beaucoup peu surtout fréquemment généralement parfois rarement souvent toujours	aimé fini attendu eu (peur)

Noms qui riment		Verbes qui riment au passé composé	
mes soucis	mes envies	accepter	éviter
ma vie	mes amis	chercher	trouver
mes joies	la foi	désirer	regretter
un paysage	des nuages	détester	aimer
l'abandon	la trahison	embrasser	repousser
la liberté	la fraternité	jeter	abandonner
l'amitié	la solidarité	montrer	cacher
le vent	le printemps	rencontrer	regarder
mes peines	la haine	toucher	caresser
l'affection	les déceptions	perdre	répondre
la passion	les émotions	entendre	attendre
le chagrin	le destin	remplir	finir
mes faiblesses	la tristesse	sentir	saisir

Activité En Plus : les slameurs, les rappeurs et les chanteurs en général sont des « chroniqueurs du quotidien ». Êtes-vous d'accord avec cette affirmation ? Donnez des exemples de chansons anglo-saxonnes pour justifier vos propos.

Activité 5 : à votre ordinateur !

1  **Faites les exercices en ligne nos 3 et 4 portant sur les sections 3 et 4 de ce chapitre.**

2 **Dans la section 3, vous avez découvert les usages principaux que font les utilisateurs de téléphone portable en France.**

À vous de faire quelques recherches sur l'Internet pour pouvoir donner des renseignements similaires sur les usages principaux que font les utilisateurs de téléphone portable dans votre pays ou dans un pays francophone autre que la France. Vous devrez utiliser le langage des statistiques et faire un exposé oral, en français, de 3-4 minutes.

Méthodes de travail efficaces : comment bien gérer son temps

Il est généralement estimé que le temps minimum de travail personnel requis pour réussir un module à l'université est de 3 heures de travail personnel pour une heure de cours.

Savoir gérer son temps efficacement en dehors des cours de français est crucial si vous voulez progresser et réussir.

- Il est conseillé, une fois connus votre emploi du temps et les dates des devoirs à rendre, d'établir un plan de travail. Quand allez-vous régulièrement consacrer du temps à votre français (pour apprendre le vocabulaire et la grammaire, faire les devoirs et les activités en ligne, rédiger les essais à rendre et réviser pour les tests) ? Êtes-vous plus productifs et efficaces dans votre travail le matin, l'après-midi, le soir ? Quel est l'environnement qui facilite votre concentration ?
- Après vos cours de français, relisez vos notes ; le cours étant encore frais dans votre mémoire, il vous sera facile, si nécessaire, d'ajouter, de réécrire et/ou de souligner des mots.

Les mots-clés, dans ce domaine de l'apprentissage de nouvelles méthodes de travail, sont « travail régulier » et « adaptation ». N'hésitez surtout pas à revoir (certaines de) vos habitudes de travail si elles ne sont pas assez efficaces.

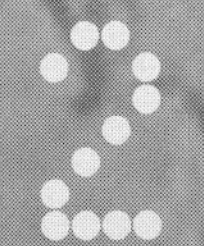

Une année sabbatique

	Section 1 ***Interrogations d'une bachelière***	Section 2 ***Témoignages et conseils***	Section 3 ***Motivations et avantages***	Section 4 ***Compétences et téléphone***
Savoirs civilisationnels	- les sentiments et inquiétudes de bacheliers quant à l'orientation après le baccalauréat - une association caritative française	- le bénévolat en France - les associations hors de France	- les motivations des bénévoles en France et en Suisse - le bénévolat à l'échelle européenne - la « gap year » version française	- le « dossier bénévolat » suisse - les motivations des bénévoles dans d'autres pays
Savoir-faire fonctionnels	- parler de ses inquiétudes	- parler d'avantages - encourager une personne à agir	- utiliser le langage des statistiques	- utiliser le langage de la conversation téléphonique formelle - parler de ses compétences
Savoir-faire notionnels	**Grammaire :** - négations avec verbes au présent (p. 23) - négations avec verbes au passé composé (p. 23)	**Grammaire :** - conditionnel des verbes réguliers (p. 26)		**Grammaire :** - futur des verbes réguliers (p. 35)
Méthodes de travail efficaces		- éviter le plagiat		
Activités de compréhension auditive		n° 1 (p. 26) n° 2 (p. 26)	n° 1 (p. 29)	n° 3 (p. 34)
Activités de compréhension écrite	n° 1 (p. 22)		n° 3 (p. 30) n° 4 (p. 31)	n° 1 (p. 33)
Activités de production écrite	n° 2 (p. 23) n° 3 (p. 24)	n° 3 (p. 27)	n° 5 (p. 32)	n° 4 (p. 35)
Activités de production orale	n° 4 (p. 25) En Plus (p. 25)	n° 4 (p. 27) En Plus (p. 27) n° 5 (p. 28)	n° 2 (p. 29) En Plus (p. 32)	n° 2 (p. 34) En Plus (p. 35) n° 5 (p. 35)

Section 1 Interrogations d'une bachelière

Activité 1 : un nombre non négligeable de bacheliers ne savent pas vraiment ce qu'ils désirent ou peuvent faire après le baccalauréat. C'est le cas de Bérengère. Pour en savoir plus, lisez attentivement son blog ci-dessous et répondez, en français, aux 4 questions correspondantes, qui suivent l'ordre du texte. Il n'est pas nécessaire de faire des phrases entières.

De vous à moi	De moi à vous	Mes préférés
Vos réactions Vos questions Vos passions	Salut à tous, c'est moi, Bérengère ! (Bérenge, pour les amis) Je suis une ex-lycéenne ; mon année de terminale est enfin derrière moi ! Je suis enfin bachelière ! Je suis très contente ! Mes notes ne sont pas mauvaises du tout, surtout en français et en langues vivantes mais je ne sais pas vraiment quoi faire maintenant. Je n'ai pas encore décidé… Je n'ai pas encore rencontré de conseiller d'orientation mais j'ai pris rendez-vous. Dans ma famille, personne n'a fait d'études alors personne n'a d'expérience dans ce domaine ; personne ne peut vraiment me conseiller. C'est une décision très importante, je sais, et… j'« angoisse », je ne fais que me poser des questions ; je ne dors plus ! Je n'ai pas envie de travailler tout de suite après le bac mais je ne veux plus faire d'études – pour l'instant ! Je me souviens que, dans les cours d'anglais, la « prof » nous a parlé de « gap year » (année sabbatique). On a appris que le prince William lui-même avait, avant d'aller à l'université, passé 10 semaines comme bénévole pour aider des communautés chiliennes défavorisées. Prendre une année sabbatique et travailler pour une œuvre caritative ne me déplairait pas mais je n'ai jamais fait de bénévolat et je ne connais aucun bénévole alors… je lance mon appel ! Aidez-moi s'il vous plaît ! Vous pourriez m'envoyer vos témoignages et vos conseils sur le bénévolat en France et à l'étranger ? Merci à tous ! *Bérenge* @+ jSpR !	Chanteurs préférés Acteurs préférés Sites préférés

Questions

1. Quelle est la première chose que Bérengère a faite afin de l'aider à prendre une décision concernant l'après-bac ?
2. Pour quelle raison ne peut-elle pas demander conseil aux membres de sa famille ?
3. Quelles sont les trois phrases qui prouvent qu'elle est profondément affectée par sa situation actuelle ?
4. Pourquoi peut-on dire que le prince William va peut-être avoir, involontairement, un impact décisif sur la vie de Bérengère ?

Activité 2 : Bérengère se sent un peu perdue, elle n'est sûre de rien ; elle a donc utilisé beaucoup de négations (qui sont soulignées dans son blog). Révisez, si nécessaire, comment construire des phrases négatives pour pouvoir faire comme Bérengère et, ainsi, traduire en français les 6 phrases suivantes.

Zoom sur …
les négations avec les verbes au présent

	négation	verbe au présent	négation	
je	**n'**	aime	**pas (du tout)** **plus (du tout)** **guère**	habiter dans cette ville
tu	**ne**	demandes	**qu'à**	
il/ elle/ on	**n'**	a	**pas**	**de** logements neufs dans ce quartier
il	**n'**	y a	**pas**	
personne or **aucun** de mes amis	**n'**	a		
personne	**ne**	s'amuse		dans cette ville
nous	**ne**	nous amusons	**jamais**	
vous	**n'**	achetez	**rien**	
ils	**ne**	rencontrent	**personne**	
elles	**ne**	rencontrent	**aucun** problème	

Zoom sur …
les négations avec les verbes au passé composé

je	**n'**	ai	**pas** **guère** **jamais**	aimé	habiter dans cette ville	
tu	**n'**	as	**plus**	voulu		
il	**n'**	a	**jamais** **pas encore**	acheté	**de** DVDs	dans cette ville
nous	**n'**	avons	**rien**	acheté		
vous	**n'**	avez rencontré	**personne**			
elles	**n'**	ont rencontré	**aucun** problème			
personne or **aucun** de mes amis	**n'**	a rencontré	**de** problèmes			

1 Prince Harry has never worked abroad as a volunteer.
2 No one has forgotten Lady Diana's charity work.
3 Nobody has made an appointment yet.
4 You talked about the gap year but we heard nothing.
5 They have no experience; I only have a part-time job.
6 He doesn't want to talk about underprivileged children any more.

Activité 3: Pat a lu le blog de Bérengère et lui a envoyé le message ci-dessous. Lisez-le attentivement puis écrivez vous aussi un message pour encourager Bérengère à postuler. Vous devrez écrire 10 phrases : 3 phrases négatives en réutilisant le blog de Bérengère (par exemple : « C'est vrai, tu n'a jamais… » ou « Je comprends, tu n'as pas… ») et 7 phrases affirmatives en réutilisant la petite annonce de L'Aurore (par exemple : « Je suis certain que tu es une personne… » ou « Tu dis que tu as de bonnes notes, alors je suis persuadé que tu… »).

Message de : Pat_la_joie_de_vivre
À : Bérengère
Objet : G1 proG XLnt

Salut Bérenge !

Personnellement, je n'ai jamais fait de volontariat mais certains de mes amis, oui. Alors je te conseille de regarder cette petite annonce…

Bonne chance !
biz, @b1to

L'Aurore – Association caritative basée à Lyon
recrute

des bénévoles pour donner des cours d'alphabétisation à des étrangers récemment arrivés en France

- vous devez au moins
  - avoir 18 ans
  - avoir le niveau bac
  - être disponible 2h par semaine pendant 2 mois minimum
- le bénévolat va vous apporter
  - une énorme satisfaction
  - la certitude de faire œuvre utile
- le bénévolat va vous permettre de
  - montrer votre esprit de solidarité
  - rencontrer beaucoup de gens très divers
  - vous ouvrir à la différence
  - vous dépasser
  - vous aider à vous épanouir
  - et d'enrichir votre CV

Contactez-nous à aurore.france@hotmail.fr
ou au 04 78 69 74 27

Merci de nous aider à faire de notre société un monde meilleur

Activité 4 : les universités anglaises et américaines encouragent fortement leurs étudiants à servir leur communauté tout en poursuivant leurs études. Pourquoi ? Qu'apporte le volontariat aux étudiants (au niveau personnel, au niveau de leurs études universitaires et en ce qui concerne leur future entrée sur le marché du travail) ? Votre exposé oral durera 3-4 minutes.

Activité En Plus : et vous ? Aimeriez-vous servir votre communauté ? Lequel des domaines ci-dessous choisiriez-vous ? Pourquoi ?

femmes battues	joueurs compulsifs
toxicomanes ou alcooliques	jeunes
réfugiés, immigrants ou communautés ethniques	personnes âgées
chômeurs	communauté homosexuelle
handicapés physiques	jeunes mères
non-voyants	orphelins
démunis, SDF	
malades mentaux	autres
accidentés	

CHAPITRE DEUX

Section 2 Témoignages et conseils

Activité 1 : Karine a, elle aussi, lu l'appel de Bérengère et lui a envoyé le petit message suivant. Lisez-le attentivement puis, comme Bérengère, écoutez le premier extrait (de 3′08″ minutes) de l'émission de radio podcastée que lui a conseillée Karine. Ensuite, vous répondrez en français aux 9 questions qui suivent (qui sont dans l'ordre de leur apparition dans le document sonore). Il n'est pas nécessaire de faire des phrases.

Message de : Karine_intello
A : Bérengère
Objet : une ID 2 Gni

Salut Bérenge !

kL coïncidence ! J'ai récemment entendu (l1di), sur mon auto radio, une émission sur les jeunes bénévoles. CT sur Europe 1 et CT très instructif. Je te conseille de télécharger le podcast de ces entretiens sur **http://www.europe1.fr/podcast/volontariat.jsp**

Bonne écoute !
biz
@+ jSpR !

Questions

1 Pour quelle raison l'émission *Coup de pouce* a-t-elle décidé de proposer une émission sur le bénévolat des jeunes ?

2 Qu'apprenez-vous sur l'abbé Pierre ?

3 Relevez les 5 expressions qui définissent le public visé par l'Agora.

4 Listez les prestations offertes par cette association.

5 Pourquoi, à votre avis, l'accès gratuit et régulier à un ordinateur et à l'Internet est-il vital pour le public que l'Agora tente d'aider ?

6 Pourquoi, selon vous, la nationalité des étudiants de Jean-François rend-elle sa tâche plus difficile ?

7 Quels supports pédagogiques utilise-t-il dans ses cours ?

8 Traduisez le slogan d'Emmaüs en anglais.

9 Pourquoi peut-on dire que l'engagement comme bénévole de Jean-François est une activité réciproquement bénéfique ?

Activité 2 : voici maintenant le deuxième extrait (de 1′28″ minutes) de l'émission de radio podcastée recommandée par Karine. Révisez, si nécessaire, le conditionnel des verbes réguliers afin de pouvoir remplir les 10 blancs de l'exercice ci-dessous (qui n'est autre que la transcription du document sonore).

Zoom sur …
le conditionnel des verbes réguliers

Verbes en er (aimer)	Verbes en ir (finir)	Verbes en re (descendre)
J'aimer **ais**	Je finir **ais**	Je descendr **ais**
Tu aimer **ais**	Tu finir **ais**	Tu descendr **ais**
Il/elle/on aimer **ait**	Il/elle/on finir **ait**	Il/elle/on descendr **ait**
Nous aimer **ions**	Nous finir **ions**	Nous descendr **ions**
Vous aimer **iez**	Vous finir **iez**	Vous descendr **iez**
Ils/ elles aimer **aient**	Ils/elles finir **aient**	Ils/elles descendr **aient**

– Maintenant, je vais céder la parole à Malika, qui va nous parler de son action solidaire au sein d'Unis Cité à Lille. Vous faites des études à l'université de Lille, n'est-ce pas ?
– Effectivement. Et je désire encourager tous les jeunes à faire comme moi car je vis une expérience vraiment très enrichissante. Si vous deveniez volontaire pour Unis Cité, cette association vous ______ la possibilité d'aider les autres dans votre propre ville ; vous ______ une période d'essai ; vous ______ à faire une activité non rémunérée de 2 mois minimum ; les missions proposées par Unis Cité vous ______ de créer des liens de solidarité avec des personnes de tous les horizons et de toutes les cultures ; vous ______ les règles de ponctualité et de confidentialité ; vous ______ avec des gens

extrêmement motivés ; vous ______ pour bâtir une société plus humaine ; les actions d'Unis Cité vous ______ l'occasion d'apporter votre soutien à des personnes désemparées; vous ______ à la différence ; vous ______ valorisé.

Activité 3 : à votre tour d'encourager à nouveau Bérengère, cette fois-ci, en soulignant ce qu'apporte le bénévolat. Pour cela, traduisez en français les 6 phrases ci-dessous, à l'aide du vocabulaire de cette section.

Hi Bérenge!

As a volunteer, you would
1 not earn any money

but you would
2 help your own community; you would feel valued
3 feel more mature; you would improve your job opportunities
4 meet a lot of people from all walks of life and would listen to these people

The charity would
5 enable you to feel useful
6 train you; you would teach English to a small group of homeless people

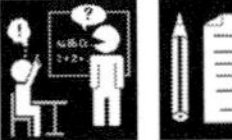
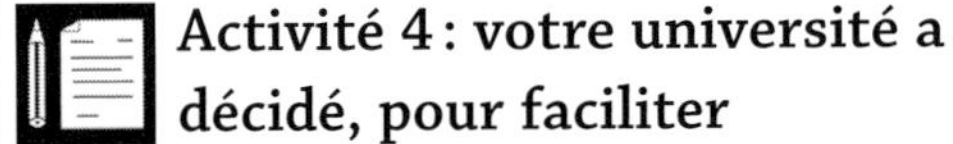

Activité 4 : votre université a décidé, pour faciliter l'intégration de ses étudiants francophones, de les encourager à (1) rencontrer les étudiants autochtones, c'est-à-dire vous et (2) s'engager comme bénévoles pour apporter leur soutien aux communautés locales qui en ont besoin. Vous devrez donc composer, à l'aide de tout ce que vous avez appris dans cette section et la précédente, un texte d'encouragement convivial et convaincant. Réfléchissez, tout d'abord, à l'aide requise par les communautés de votre ville universitaire.

Votre texte devra comporter au moins 20 phrases (6 au présent, 7 au passé composé et 7 au conditionnel – dont au moins 5 avec des adverbes de quantité ou d'intensité et 5 avec des négations). Vous pourriez même, pourquoi pas, transformer votre texte en slam, avec des rimes !

Activité En Plus : vous vous souvenez de Jean-François Matéi (dans l'activité 1) ? Comment serait votre leçon de FLE si, comme lui, vous deviez dispenser le premier cours (intitulé « Comment se présenter à l'oral ») à une dizaine d'adultes que vous rencontreriez pour la première fois, qui seraient de diverses nationalités et qui ne parleraient pas un seul mot d'anglais ? Toute votre minileçon devrait être en français, avec des mots très simples et beaucoup de gestes. Partagez-vous les deux rôles : un professeur et un apprenant adulte.

Méthodes de travail efficaces : comment éviter le plagiat

L'Internet est, certes, un outil merveilleux mais attention, « copier-coller » est plagier et le plagiat constitue un vol, ni plus, ni moins. Voici quelques conseils qui vous éviteront de plagier.

1. Lors de vos recherches en bibliothèque ou sur l'Internet :
   - notez immédiatement la référence complète du document en question
   - faites un court résumé des idées pertinentes en utilisant vos propres mots
   - listez les citations que vous souhaitez insérer dans votre travail
2. Lorsque vous faites des photocopies d'extraits de livres et/ou d'articles pertinents :
   - notez-en immédiatement la référence complète
3. Lorsque vous rédigez votre travail :
   - assurez-vous que vous utilisez la bonne technique de références bibliographiques car il en existe plusieurs (MLA, Harvard, APA). Votre professeur vous conseillera.
   - une bibliographie doit contenir la liste détaillée de toutes les ressources que vous avez consultées
   - si vous citez textuellement un auteur afin d'illustrer vos propos, vous devez impérativement utiliser des guillemets (« ... »)
   - quand vous synthétisez l'idée d'un auteur en utilisant vos propres mots, vous devez mentionner son nom soit à l'aide d'une référence insérée dans votre texte, soit d'une note de bas de page ou en fin de votre travail. Inclure la source dans votre bibliographie n'est pas suffisant.

 Activité 5 :

à votre ordinateur !

1 Faites les exercices en ligne n° 5 et 6 portant sur les sections 1 et 2 de ce chapitre.

2 Jean-François, dans l'activité 1, a fait une présentation assez brève mais détaillée d'une association caritative bien connue. À votre tour de faire quelques recherches sur l'Internet pour pouvoir donner des renseignements similaires à vos camarades de classe sur une œuvre caritative bien connue dans votre pays. Vous devrez faire un exposé oral, en français, de 3-4 minutes.

Section 3 Motivations et avantages

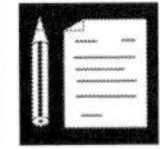 Activité 1 : votre curiosité a été aiguisée par les entretiens de Malika et de Jean-François. Vous voulez en savoir plus sur les motivations des bénévoles en France. Écoutez attentivement cet extrait (de 1′36″ minutes) d'une émission de radio podcastée sur ce thème afin de pouvoir remplir le tableau suivant (source : *Enquête – Vie associative*, INSEE, 2002, **http://www.insee.fr/fr/ffc/docs_ffc/es372a.pdf**).

Les motifs déclarés des participations bénévoles	
	Répartition (en %) des participations bénévoles
Nombre de motifs déclarés	
1	______
2	20,1
3	______
4	______
5 et plus	18,0
Nature du motif déclaré	
Pratiquer ou ______ un sport ou une activité culturelle	26,4
Défendre une cause	______
Faire respecter ses droits et ceux des autres	23,2
______ ayant les mêmes préoccupations	58,5
Acquérir ou exercer une compétence	______
Être utile à la société, faire quelque chose pour les autres	______
S'épanouir, ______	48,5
______ ou des services, bénéficier des activités	13,1______
Aider, défendre les intérêts de ses enfants, ou de son entourage	
______	6,2

  Activité 2 : ayant obtenu ces informations sur la France, vous vous demandez maintenant si la situation est similaire dans un autre pays francophone, la Suisse. En vous aidant des phrases-clés du chapitre 1 (section 3, activité 2, p. 15) et des « Expressions utiles pour exploiter les tableaux et les graphiques » (voir appendice 1), comparez les données statistiques des deux tableaux ci-dessous. Vous devrez préparer au moins 8 phrases comparatives et 3 phrases dans lesquelles vous expliquerez pourquoi, selon vous, certaines différences existent.

Population de plus de 15 ans	Taux de bénévolat organisé en %
... le sexe :	
• femmes :	21
• hommes :	30
• total :	25
... l'âge :	
• 15/24 ans :	23
• 25/39 ans :	26
• 40/54 ans :	31
• 55/64 ans :	27
• 65/74 ans :	23
• +75 ans :	12
... la formation	
• primaire :	14
• secondaire :	26
• supérieure :	36
... l'activité	
• personnes actives occupées :	29
• à la recherche d'un emploi :	14
• personnes sans activité professionnelle :	28
• à la retraite :	17

Source : *Enquête sur la population active – le bénévolat suisse*, Office fédéral de la statistique suisse, 2004 (**http://www.francebenevolat.org/PDF/Le_benevolat_en_Suisse.pdf**)

CHAPITRE DEUX

Proportion des Français « bénévoles » (en %)			
	1996	2004	Évolution
Les 18-24 ans	24	27	+ 3
La trentaine	21	29	+ 8
Les quadragénaires	30	29	− 1
Les quinquagénaires	27	28	+ 1
Les sexagénaires	23	29	+ 6
Les septuagénaires	17	19	+ 2
Ensemble des Français	23,4	26	+ 2,6

Source : *La France bénévole*, CerPhi, 2005
(**http://www.cerphi.org/pdf_publications/la-france-benevole-2005.pdf**)

Activité 3 : Michel a, lui aussi, lu l'appel de Bérengère et lui a envoyé le message suivant. Pour bien en comprendre le contenu, remplissez le tableau ci-dessous en relevant, dans le texte, les synonymes appropriés.

Message de : Michel
À : Bérengère
Objet : Une organisation intéressante

Salut Bérenge !

J'ai trouvé cette « info » sur le site **www.projects-abroad.fr de** l'organisation Projects Abroad. À ta place, je la contacterais sans tarder.
Biz ; @+

1. Projects Abroad est une organisation internationale. Sa branche française a été ouverte à Grenoble en février 2006.
2. Son but principal est de faire entrer dans les mœurs françaises la pratique de ce que les anglophones appellent la « gap year » – période entre le bac et le commencement d'études supérieures.
3. Projects Abroad a baptisé cette période une « parenthèse utile » car, selon elle, les retombées d'une telle expérience sont extrêmement positives.
   Ainsi, selon Projects Abroad, les « parenthésards » :
   - améliorent leur « "savoir-être" (compétences interpersonnelles et comportementales telles qu'indépendance, confiance en soi, travail en équipe, capacité à prendre des décisions, etc.) »,
   - obtiennent « de meilleurs résultats universitaires grâce à une autodiscipline accrue et la capacité de poursuivre des objectifs précis »,
   - sont capables de constituer « des projets professionnels pertinents et durables » et
   - voient ainsi leurs « chances d'embauche améliorées ».
4. Projects Abroad explique que les objectifs du « parenthésard » sont, notamment :
   - « tester une profession avant d'entamer une longue formation en faisant des stages ou en effectuant des missions de volontariat »,
   - « élargir son horizon en découvrant d'autres pays, d'autres cultures »,
   - « gagner de la distance par rapport à une vie qui semble trop figée »,
   - « améliorer ses compétences linguistiques à l'étranger »,
   - « forger son propre caractère en s'exposant à des situations difficiles, par exemple en effectuant des missions de volontariat » et
   - « expérimenter différentes orientations en peu de temps ».
5. Projects Abroad souligne la souplesse et l'étendue de son offre. Cette organisation « propose des missions de volontariat et des stages dans des pays en voie de développement qui sont accessibles à partir de l'âge de 16 ans sans qualification particulière ». Elle a « une approche très individualisée où chaque personne peut librement choisir la nature de sa mission, la destination, la date de début de sa mission et la durée de celle-ci ». L'éventail des possibilités « est extrêmement vaste et comprend, à titre d'exemples, des missions humanitaires au Népal, des stages de médecine en Chine et en Inde, la participation à des recherches écologiques dans la jungle péruvienne ou encore des stages de droit au Ghana ».

paragraphe (dans le courriel de Michel)	mot/ groupe de mots synonymes
2	
a.	son objectif
b.	faire accepter
3	
a.	a nommé
b.	l'impact
c.	avec d'autres personnes
d.	plus grande
e.	le recrutement
4	
a.	entre autres
b.	commencer
c.	immobile
d.	former, en faisant face aux obstacles
e.	diverses professions possibles
5	
a.	la flexibilité
b.	le grand choix (2 réponses possibles)

Activité 4 : les informations envoyées par Michel sur « Projects Abroad » sont présentées de façon très structurée ; chacune des 5 idées principales constitue un paragraphe. Une articulation de ce type permet de résumer plus facilement un texte, ce qui est une activité extrêmement utile. La première étape est l'attribution d'un sous-titre pertinent à chaque paragraphe. Ici, vous avez le choix entre 8 sous-titres en anglais. À vous de choisir les 5 sous-titres appropriés.

headings	paragraphs
a. variety and flexibility of Projects Abroad's placements	1 2 3 4 5 ☐☐☐☐☐
b. Projects Abroad's selection process	1 2 3 4 5 ☐☐☐☐☐
c. Projects Abroad's main aim	1 2 3 4 5 ☐☐☐☐☐
d. how Projects Abroad view China and India	1 2 3 4 5 ☐☐☐☐☐
e. feedback from Projects Abroad's « gap-yearers »	1 2 3 4 5 ☐☐☐☐☐
f. who Projects Abroad are	1 2 3 4 5 ☐☐☐☐☐
g. students' achievements and new skills	1 2 3 4 5 ☐☐☐☐☐
h. motives of the « gap-yearers »	1 2 3 4 5 ☐☐☐☐☐

Activité 5 : maintenant que vous comprenez parfaitement le message de Michel, vous voulez, vous aussi, conseiller à Bérengère de contacter « Projects Abroad ». Pour cela, vous allez souligner ce qu'une mission de volontariat effectuée grâce à cette organisation lui apporterait. Réutilisez au moins 10 phrases contenues dans les paragraphes 3 et 4 de la présentation sur « Projects Abroad »(activité 3) et reformulez-les en utilisant le conditionnel.

Activité En Plus : les informations sur la France et la Suisse ne vous suffisent pas ; vous voudriez désormais avoir une idée d'ensemble sur le bénévolat dans quelques pays européens. En vous aidant des phrases-clés du chapitre 1 (section 3, activité 2, p. 15) et des « Expressions utiles pour exploiter les tableaux et les graphiques » (voir appendice 1), comparez les données statistiques du tableau ci-dessous. Comment, selon vous, expliquer certaines différences ? Quelles conclusions en tireriez-vous ?

Ventilation du temps libre des hommes ayant un emploi (1998-2002)

Pays	**Temps libre des actifs par jour** (en heures et minutes)	**dont bénévolat** (en minutes)	**dont lecture** (en minutes)	**dont sport** (en minutes)	**dont télévision** (en minutes)
Belgique	4,23	8	26	18	116
Allemagne	5,11	16	34	25	106
France	3,51	14	18	30	104
Hongrie	4,37	11	22	17	141
Finlande	5,06	15	37	31	125
Suède	4,51	12	29	29	108
Royaume-Uni	4,41	8	22	17	138
Norvège	5,37	10	30	30	118

Source : *La France bénévole*, CerPhi, 2005
(**http://www.cerphi.org/pdf_publications/la-france-benevole-2005.pdf**)

Section 4 Compétences et téléphone

Activité 1 : une autre internaute, Micheline, a répondu à l'appel de Bérengère. Lisez les informations qu'elle lui a fournies, notamment sur les compétences jugées essentielles de nos jours. Pour vérifier votre compréhension, complétez le tableau ci-dessous en faisant correspondre la compétence de la colonne de gauche avec l'emploi ou la tâche universitaire de la colonne de droite (plusieurs réponses sont possibles).

Message de : Micheline
À : Bérengère
Objet : « Infos » utiles

Bonjour Bérengère !

Je suis professeur dans une université suisse et je peux t'assurer que « faire une parenthèse » t'apportera énormément.

Ici, en Suisse, nous avons, depuis 2001 (déclarée Année Internationale des Volontaires), un « dossier bénévolat » qui est « un certificat de travail personnel et national pour le travail bénévole et volontaire. Il soutient tout particulièrement les jeunes en documentant les compétences acquises lors de leurs activités bénévoles. » « Le travail bénévole est ainsi valorisé et l'expérience acquise peut être comparée à celle acquise dans un travail rémunéré. » (Source : **http://www.sajv.ch/fr/themen/freiwilligenarbeit/sozialzeitausweis/**)

Tu n'habites pas en Suisse, je sais, mais la France a, elle aussi, un système de valorisation et de reconnaissance des activités et des compétences bénévoles. Alors, pourquoi hésiter ?

Il est très utile de connaître les compétences qui sont considérées comme étant très importantes dans le monde du travail et dans celui des études supérieures. Voici un petit tableau récapitulatif, réalisé par **http://www.eglises.ch/dossierbenevolat/www/dynfiles/alleKomp.php**, qui va te donner une idée de ces compétences (je suis persuadée que tu en possèdes déjà certaines ; les autres sont à acquérir ou à améliorer).

Compétences professionnelles et méthodiques générales	Compétences sociales	Compétences personnelles
1. culture générale	5. empathie	10. résistance
2. esprit pratique	6. capacité de communication	11. souplesse
3. capacité d'apprentissage	7. capacité de gestion des conflits	12. sens des responsabilités
4. capacité d'organisation	8. esprit d'équipe	13. créativité
	9. capacité de persuasion	14. autonomie

Je suis entièrement d'accord avec Michel ; tu devrais contacter Projects Abroad sans plus tarder au 04 76 63 49 49.

Bonne chance !

Micheline

Compétences	Emplois/tâches universitaires
1. culture générale	a. débat en classe de français
2. esprit pratique	b. tri et vente dans une boutique d'Oxfam
3. capacité d'apprentissage	c. espace renseignements et prêts dans une bibliothèque
4. capacité d'organisation	d. collecte de fonds pour une œuvre caritative
5. empathie	e. recherches sur l'Internet
6. capacité de communication	f. travail avec des personnes âgées
7. capacité de gestion des conflits	g. servir à manger dans une soupe populaire
8. esprit d'équipe	h. exposé oral en groupe
9. capacité de persuasion	i. donner des cours de FLE à des étrangers
10. résistance	j. bénévole dans un « Citizens advice bureau »
11. souplesse	k. travail comme assistante maternelle
12. sens des responsabilités	l. recueillir des témoignages pour un exposé écrit
13. créativité	m. sensibiliser le public à un problème affectant la communauté locale
14. autonomie	n. visiteur de prison
	o. reconstruction de villages détruits par un tsunami
	p. aide/nourrice dans un orphelinat
	q. bénévole pour « the Samaritans »
	r. entraîneur bénévole de football pour les minimes

Activité 2 : la liste de compétences ci-dessus n'est pas exhaustive ; il existe, bien sûr, d'autres compétences très utiles. Quelles sont-elles, selon vous ? Réfléchissez. Quelles sont les compétences que vous possédez déjà et qui sont, selon vous, très utiles quand l'on est, comme vous, en première année de licence à l'université ? Quelles sont les compétences que vous aimeriez améliorer ?

Activité 3 : Bérengère a enfin pris une décision. Elle téléphone à « Projects Abroad ». Écoutez attentivement ses deux conversations téléphoniques (de 2′15″ minutes au total) afin de pouvoir traduire en français les 16 expressions anglaises du tableau ci-dessous.

Au téléphone Expressions anglaises
1. I'm sorry but you've dialled the wrong number
2. You're welcome (2 réponses possibles)
3. Hello, may I help you?
4. One moment please
5. I'm putting you through to him
6. His line is engaged
7. Would you like to hold?
8. to leave a message
9. to ring back
10. your details
11. Can you spell?
12. What is it about?
13. I would like some information
14. I have noticed
15. He will ring you back
16. as soon as possible

 Activité 4 : votre texte d'encouragement (section 2, activité 4, p. 27) a été un succès. Bravo ! Une étudiante francophone, qui habite dans votre cité universitaire, a décidé de faire quelques heures de bénévolat. Elle a trouvé la petite annonce ci-dessous mais, avant de s'engager, elle veut être absolument certaine d'en comprendre le contenu. Aidez-la à en traduire un extrait, présenté dans l'encadré ci-dessous, en réutilisant le vocabulaire de ce chapitre et, si nécessaire, le tableau sur la formation du futur des verbes réguliers.

Zoom sur ...
le futur des verbes réguliers

Verbes en er (aim**er**)	**Verbes en ir** (fin**ir**)	**Verbes en re** (descend**re**)
J'aimer **ai**	Je finir **ai**	Je descendr **ai**
Tu aimer **as**	Tu finir **as**	Tu descendr **as**
Il/elle/on aimer **a**	Il/elle/on finir **a**	Il/elle/on descendr **a**
Nous aimer **ons**	Nous finir **ons**	Nous descendr **ons**
Vous aimer **ez**	Vous finir **ez**	Vous descendr **ez**
Ils/ elles aimer **ont**	Ils/elles finir **ont**	Ils/elles descendr **ont**

Positive Steps

If you volunteer, you will
- help your local community
- meet new people
- make friends with like-minded people
- learn new skills
- boost your self-confidence
- enhance your CV and
- improve your job prospects.

Here is our list of possible activities. You will
- talk to elderly people
- work in a soup kitchen
- raise funds for a charity
- organise a trip for a disadvantaged group
- play with children
- teach French in a local school

We will
- give you a skills certificate

 Activité En Plus : vous pensez déjà aux grandes vacances, mais pour une bonne raison. Vous aimeriez travailler comme bénévole en France cet été et vous avez trouvé la petite annonce ci-dessous. Réutilisez les expressions de l'activité 3 et préparez une conversation téléphonique similaire. Partagez-vous les deux rôles : un jeune étudiant désirant des renseignements et la réceptionniste de l'organisation en question.

INTITULÉ Devenez Bénévoles-Vacances

L'Association « Tout est possible » recherche des bénévoles-vacances pour accompagner dans des séjours de vacances 3 types de personnes.
- **mission verte :** des personnes âgées souffrant de solitude, de handicaps liés à leur grand âge
- **mission bleue :** des adolescents en situation d'exclusion
- **mission rose :** des enfants en situation de précarité, qui ne peuvent pas partir en vacances

PROFIL pas de profil spécifique

PÉRIODE de juin à septembre

DURÉE 4 semaines consécutives

LIEU recrutement France entière

 Activité 5 : à votre ordinateur !

1  Faites les exercices en ligne n°s 7 et 8 portant sur les sections 3 et 4 de ce chapitre.

2 Désormais, vous connaissez le profil des bénévoles en France et en Suisse. Faites des recherches sur l'Internet pour pouvoir dresser un tableau similaire des bénévoles de votre pays (âge, sexe, activité choisie, motivations, etc.). Vous présenterez vos résultats, en français, dans un exposé oral de 3-4 minutes.

Intégration et insertion des étudiants

	Section 1 ***Premières semaines à l'université***	Section 2 ***Logement étudiant (1)***	Section 3 ***Logement étudiant (2)***	Section 4 ***Étudiants et problèmes financiers***
Savoirs civilisationnels	- le programme Erasmus - les difficultés d'intégration des étudiants	- les difficultés de logement des étudiants - le concept « Campus Vert »	- le concept « Ar'toit 2 générations » - découvrir la pratique de la colocation	- les difficultés financières des étudiants - les activités rémunérées des étudiants
Savoir-faire fonctionnels	- poser des questions - faire un résumé en anglais	- téléphoner pour une location		- transformer des phrases en points essentiels
Savoir-faire notionnels	**Grammaire :** - l'impératif (p. 40)		**Grammaire :** - l'imparfait des verbes réguliers (p. 49)	
Méthodes de travail efficaces	- résumer un texte en anglais			- rédiger un plan détaillé - utiliser des connecteurs
Activités de compréhension auditive	n° 5 (p. 40)	n° 1 (p. 42) n° 2 (p. 42) n° 5 (p. 44)		n° 3 (p. 50)
Activités de compréhension écrite		n° 3 (p. 43)	n° 1 (p. 46) n° 4 (p. 47)	n° 5 (p. 52)
Activités de production écrite	n° 1 (p. 38) n° 3 (p. 39) n° 6 (p. 40) n° 7 (p. 41)	n° 4 (p. 43)	n° 3 (p. 47) n° 5 (p. 48) n° 6 (p. 49)	n° 1 (p. 50) n° 6 (p. 53)
Activités de production orale	n° 2 (p. 38) n° 4 (p. 40) En Plus (p. 41)	En Plus (p. 45) n° 6 (p. 45)	n° 2 (p. 47) En Plus (p. 49)	n° 2 (p. 50) n° 4 (p. 51) En Plus (p. 53) n° 7 (p. 54)

Section 1 Premières semaines à l'université

Activité 1 : vous assistez à la soirée « Entente Cordiale » organisée par les étudiants étrangers de votre université. Sur les murs de la salle se trouvent de nombreuses affiches réalisées par ces étudiants dans leur langue maternelle. Sous celles-ci ont été placées quelques photocopies, format A4, de ces posters. En voici un exemplaire.

<u>Renforçons</u> l'Entente Cordiale franco-britannique

1. Comment (est-ce que) je m'appelle ? Bianca di Cervione.
2. De quelle région française (est-ce que) je viens ? De Corse.
3. Pourquoi (est-ce que) je suis ici ? Pour améliorer mon anglais.
4. Quelles études (est-ce que) je fais ? De la gestion et de l'anglais langue étrangère, niveau avancé.
5. Pendant combien de temps (est-ce que) je vais rester ? Au moins un an.
6. Quand (est-ce que) je suis arrivée dans cette ville universitaire ? Il y a à peine 3 semaines.
7. Où (est-ce que) j'habite ? Dans une chambre universitaire, sur ce campus.
8. (Est-ce que) j'ai le mal du pays ? Oui, un peu, de temps en temps.
9. Qu'est-ce qui me manque le plus, actuellement ? Ma famille.
10. Qu'est-ce que j'aimerais réussir à faire ici ? À me faire beaucoup d'amis.

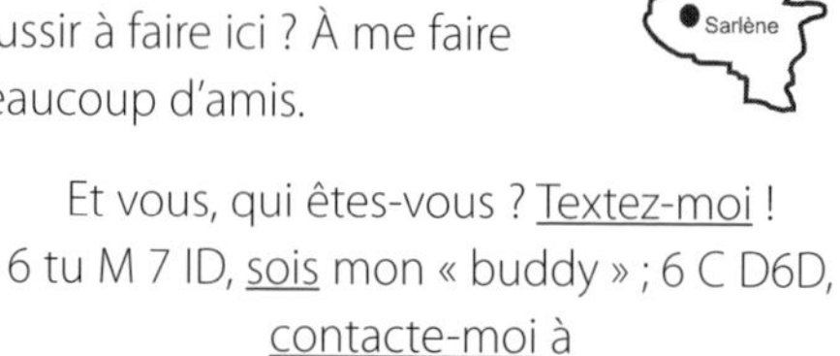

Et vous, qui êtes-vous ? <u>Textez-moi</u> !
6 tu M 7 ID, <u>sois</u> mon « buddy » ; 6 C D6D, <u>contacte-moi</u> à
bianca-corsicamour@yahoo.fr

@+ jSpR

Vous décidez de contacter Bianca et de répondre, par email, aux mêmes questions qu'elle.

Activité 2 : vous avez appris que Bianca est en Angleterre grâce au programme Erasmus. Vous êtes d'un naturel curieux, alors Bianca vous a donné les renseignements suivants. Retrouvez les 10 questions de style formel qui portent sur les groupes de mots soulignés dans chacune des 10 phrases suivantes. Pour cela, aidez-vous, si nécessaire, du tableau ci-dessous.

1. En 2004-2005, <u>un peu plus de 144 000</u> jeunes ont étudié à l'étranger grâce à ce programme.
2. En 2004-2005, l'<u>Espagne</u> était, devant la France, le pays accueillant le plus d'étudiants Erasmus.
3. La plupart des étudiants participant à ce programme choisissent <u>une filière commerciale</u>.
4. Avec ce programme, les étudiants peuvent passer <u>de 3 à 12 mois</u> dans un établissement d'enseignement supérieur participant.
5. La politique en matière de bourses est <u>d'étendre la mobilité au plus grand nombre possible d'étudiants</u>.
6. En 2004-2005, <u>le nombre d'enseignants universitaires Erasmus a augmenté de presque 13 % par rapport à 2003-2004</u>.
7. 1987 est une année importante <u>car c'est la date de naissance du programme Erasmus.</u>
8. En 2004-2005, <u>l'Allemagne, la France et l'Espagne</u> étaient les pays envoyant le plus grand nombre d'étudiants à l'étranger.
9. Erasmus encourage les étudiants à <u>penser « européen » et à être mobiles, non seulement lors leurs études, mais également lorsqu'ils se retrouveront sur le marché du travail</u>.
10. Pour pouvoir bénéficier de ce programme, <u>les étudiants doivent avoir achevé leur première année universitaire et être citoyens de l'un des pays participants</u>.

Des mots et expressions utiles pour poser des questions de style formel		
Qu'est-ce qui s'est passé ? Que s'est-il passé ?		
Qui est Qui sont	votre professeur de droit ? vos professeurs d'informatique ?	
De qui De quoi	est-ce que vous parlez ? parlez-vous ?	
À qui À quoi	est-ce que vous pensez ? pensez-vous ?	
Quel est Quels sont	votre emploi du temps ? les horaires ?	
Quelle est Quelles sont	votre formation ? vos notes de partiel ?	
Quel petit boulot	est-ce que vous avez trouvé ? avez-vous trouvé ?	
Quelles matières	est-ce que vous étudiez ? étudiez-vous ?	
Qu'est-ce qu'il fait Que fait-il	pendant son stage ?	
À quelle heure Quand Où	est-ce que votre cours magistral a lieu ? votre cours magistral a-t-il lieu ?	
Combien de temps	est-ce que vous passez passez-vous	à relire vos notes de cours ?
Combien d'examens	est-ce que vous avez avez-vous	par trimestre ?
Comment	est-ce que vous allez allez-vous	payer vos frais d'inscription ?
Pourquoi	est-ce que vous préparez préparez-vous	ce diplôme ?

Activité 3 : dans l'activité 1, Bianca a utilisé 4 verbes à l'impératif (qui sont soulignés dans son poster). Vous aussi, vous avez un peu le mal du pays, alors vous laissez 6 messages en français sur le répondeur de vos meilleurs amis – ils font eux aussi des études de français, mais dans d'autres universités. Utilisez l'impératif – en vous aidant, si nécessaire, du tableau récapitulatif ci-dessous.

CHAPITRE TROIS

Section 2 Logement étudiant (1)

Activité 1 : sur les conseils de Bianca, vous allez écouter une émission de radio, de 3′37″ minutes, consacrée au logement étudiant. Vérifions en premier lieu la signification des mots et expressions clés. Pour cela, écrivez les termes français entendus qui sont synonymes des (groupes de) mots listés ci-dessous.

synonymes	mots du texte
1. malgré	1)
2. à l'extérieur et non dans un logement confortable	2)
3. habiter chez ses parents	3)
4. un ensemble de logements pour étudiants	4)
5. trouver une solution, une alternative ingénieuse	5)
6. une personne qui loue un logement à une autre personne	6)
7. un organisme d'assurance et de protection sociale	7)
8. un secteur du marché à exploiter	8)
9. une protestation collective intense	9)
10. un logement petit et sale	10)
11. renoncer (devant une difficulté)	11)

Activité 2 : écoutez à nouveau le document sonore, puis remplissez les 22 blancs à l'aide de verbes conjugués au présent, au passé composé et au conditionnel.

Trouver un logement étudiant en 2006

Le nombre de jeunes qui ______ désespérément un logement près de leur établissement universitaire ou de leur école est élevé – et ce, en dépit des efforts publics et privés.

Ainsi, par exemple, Montpellier et son agglomération ______ de lancer un vaste programme qui ______ permettre à 4 400 étudiants supplémentaires de se loger. Il était temps ! Les étudiants qui ______ « à la dure », dans des voitures, des tentes ______ par milliers.

Il ______ savoir qu'en France, le nombre d'étudiants ______ entre 1970 et 2005, mais le nombre de chambres universitaires, lui, ______ le même. À présent, sur 2,2 millions d'étudiants, 1,3 million d'entre eux ne ______ pas sous le toit familial et 150 000 ______ dans une résidence universitaire publique. Ceux dont la demande de place en résidence a été rejetée sont obligés de se débrouiller, et étant donné que les bailleurs privés n'ont que 800 000 places à louer, au moins 300 000 jeunes ______ exclus.

Aussi, les mairies, les CLOUS (Centres Locaux des Œuvres Universitaires et Scolaires), les CROUS (Centres Régionaux des Œuvres Universitaires et Scolaires), les mutuelles, un certain nombre d'écoles et d'universités ______ en place des services de « placement ». Ainsi, par exemple, Évreux ______ une liste des logements privés encore vacants. La mutuelle Smeba, dans la ville d'Angers, ______ sa propre agence immobilière. Les grands réseaux ______ ce créneau qu'ils ______ très rentable. Par exemple, Foncia Brest ______, en moyenne, 350 logements étudiants. La capitale n'est pas épargnée ; bien au contraire. On dit qu'il ______ 50 000 logements étudiants en Île-de-France. Malheureusement, les crédits votés pour la construction, d'ici à 2010, de 15 000 nouveaux logements étudiants ont été reportés.

Un temps, le gouvernement ______ avoir trouvé une solution : il ______ les CLOUS à louer aux étudiants des chambres ne mesurant que 7 m² – bien que le minimum légal soit de 9 m². Devant le tollé qu'______ provoqué la mise sur le marché locatif de ces véritables « clapiers à lapins », il ______ marche arrière.

Activité 3 : pour vous montrer ce que les étudiants français peuvent faire face à la situation de pénurie de logements universitaires, brièvement présentée dans l'activité précédente, Colline a téléchargé le texte suivant pour vous. Pour pratiquer son anglais et tester votre compréhension écrite, elle vous pose les 12 questions ci-dessous – qui sont dans l'ordre du texte. Vous y répondrez en anglais, sans nécessairement faire de phrases entières.

Le « Campus vert » : la révolution dans le domaine des logements étudiants
Que diriez-vous d'un logement à la ferme ?

Vous êtes étudiant. Vous savez combien il est difficile de trouver un logement alliant proximité de votre lieu d'apprentissage, loyer raisonnable et respect de votre vie privée. En effet, beaucoup de campus universitaires sont encore synonymes de loyer élevé, de mauvaise organisation et de manque d'intimité.

Ceci explique pourquoi l'Association des fermes d'accueil en chambres étudiantes a lancé un tout nouveau concept qu'elle a baptisé le « Campus vert ».

Une fois réalisé l'aménagement, grâce à une aide financière, d'anciens bâtiments de leur propriété, des agriculteurs peuvent ainsi héberger des étudiants et des stagiaires en entreprise dans des studios meublés, plus ou moins spacieux, pour un loyer s'élevant entre 230 et 315 euros. De plus, ces studios sont situés dans un cadre agréable, convivial et calme. Bref, on est aux antipodes des logements étudiants dits traditionnels.

Trois régions (la Bretagne, le Nord-Pas-de-Calais et la Picardie) proposent déjà cette formule. Situées à 10 ou 15 kms des centres universitaires, de nombreuses fermes d'accueil sont déjà prêtes à accueillir de jeunes étudiants ou apprentis. Tous les propriétaires s'engagent, lorsqu'ils signent le cahier des charges, à proposer aux étudiants non seulement un logement, mais également des activités de loisirs et des services – qui varient d'une ferme à l'autre. Les locataires peuvent ainsi :

- disposer d'équipements de loisirs (vélos, raquettes de tennis, ballons, etc.)
- ranger leurs objets encombrants (vélo, planche à voile, matériel pour la voiture, etc.) dans le local technique de l'agriculteur
- faire la vidange de leur voiture dans l'atelier de l'agriculteur
- goûter aux produits fermiers et faits maison (confitures, terrines, légumes du jardin, pot de lait, etc.)
- passer une agréable soirée en compagnie de leurs voisins et de leurs propriétaires ; boire l'apéro avec eux.

Au cas où vous souhaiteriez arrondir vos fins de mois, vous pourrez, dans certaines fermes, ramasser les légumes, garder les enfants, les aider à faire leurs devoirs, etc.

Alors, qu'en dites-vous ?

Questions

1. Name the 3 elements which make lodgings ideal for students.
2. Is it costly for farmers to take part in the scheme?
3. Who are their potential tenants?
4. What is, in the text, the French for 'furnished'?
5. What is, in the text, the French for 'a friendly environment'?
6. Why is the scheme more likely to appeal to car owners?
7. What is, in the text, the French for 'the contract'?
8. What is, in the text, the French for 'bulky'?
9. What can tenants do in the farmer's workshop?
10. Why should it be easy for the tenants to eat healthily?
11. What is *'l'apéro'*?
12. What is, in the text, the French for 'to supplement one's income'?

Activité 4 : l'université de Colline veut essayer de promouvoir « Campus Vert » auprès des parents des futurs étudiants clermontois. Selon vous, quels sont les arguments les plus convaincants devant figurer en priorité ? Listez-en au moins 10 en utilisant le futur et/ou le conditionnel et quelques phrases négatives. Vous pourriez, par exemple, commencer par : « Avec "Campus Vert", votre fils/fille habitera dans un cadre… » ou « Grâce à "Campus Vert", vous seriez rassurés car votre fils/fille aurait une chambre etc… ». À vous de continuer !

Activité 5 : certains étudiants préféreront évidemment une chambre chez l'habitant plutôt que la formule « Campus Vert ». Voici un exemple typique de petite annonce qui attirera de tels étudiants. Ces derniers devront ensuite téléphoner pour avoir plus de renseignements. Écoutez attentivement leur conversation téléphonique (de 4'26" minutes) afin de pouvoir remplacer les expressions en anglais par les expressions françaises entendues.

http://www.Votre-piaule.fr Petite annonce n°1616	
Département	Rhône (69)
Ville	Bron
Catégorie	chambre chez l'habitant dans une villa tout confort
Prix	450 €/ mois ou 120 €/ semaine
Fumeurs	s'abstenir
Dates	année universitaire à venir
Téléphone	04 78 76 23
Propriétaire	M. & Mme Chadrac

- Allô, bonjour, (I would like to speak to Mr Chadrac please).
- Monsieur Chadrac ? C'est pour quoi ? (I'm his wife).
- Bonjour madame Chadrac. Je m'appelle Jacques Romero. (I've read your ad) sur le site de (the estate agency) « Votre Piaule » et je suis vraiment intéressé.
- Ah bonjour Jacques. Vous permettez que je vous appelle Jacques ?
- Oui, bien sûr !
- Vous êtes la première personne intéressée. Vous êtes étudiant donc ?
- Pas encore. (I've just passed) mon bac. Je suis bachelier.
- Très bien et (what do you want to study) ?
- (A degree) en lettres étrangères appliquées anglais-espagnol.
- Intéressant !
- Oui et je vous téléphone (to have more information). Comme la première année de licence se passe sur le campus universitaire de Bron, votre chambre (would be ideal).
- Absolument !
- Par exemple, (are bills included) dans le (monthly rent) ?
- Oui, les factures de gaz, d'électricité, de (heating) et d'eau (are included).
- Parfait ! Et (where is the bedroom exactly)?
- (On the ground floor) de notre villa. (Our house is only 3 years old) vous savez.
- Et (how big is the room)?
- 25 m^2.
- (Is it furnished) ?
- Oui. Il y a un lit 1 personne avec des (drawers), un bureau, 2 (wall shelves), une chaise de bureau, une télévision avec lecteur de DVD et (a wardrobe).
- Très bien mais j'imagine que je dois apporter (my sheets, my blankets), ma couette, (my pillow)...
- Oui, en effet.
- Et en ce qui concerne la salle de bains ?
- Il y a une petite salle de bains indépendante à côté de votre chambre.
- Il y a (a bath or a shower) ?
- Les deux, et (a wash basin), naturellement, avec (a small cupboard) de rangement.
- Parfait ! Et pour les repas ?
- Ah oui, j'oubliais, excusez-moi. Il y a un coin cuisine dans la chambre. Il y a un petit (fridge-freezer), un micro-onde et un (small sink).
- Tout ça semble idéal ! Je dois apporter ma propre (crockery).
- Oui, (plates, glasses and cutlery) ne sont pas compris.
- Je comprends.
- Par contre, il y a (a socket) Internet dans la chambre et l'accès à (broadband) est illimité.
- C'est vraiment parfait. Et comment est (your area) ?
- C'est un quartier calme.

- Et, (is it far from the university) ?
- À vélo, il faut 20 minutes. Il y a (bus stop) tout près de la maison. Il y a une ligne de bus directe qui va à l'université.
- (How often does the bus run)?
- Toutes les 20 minutes.
- (There's a good bus service) donc. Et pour aller en centre-ville ?
- C'est le même bus.
- Très bien. Et côté argent ?
- (I must point out to you) que nous (draw up an inventory and statement of state of repair) à votre arrivée et lors de votre départ. Je demande (a deposit) de 2 mois de loyer et nous signerons un contrat de location, c'est-à-dire (a rental agreement), de 6, 9 ou 12 mois. (The rent) est à payer à l'avance chaque 1er du mois. Vos parents (will be your guarantors) je suppose ?
- Oui.
- Très bien. Je demande à voir une pièce d'identité du (future tenant) et de ses parents plus les (last 3 pay slips) de vos parents puisqu'ils se portent garants.
- Ça ne pose pas de problèmes.
- Eh bien Jacques, j'imagine que vous, et vos parents, voudriez voir la chambre, avant de vous décider ?
- Oui, merci. Ce samedi, (does this suit you?)
- Oui, dans la matinée, (let's say) vers 10h ? Nous habitons 10, rue Saint-Exupéry.
- Parfait.
- Au fait, (what is your telephone number) ?
- Ah oui, pardon. C'est le 04 75 35 36 16. Je suis ardéchois.
- Ah, l'Ardèche ! Quelle chance ! Bien, au revoir Jacques et (see you on Saturday).
- Oui, à samedi. Au revoir madame ! Et merci !

Activité En Plus : si une chambre chez l'habitant semble la formule idéale pour Jacques, d'autres étudiants préféreront probablement « Campus Vert » tandis que d'autres encore seront plutôt attirés par une chambre en cité universitaire. Partagez-vous les rôles ; imaginez les arguments de chacun. Votre discussion devra durer 3-4 minutes.

Activité 6 : à votre ordinateur !

1 Faites les exercices en ligne n° 9 et 10 portant sur les sections 1 et 2 de ce chapitre.

2 *L'Auberge espagnole* est un film français de 2002 de Cédric Klapisch avec, notamment, Judith Godrèche et Audrey Tautou. Faites quelques recherches sur l'Internet pour pouvoir apporter des éléments de réponse à l'une des 2 questions suivantes : (1) Que se passe-t-il dans ce film ? (2) Dans quelle mesure peut-on dire que ce film reflète la possibilité d'une construction européenne harmonieuse ? Vous devrez faire un exposé oral, en français, de 3-4 minutes.

Section 3 Logement étudiant (2)

Activité 1 : cette fois, c'est Samira qui vous a conseillé de visiter un site Internet sur « l'hébergement inter-générationnel ». Pour tester votre compréhension écrite, elle a préparé l'exercice ci-dessous. À vous de découvrir si ses 14 affirmations sont vraies ou fausses, ou ne sont pas mentionnées.

Ar'toit 2 générations : l'indifférence d'âge ! *Arras Actualités* – le magazine des Arrageois, n° 211, février 2007, **http://www.ville-arras.fr/atooentreprise/download_fic.php3?chemin=/atooentreprise/43/_imgs_journal/&fichier=20070123367094.pdf**

Depuis la rentrée 2005, l'association Ar'toit 2 générations qu'anime Nathalie Gheerbrant propose aux étudiants de se loger gratuitement chez des aînés en échange de menus services au quotidien. Une formule originale et citoyenne qui ne demande qu'à trouver des volontaires. Des deux côtés.

« L'idée m'est venue lors de l'été de la canicule, explique l'instigatrice du projet qui, par ailleurs connaît bien les besoins des jeunes pour avoir été durant trois ans présidente de l'association des parents d'élèves de l'enseignement public, et pour l'être encore pour le lycée Robespierre. Je me suis dit, poursuit-elle, que ce qui manquait aux personnes âgées, c'est une présence. Et je voyais les difficultés des étudiants à se loger. La connection s'est faite ! » Nathalie Gheerbrant avait aussi entendu parler d'une expérience de ce type existant avec succès depuis dix ans à Barcelone. [...]

La procédure est rigoureuse. Le jeune demandeur d'hébergement commence par remplir un questionnaire afin de cerner sa personnalité et son milieu social. La personne âgée acceptant de laisser les clefs de sa maison à un étudiant formule de son côté ses attentes en contrepartie de son accueil. Et l'association compose les binômes selon affinités. Comme Chantal Wlodarski et Jean-François Bazile, avenue de l'Hippodrome. « Je ne savais pas quoi demander en échange ! », s'amuse-t-elle. C'est vrai que, dans l'absolu, l'exemple serait plutôt mal choisi car il n'y a pas plus dynamique que cette jeune retraitée, ancien professeur de physique, qui, entre une séance de yoga, un cours d'espéranto, une permanence associative, rentre souvent chez elle après vingt-deux heures ! Alors Jean-François, venu d'Angers dans le cadre d'un BTS en alternance pour devenir gestionnaire de golf, garde la maison ! « T'as oublié de sortir les poubelles ce matin », lui lance sa logeuse qui, le soir, l'emmènera avec elle dîner chez son fils. Le jeune homme occupe l'ancienne chambre de la fille et évolue à sa guise dans la maison. Il participe bien sûr aux frais du quotidien. Pendant les vacances de Chantal, il sera là pour s'occuper du chat. « [...] Avec cette formule, l'étudiant est chez lui, à condition de ne pas oublier qu'il est aussi chez quelqu'un. » [...]

Dans un autre binôme existant, chez un couple cette fois, la dame a plus de quatre-vingts ans et est handicapée. Lorsque parfois elle tombe la nuit, l'étudiant doit aider le mari à la relever.

Nathalie Gheerbrant souhaiterait que cette nouvelle manière de vivre entre les âges se développe, mais, avoue-t-elle, il y a des réticences du côté des aînés. « Parce que, dit-elle, c'est une génération qui n'aime pas toujours avoir quelqu'un chez soi et préfère ne compter que sur elle-même »...

Pourtant, la présidente d'Ar'toit 2 générations insiste sur les garanties offertes par l'association : l'étudiant est présenté par les parents et un suivi continu est assuré avec les familles, celle du jeune et des logeurs. [...]. « J'encourage les gens à profiter de cette solution, assure Chantal Wlodarski. Pour les personnes dont les enfants sont loin, ça aide à garder l'esprit jeune. Et puis, comme il n'est pas trop doué pour la cuisine, moi, ça m'oblige à me faire à manger et à manger plus équilibré ! ». Chantal et Jean-François sont en train de devenir d'indispensables complices.

« Pour les parents, ajoute Nathalie Gheerbrant, c'est rassurant parce que le jeune qui les quitte ne se trouve pas tout de suite livré à lui-même dans l'inconnu. Il continue d'être encadré. C'est une première étape vers sa liberté. »

affirmation	vrai	faux	non mentionné
1. Le projet « Ar'toit 2 générations » est né en janvier 2005.			
2. Grâce à ce projet, des étudiants trouvent un logement chez des étudiants plus âgés.			
3. La vague de chaleur estivale de 2005 est à l'origine de ce projet.			
4. Grâce à sa profession, Nathalie Gheerbrant rencontre de nombreux jeunes.			
5. Elle a été à Barcelone voir un projet similaire.			
6. La fiche remplie par les binômes contient des questions sur leur personnalité.			
7. Binôme 1 : Chantal Wlodarski est une retraitée très active.			
8. Jean-François et elle s'entendent bien			
9. Elle a au moins deux enfants.			
10. Binôme 2 : le mari est en mauvaise santé.			
11. Beaucoup de personnes âgées désirent rester autonomes.			
12. Un membre d'« Ar'toit 2 générations » reste en contact avec hôtes et hébergés.			
13. Jean-François mange mieux grâce à Chantal.			
14. Grâce à « Ar'toit 2 générations », les étudiants peuvent enfin, loin de leurs parents, vivre libres et sans contraintes.			

Activité 2 : l'association « Ar'toit 2 générations » permet donc à un étudiant d'être hébergé gratuitement chez un senior de plus de 60 ans. En contrepartie, cet étudiant doit participer aux charges et assurer certains services au senior, comme, par exemple, faire les courses. Quels sont, selon vous, les autres services qu'un senior de cet âge pourrait attendre du junior qu'il héberge ?

Activité 3 : aimeriez-vous personnellement être hébergé chez un senior pendant l'année universitaire ? Pour quelles raisons ?

Activité 4 : la pratique de la colocation étant très répandue dans votre pays, vous voulez savoir s'il en est de même en France. Vous avez imprimé la page d'un site Internet, ci-dessous, pour en parler avec Bianca. Répondez en français à ses 6 questions ; il n'est pas nécessaire de faire des phrases entières.

Audrey Minette, La colocation, une mode devenue un mode de vie, *La Voix du Nord*, 18 février 2003, **http://www.infologement.org/pages/revuepresse/revuelavoix03.php**

Partager un appartement ou une maison, rien de mieux pour faire des rencontres. La colocation nous vient d'Outre-Manche. Les pays anglo-saxons ont été les initiateurs. La série « Friends » illustre ce mode de vie aujourd'hui très prisé en France, et pas seulement à Paris. Le Nord-Pas-de-Calais n'est pas en reste.

Depuis la fin des années 1990, la colocation est en plein essor. Aujourd'hui, elle se pratique dans toutes les grandes métropoles françaises. Au début, pour trouver un colocataire, il fallait se débrouiller seul. Cela pouvait prendre du temps. Depuis, plusieurs sites Internet ont été créés pour faciliter les échanges.

Frédéric de Bourguet a fondé Colocation.fr en juillet 2000. « Je travaillais dans l'immobilier et je me suis aperçu que de moins en moins de couples visitaient les grands appartements. La demande de colocation était là mais il n'existait aucun moyen de relais pour les colocataires. » Pour améliorer les contacts entre colocataires potentiels et les aider dans leur démarche, Colocation.fr s'est associé à Kel-Koloc pour organiser « Le Jeudi de la Colocation ».

Chaque premier jeudi du mois à Paris et à Lyon et tous les deux mois à Marseille, les personnes recherchant des colocataires peuvent se rencontrer. Lors de ces rencontres sont également présents des professionnels de l'immobilier, sociologues, juristes, assureurs, représentants de la Mairie… Vous pouvez y trouver tous les conseils que vous désirez. […]

La colocation s'est développée pour faire face à la crise du logement. Laure a ainsi trouvé une maison à Tourcoing pour le même prix que son appartement dans le centre ville de Lille.

L'économie constitue pour elle un argument pour chercher un colocataire. Mais elle ajoute : « J'ai horreur de la solitude. » Quant à Virginie, qui a connu plusieurs colocataires, elle déclare : « Je n'aime pas trop la solitude, la colocation permet de parler de sa journée, de se confier. Il est souvent arrivé qu'on ne se couche pas avant 3 heures du matin. » Ne pas se retrouver seul en rentrant de cours ou du boulot est également un argument convaincant. La colocation est aussi l'occasion de rencontrer de nouvelles têtes, de se faire de nouveaux amis et s'ouvrir aux autres. […]

Partager son appartement peut être un choix mais il arrive qu'une colocation soit le fruit du hasard. Magali et Caroline étaient dans la même classe de terminale, elles se sont retrouvées dans la même prépa en arrivant à Lille. Lors des journées portes ouvertes, elles ont visité une résidence d'étudiants. Caroline a proposé à Magali de partager un appartement, dans l'heure qui suivait un dossier de réservation était rempli.

Aujourd'hui, Magali le regrette. « Quand je sortais le soir, elle s'inquiétait beaucoup et ne dormait pas avant que je rentre. Une fois, je l'ai même appelée pour lui dire que je ne rentrais pas dormir. C'était ça aussi le problème : l'impression qu'on a constamment des comptes à rendre. » Virginie, quant à elle, a trouvé ses voisines de palier tellement sympathiques qu'elles se sont installées à trois. « Nous étions totalement indépendantes. Le loyer était divisé en trois, les charges aussi. Pour le téléphone, on a pris une facture détaillée et on faisait les comptes. Quand je rentrais tard le soir après mon stage, l'une des deux colocataires me préparait à manger. Quand l'une d'entre nous avait du boulot, on respectait son emploi du temps. »

Questions

1 Quel est l'objectif du « Jeudi de la Colocation » ?

2 Quelles sont les 2 raisons qui ont poussé Laure à chercher un colocataire ?

3 Qu'est-ce que recherche Virginie dans la colocation ?

4 Magali et Caroline avaient-elles planifié, dès leur baccalauréat en poche, de partager un logement ?

5 Caroline n'est-elle pas une personne un peu étouffante ?

6 Quelles sont, si l'on se base sur l'expérience positive de Virginie, les recettes d'une colocation harmonieuse ?

Activité 5 : dans les témoignages de l'activité 4, les verbes soulignés sont à l'imparfait. Ceux du dernier paragraphe le sont car ils se rapportent à des actions habituelles, répétées dans le passé. À votre tour de parler de vos habitudes. Utilisez l'imparfait pour traduire en français les 6 phrases ci-dessous.

Zoom sur …
l'imparfait des verbes réguliers

Verbes en er (aim**er**)	**Verbes en ir** (fin**ir**)	**Verbes en re** (descend**re**)
J'aim **ais**	Je fin **issais**	Je descend **ais**
Tu aim **ais**	Tu fin **issais**	Tu descend **ais**
Il/ elle/ on aim **ait**	Il/elle/on fin **issait**	Il/elle/on descend **ait**
Nous aim **ions**	Nous fin **issions**	Nous descend **ions**
Vous aim **iez**	Vous fin **issiez**	Vous descend **iez**
Ils/ elles aim **aient**	Ils/elles fin **issaient**	Ils/elles descend **aient**

1 When I was living with my parents, I would never cook. My mother used to do the shopping for the whole family.
2 When my brother was studying in Germany, he used to share a house with 3 other Erasmus students.
3 When my best friend's sister was working in Belgium as an au pair, she used to look after 2 children; she would earn £90 a week.
4 When I was doing my A levels, I used to stay in bed in the morning; I used to revise in the afternoon.
5 When my cousin was doing his law degree, he would ring his girlfriend almost every day.
6 Every Friday, my father would go to his evening class; he was learning Spanish.

Activité 6 : vous vous entendez très bien avec Bianca, Samira, Colline et Pierre, un autre francophone. Vous décidez d'habiter tous ensemble. Comme vous voulez que cette expérience ne soit pas un échec, vous allez rédiger une « Charte de la colocation conviviale ». Elle devra comporter au moins 10 points, chacun devant comporter un verbe à l'impératif.

« Code de bonne conduite = vie harmonieuse entre colocataires »

1. Écrivons cette charte ensemble !
2. etc.

Activité En Plus : vous connaissez tous la série américaine « Friends », qui a indiscutablement popularisé la pratique de la colocation. Imaginez une conversation, version française, entre 2 des 6 personnages principaux. Vous devrez utiliser des phrases négatives, au présent, pour vous plaindre de votre colocataire (par exemple : « C'est toujours pareil avec toi, tu ne fais jamais la vaisselle ! »). Votre colocataire devra utiliser le futur pour vous convaincre de ses bonnes intentions (par exemple : « C'est promis, dès demain je ferai la vaisselle ; tu es content(e) ? »). À vous de vous partager les rôles ! Votre discussion devra durer 3-4 minutes.

CHAPITRE TROIS

Section 4 Étudiants et problèmes financiers

Activité 1 : Pierre doit faire une présentation PowerPoint, en anglais, sur l'endettement des étudiants anglais. Voici, ci-dessous, quelques-unes des informations qu'il a recueillies. Aidez-le à transformer ces phrases en points-clés (Pierre ne doit pas utiliser de phrases entières). Voici 3 phrases servant d'exemples.

1. La plupart des étudiants ont donc recours à la Student Loan Company, un organisme gouvernemental indépendant, qui octroie des prêts avantageux.
2. Le problème, c'est que ces prêts ne sont pas suffisants pour couvrir les frais de scolarité et de vie quotidienne.
3. Les étudiants se tournent donc vers les banques pour obtenir d'autres prêts et des autorisations de découvert.

Student Debt Burden in England

1. **Student Loan Company:** financially attractive government scheme used by most students
2. **These loans:** not enough for (a) fees + (b) everyday expenses
3. **Result:** (a) bank loans + (b) overdrafts

1. Si les universités britanniques se classent parmi les plus prestigieuses d'Europe, leurs diplômés figurent, eux, au palmarès des étudiants les plus endettés. Hausse des frais de scolarité oblige.
2. Jusqu'en 1998, non seulement les étudiants britanniques ne payaient pas de frais de scolarité, mais ils recevaient en plus des allocations du gouvernement pour financer leurs dépenses quotidiennes.
3. Un an seulement après l'élection du gouvernement travailliste, les aspirants au diplôme se sont vus contraints de débourser des sommes pouvant aller jusqu'à 1000 livres (1300 euros) annuelles, en fonction des revenus parentaux.
4. Depuis, les frais académiques ont augmenté de 250 livres et devraient atteindre 3000 livres (4000 euros) en 2006.
5. Ces dépenses supplémentaires, les prêts étudiants devant être remboursés une fois le diplôme en poche, sont censées combler la chute des financements dont pâtissent la plupart des universités britanniques.
6. On risque de constater un nombre accru d'étudiants renonçant à s'inscrire, rebutés par le montant des sommes à acquitter.

Activité 2 : Pierre vous explique qu'en France, les étudiants ont, eux aussi, des problèmes d'argent – ce qui les pousse à travailler. Utilisez les informations en anglais ci-dessous et les « Expressions utiles pour exploiter les tableaux et les graphiques » (voir appendice 1), pour comparer les données statistiques du tableau ci-dessous (source : *Conditions de vie des étudiants*, L'Observatoire de la Vie Étudiante (OVE), 2003, http://www.his.de/abt2/ab21/Eurostudent/report2005/Downloads/National%20Profiles/FR). Vous devrez composer au moins 4 phrases comparatives en français.

student employment rate during term time		
	working	**not working**
21-year-old students	46%	54%
male students	42%	58%
female students	50%	50%
all students	47%	53%

Activité 3 : Pierre a fait pour vous un rapide résumé d'une émission podcastée sur les activités rémunérées des étudiants. Malheureusement, son résumé déforme, à 4 reprises, la réalité présentée dans le document sonore (de 3′16″ minutes). À vous de corriger les erreurs.

Résumé de Pierre

80 % des étudiants exercent un emploi pendant l'année universitaire, ce qui risque de nuire à leurs études. Pour la majorité des étudiants, travailler leur permet de subsister et, sans ce travail, ils n'auraient pas les moyens d'étudier. Âgés de 24 ans en moyenne, et issus d'un milieu assez favorisé, ils ont un salaire peu élevé venant s'ajouter aux aides financières publiques et parentales. Suite à l'urgence financière et l'absence de contacts, ils exercent une activité rémunérée d'une durée hebdomadaire moyenne de 17h30, sans rapport avec leurs études, mais dans le secteur professionnel de leur choix et leur permettant d'acquérir de nouvelles compétences prisées par les employeurs.

Activité 4 : Pierre vous a recommandé de lire un article dans le magazine *Label France* sur « Les petits boulots des jeunes ». Avant de le lire, vérifions la signification des mots et expressions-clés. Pour cela, faites correspondre les mots de la colonne de gauche (listés dans leur ordre d'apparition dans le texte) avec les synonymes de la colonne de droite.

1. la main d'œuvre	a) la flexibilité
2. une grande surface	b) un emploi du temps
3. être attrayant	c) s'occuper de quelqu'un
4. un horaire	d) prendre sur les arbres, les plantes ; cueillir
5. encadrer une personne	e) offrir des avantages
6. se dérouler	f) mettre dans un emballage, un paquet
7. ramasser	g) les réparations dans la maison
8. conditionner	h) le personnel
9. la souplesse	i) un supermarché
10. le bricolage	j) avoir lieu

Valérie Cohen-Scali, Quand les petits boulots des étudiants influencent leurs projets professionnels, Lettre *Consommation et Modes de Vie*, CRÉDOC, n° 180, décembre 2004, **http://www.credoc.fr/pdf/4p/180.pdf**

Les principaux secteurs professionnels qui offrent des petits boulots sont ceux qui manquent de main d'œuvre d'une manière générale et ne demandent pas toujours des compétences spécifiques. 25 % des petits boulots évoqués par la population interrogée par le CRÉDOC concernent la vente. Les emplois offerts se déroulent soit en grandes ou moyennes surfaces, soit en magasins de détail. Les activités effectuées sont variées [...]. Ces emplois peuvent être attrayants sur le plan du salaire et les horaires compatibles avec le suivi d'études.

Le secteur de l'animation socioculturelle et des loisirs est le second évoqué par les jeunes interrogés. Il correspond à des activités d'encadrement d'enfants, d'adolescents, d'adultes dans un contexte de loisirs ou de vacances. Ces activités se déroulent essentiellement l'été ou pendant les petites vacances scolaires. Les emplois offerts sont assez variés [...]. Ces emplois se déroulent dans un cadre agréable et offrent une certaine liberté même si le nombre d'heures à faire est élevé et que les journées sont longues.

Un emploi évoqué sur cinq se déroule dans le secteur agricole. Ces emplois sont jugés difficiles quoique l'ambiance soit souvent agréable. Ils présentent l'avantage d'être facilement accessibles. Ces emplois ont des durées variables de quelques jours à plusieurs semaines. Mais c'est souvent l'été, à la période des récoltes, que les entreprises agricoles recrutent le plus. L'activité consiste la plupart du temps à ramasser des fruits ou légumes ou à les conditionner.

Le secteur de la restauration rapide offre également de nombreux emplois aux jeunes [...]. Il peut s'agir d'un emploi relativement régulier, d'un emploi saisonnier ou encore « d'extras ». En ce sens, le secteur de la restauration offre une assez grande souplesse dans les conditions d'emploi et permet une adaptation à des situations variées.

Enfin, le secteur de l'aide à domicile propose des activités de garde d'enfants au domicile des parents, se déroulant soit ponctuellement, soit sur la durée des vacances, ou encore tout au long de l'année. On trouve également, quoique plus rarement, des activités d'aide au bricolage, à la décoration.

Activité 5 : lisez le texte intitulé « Quand les petits boulots des étudiants influencent leurs projets professionnels » et répondez en français aux 8 questions de compréhension que Pierre a composées à votre intention. Il n'est pas nécessaire de faire des phrases entières.

1 Nommez les 5 secteurs professionnels dans lesquels les étudiants trouvent des petits boulots.

2 Quelles sont les 2 caractéristiques communes à ces 5 secteurs ?

3 Quels sont les 2 avantages offerts par le 1er secteur mentionné ?

4 Quand s'effectuent généralement les activités du 2e secteur ?

5 Quels sont les inconvénients associés au 3e secteur mentionné ?

6 Le 3e secteur a-t-il plus d'avantages ou plus d'inconvénients ?

7 Pourquoi peut-on qualifier le 4e secteur de souple ?

8 Quand s'effectuent généralement les activités du 5e secteur ?

Méthodes de travail efficaces : comment écrire un plan d'essai détaillé et cohérent

Vous ne pourrez pas rédiger un essai structuré si, au préalable, vous n'avez pas fait de plan détaillé. En effet, ce plan vous permettra de donner un ordre logique à vos idées et de les relier grâce à des connecteurs.

Voici une liste des articulateurs les plus utiles exprimant un rapport :

- de simultanéité :
  pendant que, dans le même temps, parallèlement
- d'opposition temporelle :
  avant, autrefois, au siècle dernier, à cette époque, actuellement, de nos jours, aujourd'hui, désormais
- de restriction :
  mis à part, à part, à l'exception de, excepté, en dehors de, hormis
- de cause à effet :
  c'est pourquoi, de ce fait, alors, d'où, partant, de sorte que, si bien que, par conséquent, en conséquence, puisque, car, étant donné que, en raison de, comme, parce que, ainsi
- de comparaison :
  tout comme, comme, parallèlement
- d'opposition et de concession :
  alors que, tandis que, mais, en revanche, par contre, à l'opposé, à l'inverse, au contraire, loin de, si d'un côté … de l'autre, pourtant, cependant, toutefois, néanmoins, certes, bien sûr, bien que, même si, quoique, en dépit de, malgré
- d'addition :
  de plus, d'autre part, par ailleurs, en outre, et, de surcroît
- de condition :
  si, à supposer que, supposons que, en admettant que, dans l'hypothèse où, au cas où, pourvu que
- de correction :
  en fait, en réalité, à vrai dire
- de conviction :
  bien sûr, naturellement, indiscutablement, évidemment, incontestablement, de fait, il est clair que, il est indéniable que, il est indiscutable que, il est incontestable que, il va sans dire que
- de probabilité :
  peut-être, probablement, il est possible que
- de conclusion :
  en bref, en conclusion, pour conclure, en somme, somme toute, en résumé, pour résumer, en définitive

Activité 6 : afin de faire un plan d'essai le plus détaillé possible sur « étudiants et précarité », vous allez réorganiser les 18 points ci-dessous, tirés des textes de cette section 4. Un connecteur approprié, choisi parmi les mots de liaison ci-dessus, devra introduire chacun de ces 18 points.

1 l'impact négatif sur les études
2 l'accumulation de dettes pendant les études universitaires
3 des bourses pas assez élevées
4 les petits boulots étudiants
5 les dettes des étudiants une fois diplômés
6 aucune aide financière des parents
7 l'explosion des prix de l'immobilier
8 l'importance du milieu social
9 des découverts bancaires
10 l'acquisition de compétences utiles sur le marché du travail
11 le manque de chambres en cité U
12 l'augmentation des frais universitaires
13 le recours aux prêts bancaires
14 la découverte du monde du travail
15 des dépenses quotidiennes conséquentes
16 des prêts étudiants insuffisants
17 l'impossibilité pour les parents de se porter garants
18 des petits boulots étudiants pas très bien payés.

Activité En Plus : vous avez très certainement, vous aussi, un petit boulot. Pour quelles raisons ? Est-il facile de concilier travail et études universitaires ? Pour répondre oralement à ces questions, réutilisez le vocabulaire des tableaux suivants (source : Jean-François Stassen, Henning Atzamba, Nora Joos, Jean-Marc Rinaldi, *Étudiants 2004*, Université de Genève, janvier 2005, http://www.unige.ch/presse/archives/unes/2005/pdf/etudiants04.pdf).

Ces 2 tableaux portent sur les étudiants suisses et l'activité rémunérée.

Les étudiants suisses exercent une activité rémunérée afin de	
financer leurs loisirs	65 %
financer leurs besoins journaliers	57 %
se familiariser avec le monde du travail	47 %
moins dépendre financièrement de leurs parents	43 %
ne pas dépendre du tout de leurs parents	15 %
pouvoir sortir, rencontrer des gens, ne pas se sentir seul(e)	9 %
rembourser des dettes	5 %
aider à subvenir aux besoins de leur famille	4 %

Opinions des étudiants suisses sur les répercussions qu'a une activité rémunérée exercée en parallèle avec la poursuite d'études supérieures		
Exercer un emploi et faire des études	**d'accord**	**pas d'accord**
a des conséquences néfastes	15 %	85 %
est facile	35 %	65 %
ne facilite certainement pas la réussite des études	40 %	60 %
rend la pratique de loisirs quasi impossible	60 %	40 %
est un facteur de stress	78 %	22 %
permet de s'enrichir sur le plan personnel	94 %	6 %
constitue un atout pour son avenir professionnel	90 %	10 %
permet de structurer sa vie d'étudiant	49 %	51 %

Activité 7 : à votre ordinateur !

1 Faites les exercices en ligne n°s 11 et 12 portant sur les sections 3 et 4 de ce chapitre.

2 Désormais, vous connaissez le profil et les motivations des étudiants français qui travaillent. Faites des recherches sur l'Internet pour pouvoir dresser un tableau similaire des étudiants ayant une activité rémunérée dans votre pays (âge, sexe, motivations, secteurs des petits boulots, impact sur les études, etc.). Vous présenterez vos résultats dans un exposé oral, en français, de 3-4 minutes.

SDF et seniors

	Section 1 *Les SDF (1)*	Section 2 *Les SDF (2)*	Section 3 *Les seniors*	Section 4 *Seniors et solidarité*
Savoirs civilisationnels	- le profil des SDF en France	- le profil des SDF en France - l'action des « Enfants de Don Quichotte »	- le concept « Papy Loft » - le concept « Cocon3s »	- les solidarités familiales en France - l'opération « Danger : étudiant, ventre vide »
Savoir-faire fonctionnels		- rédiger un essai bien argumenté et cohérent	- exprimer son point de vue à l'oral	- utiliser le langage spécifique aux commentaires de publicités
Savoir-faire notionnels	**Grammaire :** - « qui » (p. 57)		**Grammaire :** - « que » (p. 66)	
Méthodes de travail efficaces		- rédiger une bonne introduction - rédiger un bon développement - rédiger une bonne conclusion	- exprimer et défendre son point de vue à l'oral	
Activités de compréhension auditive	n° 4 (p. 58)		n° 3 (p. 64)	n° 1 (p. 67)
Activités de compréhension écrite	n° 1 (p. 56) n° 3 (p. 57) n° 5 (p. 58)	n° 2 (p. 61)	n° 4 (p. 64)	n° 2 (p. 67)
Activités de production écrite	n° 2 (p. 57)	n° 3 (p. 61)	n° 5 (p. 65) n° 6 (p. 66)	
Activités de production orale	En Plus (p. 58)	n° 1 (p. 60) En Plus (p. 62) n° 4 (p. 62)	n° 1 (p. 63) n° 2 (p. 64) En Plus (p. 66)	n° 3 (p. 68) n° 4 (p. 68) En Plus (p. 69) n° 5 (p. 69)

CHAPITRE QUATRE

Section 1 Les SDF (1)

Activité 1 : Décembre est arrivé et, un matin, Bianca vous dit : « C'est le mois des Enfants de Don Quichotte ». Elle vous donne la photo ci-dessous (représentant une des tentes de sans-abri montées le long du canal Saint-Martin à Paris) et elle vous donne le texte ci-dessous, en vous expliquant que cette association a aidé à médiatiser le sort des SDF en France en décembre 2006. Lisez le texte attentivement et répondez, en anglais, aux questions suivantes – il n'est pas nécessaire de faire des phrases entières.

Des personnes sans domicile exerçant un emploi (2006)

En 2006, une enquête de l'INSEE portant sur les personnes sans domicile a bousculé de nombreuses idées reçues. En effet, un tiers des personnes **qui** sont sans logement exercent un emploi.

La première conclusion de cette étude est qu'il n'existe aucun profil type du sans domicile. En réalité, il existe plusieurs catégories de profils. Soulignons en tout premier lieu que les individus **qui** vivent dans la rue, et **qui** composent le groupe le plus marginalisé, ceux que l'on appelle communément la « face visible » des SDF, représentent seulement 10 % du chiffre total.

Pour résumer brièvement, il est possible de diviser la population **qui** nous occupe en 5 groupes. Le premier est celui des SDF mentionnés ci-dessus. Le deuxième est constitué d'étrangers, arrivés depuis peu en France avec leur famille. Le troisième groupe est celui des personnes seules, peu diplômées, **qui** n'exercent aucun emploi et **qui**, et c'est le cas d'un certain nombre d'entre eux, ont une santé plutôt fragile. Le quatrième groupe est constitué de femmes seules, avec enfants à charge, **qui**, sans les allocations, ne pourraient pas subvenir aux moyens de leur famille. Le cinquième groupe est celui des jeunes, plus qualifiés que le troisième groupe, **qui** exercent une activité rémunérée. Notons ici ce qu'a révélé cette étude : 30 % des individus **qui** sont sans domicile ont un emploi. Certes, ce ne sont pas des polytechniciens, mais plutôt des individus **qui** ont décroché un Bac Pro, un CAP, un BEP voire même un BTS.

Dans ce cinquième groupe, nombreux sont les individus **qui** n'ont qu'un contrat de travail de courte durée et **qui** travaillent à mi-temps. Un tiers de ces personnes sont employées dans le secteur non marchand. Parmi celles employées dans le secteur marchand, 24 % travaillent comme intérimaires, 18 % en CDD, 13 % ont un CES et 5 % sont en stage. 33 % seulement ont la chance d'avoir décroché un CDI, et font, en moyenne, 30 heures hebdomadaires de travail. Les postes occupés étant généralement peu qualifiés, le salaire de ces personnes ne dépasse pas les 700 euros mensuels. Toute personne **qui** habite dans une grande ville et **qui** ne dispose ni de garantie familiale, ni d'économies pour financer la caution, réalisera très vite combien il est difficile de se loger dans de telles conditions.

Glossaire

1. **Un polytechnicien** : un diplômé du très prestigieux établissement d'enseignement supérieur, l'École Polytechnique, qui forme des ingénieurs.
2. **Un Bac Pro** : un baccalauréat professionnel est ouvert en priorité aux titulaires d'un BEP ou d'un CAP correspondant à la spécialité de baccalauréat professionnel envisagée. Les titulaires d'un bac pro peuvent également poursuivre des études, notamment en BTS.
3. **Un CAP** : un certificat d'aptitude professionnelle est un diplôme donnant à son titulaire une qualification d'ouvrier ou d'employé qualifié dans un métier déterminé.

4. **Un BEP** : un brevet d'études professionnelles est un diplôme préparant, comme le CAP, à la vie professionnelle et facilitant l'insertion professionnelle.
5. **Un BTS** : un Brevet de Technicien Supérieur est un diplôme de l'enseignement supérieur préparé en 2 ans après le baccalauréat.
6. **Un CDD** : un contrat à durée déterminée.
7. **Un CES** : un contrat emploi solidarité est un contrat de travail à durée déterminée, visant à faciliter l'insertion professionnelle de chômeurs rencontrant des difficultés sociales et professionnelles particulières d'accès à l'emploi. L'employeur, lui, a droit à des avantages financiers.
8. **Un CDI** : un contrat à durée indéterminée.

Questions

1. List the 5 groups of people who do not have a proper home. Be exhaustive.
2. What are the types of employment contracts mentioned in this text?
3. What do people need to be regarded as viable tenants?

Activité 2 : révisez l'utilisation du pronom relatif sujet « qui », si nécessaire, et réutilisez le vocabulaire du texte précédent pour traduire en français les 6 phrases ci-dessous.

Zoom sur …
le pronom relatif sujet « qui »

The students **who** are unemployed live with their parents. Les étudiants **qui** sont chômeurs vivent chez leurs parents.
The study **which** is in the newspaper is very interesting. L'étude **qui** est dans le journal est très intéressante.

1. One third of the homeless people who live on the street have a short-term contract.
2. The first group is made up of people who have few qualifications and who often experience health problems.
3. The women who live alone with their children live mainly on benefits.
4. The foreigners who have just arrived in France are better qualified.
5. The monthly salary of the people who work part time is less than €700 per month.
6. For the latter, who are usually poorly qualified and don't have a permanent contract, renting a flat will be difficult; they have no deposit.

Activité 3 : étudions maintenant la deuxième partie du texte de l'activité 1. Afin de retrouver l'articulation de ce document et d'en résumer, en anglais, les idées principales, utilisez le plan ci-dessous et réorganisez les 11 idées, titres, sous-titres et points-clés qui vous sont proposés. N'oubliez pas d'insérer les 3 connecteurs appropriés (qui sont, tout simplement, la traduction en anglais des connecteurs qui apparaissent en gras et soulignés dans le texte en français). Vous devrez également trouver un titre pertinent, en anglais, à votre travail.

Deuxième partie du texte

L'enquête de l'INSEE révèle qu'en France, même des cadres peuvent se retrouver sans logement, ce qui est plutôt étonnant.

Certes, ce phénomène demeure marginal. On distingue deux catégories de cadres sans domicile. **En premier lieu**, des étrangers, parfois très qualifiés, récemment arrivés dans l'Hexagone. Citons l'exemple de cet universitaire congolais qui avait dû fuir son pays. Pour les personnes se retrouvant dans une situation similaire à celle évoquée ci-dessus, les premiers pas sur le sol français seront remplis d'obstacles. Décrocher un emploi reflétant leur niveau de qualification et leur permettant d'avoir les moyens de se loger prendra du temps. **En second lieu**, nous avons des cadres français. Ils sont fort peu nombreux. Ce peuvent être, par exemple, des personnes ayant dû faire face à des problèmes de santé d'ordre psychologique. **Cependant,** et ceci ne surprendra personne, les sans domicile viennent en majorité de la classe populaire (ce sont, par exemple, des ouvriers, des employés, voire même de petits artisans).

idées principales à réorganiser	plan à réutiliser
	Overall title
1. foreign managers/ academics	A. main title
2. example	Link word
3. very few	1. subtitle
4. typical homeless people	a) key point
5. sometimes highly qualified	b) key point
6. example	c) key point
7. newly arrived	Link word
8. lower social classes	2. subtitle
9. French managers	a) key point
10. example	b) key point
11. 2 types of homeless managers	Link word
	B. main title
	a) key point
	b) key point

Activité 4 : écoutez attentivement la troisième et dernière partie de ce texte sur les personnes sans domicile (de 1′27″ minutes) afin de pouvoir compléter les 7 affirmations ci-dessous.

1 Le thème de ce texte est…
2 La cause du problème est toujours…
3 Les 2 catégories de personnes rencontrant des problèmes de logement sont…
4 Les 2 types d'hébergement de la deuxième catégorie mentionnée dans le texte sont…
5 Le risque alors encouru est l'absence totale de…
6 Ce risque n'existe pas si l'on habite dans…
7 La catégorie qui aura le plus de difficultés à trouver un logement est celle des…

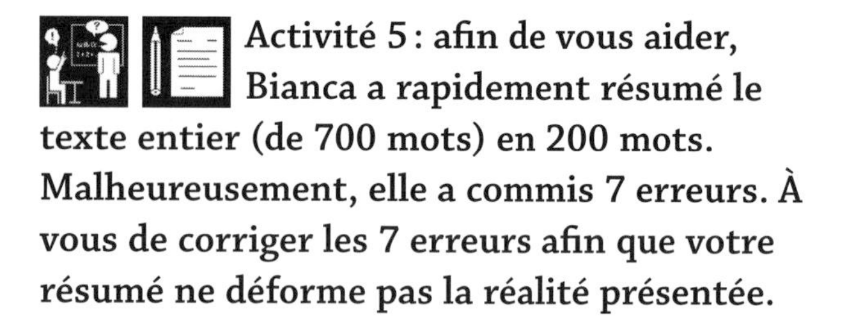

Activité 5 : afin de vous aider, Bianca a rapidement résumé le texte entier (de 700 mots) en 200 mots. Malheureusement, elle a commis 7 erreurs. À vous de corriger les 7 erreurs afin que votre résumé ne déforme pas la réalité présentée.

Résumé de Bianca

L'étude de l'INSEE publiée en 2006 confirme le nombre de 86 000 SDF en France. Par ailleurs, elle met fin au portrait stéréotypé du sans-abri : 30 % des SDF auraient un emploi.

La majorité des SDF sont issus de la classe ouvrière. Les SDF les plus marginalisés vivent dans la rue et ne représentent que 10 % des SDF. Parmi les personnes sans domicile, on distingue 5 catégories :
1/ des personnes non diplômées, au chômage et occasionnellement en mauvaise santé
2/ des jeunes, diplômés et ayant un emploi rémunéré
3/ des femmes seules avec leurs enfants, dépendant des allocations
4/ des étrangers, dont la majorité sont des cadres, récemment arrivés en France avec leur famille
5/ un très faible pourcentage de cadres français.

L'absence ou le manque de qualifications explique :
1/ leur difficulté à trouver un emploi
2/ le type d'emploi trouvé – généralement temporaire et à temps plein.

Faute de revenus suffisants,
1/ il est parfois difficile de payer le loyer à la fin du mois.
2/ 50 000 personnes seraient mal logées en France.

Si les HLM sont une solution pour les familles et les jeunes (qui constituent une catégorie prioritaire), ils n'en sont pas une pour les célibataires.

Activité En Plus : dans le but d'encourager les jeunes de votre pays à apprendre le français et à poursuivre des études universitaires de français, le ministère français des Affaires étrangères a lancé un concours sur le thème : « Slamons l'actu ! ». Vos colocataires francophones vous encouragent à y participer. Votre slam sur les SDF devra comporter des phrases au présent, futur, imparfait, passé composé et/ou impératif (dont quelques phrases négatives) et quelques adverbes de quantité, d'intensité et/ou de fréquence. Votre poésie urbaine devra faire au moins 14 lignes et… rimer !

noms qui riment		verbes qui riment au passé composé	
la bouche de métro un café bien chaud	le boulot le manteau	écouter remercier	oublier expliquer
la nuit	la pluie	marcher	habiter
la violence, la souffrance	la méfiance, l'indifférence	dormir maigrir	sentir construire
la route	le doute	aider	abandonner
la dignité	le respect	regarder	éviter
la rue	le bienvenu	traîner	errer
la camaraderie	un abri	attendre	entendre
le sommeil	le soleil	rêver	partager
sans toit	avoir froid	mendier	rencontrer
la solitude	la sollicitude	espérer	chasser
le vagabond	le pont	donner	rejeter
avoir faim	tendre la main	licencier	quitter
la gare	au hasard	garder	parler
l'espoir	le trottoir, le soir	découvrir	souffrir
Les Enfants de Don Quichotte	la faute le vote	connaître	vivre

Section 2 Les SDF (2)

Activité 1 : vous vouliez en savoir plus sur les SDF alors Pierre vous a donné le texte suivant. Il vous demande la traduction des mots français ci-dessous – qui ne sont pas forcément listés dans leur ordre d'apparition dans le texte. À votre tour de l'aider !

français	anglais
1. un clandestin	
2. une information fiable	
3. un chantier de construction	
4. une prise de conscience	
5. un coup médiatique	
6. une intempérie	
7. le SAMU social	
8. une plainte	
9. un riverain	
10. la méconnaissance	
11. un électeur	
12. avoir bon cœur	
13. déformer la réalité	
14. l'aboutissement	
15. mettre en garde contre	
16. une action de suivi	
17. une mesure d'accompagnement	

Hubert Prolongeau et les SDF (1993-2006)

Pendant plusieurs mois au cours de l'hiver 1993, le journaliste et écrivain Hubert Prolongeau a vécu la vie de SDF à Paris. En novembre 2006, il est retourné vivre dans la rue afin d'observer l'évolution de la situation. Voici quelques-unes des conclusions qu'il tire de sa semaine passée dans les rues de Paris.

Il a constaté que, depuis 15 ans, le profil des personnes vivant dans la rue a nettement évolué : on compte désormais plus de jeunes, d'étrangers et de familles (dont le père exerce un emploi) qui ne parviennent (pourtant) pas à se loger. Combien sont-ils ? Hubert Prolongeau avoue ne pas savoir. Bien sûr, il a vu les tentes rouges plantées par des associations – comment ne pas les voir ? Mais, selon lui, ces tentes ne servent pas aux SDF qu'il avait rencontrés en 1993. Selon lui, elles profitent surtout aux travailleurs pauvres et aux clandestins de l'Europe de l'Est, qui travaillent généralement sur des chantiers de construction pour des salaires de misère. À ses yeux, cette opération des tentes lancée par les « Enfants de Don Quichotte » n'est rien d'autre qu'un coup médiatique qu'il juge plutôt contestable, voire légèrement irresponsable, car, comme il le souligne, aucune action de suivi n'a été pensée. Il reconnaît que les tentes améliorent le quotidien des SDF, qu'elles les protègent des intempéries et qu'elles leur permettent d'avoir un certain degré d'intimité. Cependant, elles les isolent du SAMU social et sont généralement dans un état d'hygiène lamentable ; par ailleurs, elles engendrent des regroupements souvent générateurs d'agressivité et de violence. Aussi, aux yeux d'Hubert Prolongeau, les plaintes des riverains parisiens du canal Saint-Martin sont-elles plutôt justifiées.

Augustin Legrand, l'un des responsables de l'association « Les Enfants de Don Quichotte », admet que l'opération elle-même prouvera que les tentes ne constituent pas la réponse au problème de la misère, elles la rendent visible. Si, grâce à cette opération, la population de l'Hexagone s'impliquait durablement, ce serait le signe d'un début de prise de conscience, mais Hubert Prolongeau craint qu'une fois l'hiver terminé, les SDF ne soient à nouveau oubliés et que, de ce fait, leur situation demeure inchangée.

Et la classe politique me direz-vous ? Que fait-elle ? En 2006, lors de la course à la présidentielle, Nicolas Sarkozy a fait des SDF l'un des thèmes de sa campagne. Il a d'ailleurs utilisé le slogan de 2002 du candidat Lionel Jospin, le célèbre « zéro SDF ».

De tels slogans laissent Hubert Prolongeau plutôt sceptique. Selon lui, ces slogans traduisent une véritable méconnaissance de la réalité. Les électeurs ont certes bon cœur mais que savent-ils vraiment sur cette question ? Hubert Prolongeau est partisan de la transparence ; il souhaiterait qu'on lui apporte des informations détaillées et fiables sur les mesures mises en place dans ce domaine et le budget affecté à cette question.

Il est catégorique : « Zéro SDF » est un slogan tout à fait absurde car, selon lui, le nombre actuel, estimé, de SDF est identique à celui des années 1960. Bref, une société, prospère ou en pleine crise, est-elle capable de régler ce problème définitivement ? Hubert Prolongeau est convaincu que c'est impossible.

Être SDF est l'aboutissement d'une vie qui a mal commencé dès le plus jeune âge. Connaissez-vous des cadres et des philosophes qui, de leur plein gré, ont pris la décision de vivre dans la rue ? questionne Hubert Prolongeau. Aussi ce dernier nous met-il en garde contre le discours des SDF qui racontent leur vie, car, ajoute Hubert Prolongeau, ils déforment volontairement leur propre réalité.

Et de conclure. Vivre dans la rue est dur, douloureux, dangereux. Pour arriver à s'en sortir, il ne faut pas attendre trop longtemps. La France doit cesser de traiter ce problème des SDF uniquement dans l'urgence et doit mettre en place des mesures d'accompagnement durables.

Source : Baptiste Legrand, Zéro SDF, c'est absurde!, le *Nouvel Observateur*, 20 décembre 2006, **http://tempsreel.nouvelobs.com/actualites/opinions/3_questions_a/20061220.OBS3840/zero_sdf_cest_absurde.html**

 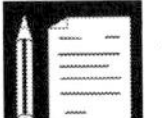

Activité 2 : pour pratiquer son anglais et tester votre compréhension, Pierre a préparé les 8 questions suivantes sur le texte ci-dessus. Il n'est pas nécessaire de faire des phrases entières.

1. Where was Hubert Prolongeau in 1993?
2. Who is homeless in France nowadays?
3. What is, according to Augustin Legrand, the main objective of 'Les Enfants de Don Quichotte' ?
4. Why is Hubert Prolongeau in favour of 'Les Enfants de Don Quichotte' ?
5. Why is he against?
6. What did Nicolas Sarkozy do in 2006?
7. What do you learn about the number of homeless people in France?
8. What is Hubert Prolongeau's main advice?

Activité 3 : à l'aide du texte ci-dessus et des textes de la section précédente, faites le plan détaillé, en anglais et/ou en français, d'un essai intitulé « Évolution du profil des SDF en France de 1993 au 21e siècle ». Vous devrez utiliser des titres, sous-titres et points-clés et indiquer les connecteurs que vous choisirez. Aidez-vous de la liste de connecteurs qui se trouve au chapitre 3, section 4 (p. 52).

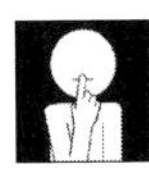

Méthodes de travail efficaces : comment rédiger une bonne introduction

Votre introduction doit :

- être concise
- comporter 3 parties :
  - une explication, une définition (éventuelle) des termes de la question/de l'affirmation
  - une explication du contexte
  - une formulation de la problématique se traduisant par l'annonce des diverses questions soulevées et, donc, par la présentation de votre plan (c'est à-dire des points développés dans le corps de votre essai).

Votre introduction devrait comporter des formules telles que :

- Le présent travail a pour objectif d'explorer/d'analyser/de répondre à… Aussi étudierons-nous…

- Notre étude comprend trois parties, portant respectivement sur X,Y et Z.
- Dans un premier temps, nous procéderons à une étude approfondie de… Dans un deuxième temps, nous présenterons… Finalement, nous nous concentrerons sur…
- La première partie explique … tandis que la seconde aborde la question de… La dernière partie apporte des précisions sur…
- Notre première section sera consacrée à… Dans la section suivante, nous traiterons de… Enfin, nous examinerons…

Méthodes de travail efficaces : comment rédiger un bon développement

Votre développement doit :
- respecter le plan annoncé dans votre introduction
- être logique. Vos idées doivent être reliées entre elles par des connecteurs appropriés, lesquels sont des outils d'argumentation indispensables.
- démontrer que
  - vous avez fait des recherches suffisantes
  - vous avez compris les informations que vous avez lues
  - êtes capables d'analyser et de synthétiser cette information.

Votre développement doit :
- comporter plusieurs parties (2 ou 3) qui
  - doivent être clairement visibles dans le devoir
  - doivent être formées de sous-parties et de paragraphes (chaque paragraphe devant comprendre une idée principale, c'est-à-dire un argument ou un contre-argument)
- comprendre, selon la question, des exemples pour illustrer vos propos.

Vous devez toujours garder en tête votre idée directrice (que voulez-vous prouver, démontrer ?) afin de
- ne pas vous éloigner du sujet (et faire du hors-sujet)
- présenter une argumentation cohérente aboutissant à votre conclusion.

Méthodes de travail efficaces : comment rédiger une bonne conclusion

Vous devez introduire votre conclusion à l'aide d'un mot-charnière indiquant clairement au lecteur qu'il s'agit de votre conclusion.

Une bonne conclusion comporte 3 parties :
1. votre réponse (qui présente clairement le point de vue que vous avez défendu dans votre développement)
2. une synthèse des grandes lignes développées dans le corps de votre essai (vous rappellerez le cheminement du raisonnement qui a abouti à votre position finale)
3. une ouverture (vous élargirez la problématique, vous élèverez le débat et/ou proposerez des pistes de réflexion future).

Attention, votre conclusion ne doit pas comprendre d'argumentation nouvelle !

Activité En Plus : imaginez la conversation entre le co-fondateur de l'association « Les Enfants de Don Quichotte », Jean-Baptiste Legrand, et un riverain du canal Saint-Martin, plutôt en colère contre ses nouveaux voisins. Jean-Baptiste Legrand pourrait dire « Vous savez, les SDF, ce sont des gens qui… », tandis que le riverain, plutôt mécontent, pourrait répondre par « Moi, je pense que les SDF, ce sont des gens qui ne… ». Votre discussion devra durer 3-4 minutes.

Activité 4 : à votre ordinateur !

1 **Faites les exercices en ligne n°s 13 et 14 portant sur les sections 1 et 2 de ce chapitre.**

2 **Vous possédez désormais quelques renseignements sur l'association « Les Enfants de Don Quichotte ». Faites des recherches approfondies sur l'Internet afin d'en savoir plus. Vous ferez un exposé oral en français de 3-4 minutes et vous utiliserez PowerPoint. Sur votre première page, vous présenterez votre plan structuré et détaillé en français.**

Section 3 Les seniors

Activité 1 : vous savez désormais que, contrairement à ce que vous pensiez, les seniors ne constituent pas le groupe le plus important de SDF. Pour vous le prouver, Bianca vous donne les 2 textes ci-dessous, qui portent sur le « Papy Loft ». Lisez-les attentivement afin de pouvoir retrouver, dans ces textes, les mots dont la traduction vous est donnée dans le tableau suivant.

anglais	français
1. the rent	a)
2. a shutter	b)
3. built/designed	c)
4. a socket	d)
5. affordable	e)
6. a branch/a subsidiary	f)
7. low income	g)
8. in bed	h)
9. the elders	i)
10. to maintain/to look after	j)
11. mutual aid	k)
12. social housing	l)
13. a wheelchair	m)
14. a rail	n)
15. to ensure/to see to	o)
16. a tenant	p)
17. to lower	q)
18. the greenery	r)
19. to collide with	s)
20. a retirement home	t)
21. the doorstep	u)

Texte 1

Papy Loft, un nouveau concept pour les seniors, Domoclick, 20 octobre 2005, **http://www.domoclick.com/index.php?option=com_content&task=view&id=161&Itemid=30**

Il s'agit des « Papy Loft », logements locatifs HLM entièrement pensés et adaptés aux modes de vie des personnes âgées à faibles revenus, initiés par la Plaine normande, filiale de la Caisse des Dépôts et Consignations. À l'heure actuelle, seules deux résidences ont déjà été construites dans le département du Calvados (14), sur les communes de Moult et de Biéville-Beuville.

Destiné aux seniors de plus de 60 ans qui ont des difficultés à entretenir leur maison mais qui ne souhaitent pas entrer en maisons de retraite, Papy Loft propose des loyers compris entre 270 et 540 euros en fonction des ressources des locataires. Les maisons ont été pensées pour faciliter l'autonomie des personnes âgées : les pièces permettent par exemple aux fauteuils roulants de se déplacer facilement, le seuil des portes et les fenêtres sont surbaissés, les prises électriques sont placées à hauteur de mains, les volets sont automatiques, etc. Par ailleurs, les locataires ne sont pas isolés car ils peuvent se retrouver entre eux et accueillir leur famille dans des lieux collectifs (jardin, pièce commune, etc.). Enfin, les « Papy Loft » sont localisés à moins de 300 mètres d'un centre ville, afin que les personnes âgées puissent bénéficier de la proximité des commerces et des services médicaux et sociaux.

Texte 2

Tendances – Papy Loft, Question Maison, France 5 Télévision, **http://www.france5.fr/question-maison/index-fr.php?page=article&id=743**

Inspiré de loin par l'émission de télé-réalité, ce concept révolutionne le mode de vie des personnes âgées. Une sorte de communauté pour nos aînés…

* **Proximité et entraide**
L'idée est de rapprocher des personnes âgées dans une sorte de hacienda ou un quartier résidentiel classique. On évolue donc dans un environnement du même âge, sans pour autant être isolé du monde.
Les logements individuels sont construits en formant un « U », à l'intérieur duquel un jardin commun est accessible à tous depuis les fenêtres. Ce qui permet

à la fois de bénéficier de verdure et de connaître ses voisins.
D'ailleurs, l'entraide s'y installe vite comme principe de vie, chacun rendant visite aux autres, veillant à ce que leur vie quotidienne soit plus agréable et s'aide pour sortir faire les courses ou bien les apporter en cas de besoin.

*** Des logements conçus en fonction des risques**
Les habitations quant à elles sont adaptées aux personnes âgées : des seuils de portes les plus plats possibles, de façon à ce qu'il n'y ait pas d'obstacle ; des fenêtres plus basses que d'ordinaire, pour pouvoir voir l'extérieur assis ou alité ; des toilettes rehaussées et avec des barres d'appui, comme dans la douche, pour éviter les chutes. Enfin, les passages et couloirs sont larges, afin de ne pas se heurter ou de circuler en fauteuil roulant.

Ce nouveau mode d'habitation a connu un tel succès qu'il est en train de se développer dans plusieurs villes de France, pour des loyers très abordables !

Activité 2 : vous venez de découvrir qu'à la différence du concept « Ar'toit 2 générations » (chapitre 3, section 3, p. 46), « Papy Loft » vise à créer des communautés du même âge – les seniors vivant ainsi entre eux. Quels sont, à votre avis, les avantages et les inconvénients de chacun de ces 2 concepts ?

Méthodes de travail efficaces : comment exprimer et défendre son point de vue à l'oral

Voici des phrases qui vous aideront :
- Je pense que…
- À mon avis/selon moi/ d'après moi, …
- Bien sûr, c'est mon avis personnel mais…
- Je sais que…
- Il est clair/évident que…
- Ce texte montre de façon très claire que…
- Tout le monde sait que…
- Il est prouvé que…
- Je ne suis pas certain(e) (à 100 %) mais je crois que…
- Je reconnais que c'est vrai en général mais, dans le cas de…
- Je dois admettre que c'est vrai dans certains cas, mais en général…
- Ce n'est pas toujours vrai, car…
- Prenons l'exemple de…
- Je pencherais plutôt pour la première idée/ la deuxième solution.
- Pierre a raison car… ≠ Pierre a tort car…
- Je suis entièrement d'accord avec…
- Je suis plus ou moins/ assez d'accord avec…
- Je suis tout à fait contre ≠ je suis entièrement pour…
- Je ne pense pas comme…
- Je ne suis pas (vraiment/du tout) de cet avis.

Activité 3 : sur les conseils de Bianca, vous allez écouter un petit texte (de 1′05″ minutes) sur un autre type de logement pour les seniors. Indiquez si les affirmations suivantes sont vraies ou fausses.

	vrai	faux
1. En Suisse, seuls les jeunes choisissent la colocation.		
2. Peu à peu, le nombre de personnes âgées, dans la population totale, devient similaire au nombre de jeunes.		
3. Préretraités et retraités constituent 2 des 4 catégories de seniors listées dans ce texte.		
4. De nos jours, beaucoup de gens se préoccupent de leurs vieux jours.		

Activité 4 : de rapides recherches personnelles sur la colocation des seniors vous ont mené au texte ci-dessous. Bianca vous pose les 16 questions suivantes afin de tester votre compréhension et vos connaissances. Il n'est pas nécessaire de faire des phrases entières.

Cocon3s : senior recherche… seniors pour colocation d'appartement, Senior Actu, 30 mai 2007, http://www.senioractu.com/Cocon3s-senior-recherche-seniors-pour-colocation-d-appartement_a7352.html

1. L'association La Trame située dans le Gard (près d'Avignon), qui a pour but la prévention des risques individuels liés à la solitude, vient de créer le tout nouveau concept de partage d'appartement entre plusieurs seniors baptisé « CoconSolidaireSeniorSolos ou Cocon3S ». Plus de détails sur cette action pour le moins innovante.
2. On connaissait déjà le partage d'appartement entre une personne âgée et un étudiant. Désormais, l'association La Trame située à Manduel, et créée en 2003 suite à la canicule afin de lutter contre les

risques individuels liés à la solitude, vient de lancer un concept nouveau en France – mais qui existe déjà en Allemagne : le partage d'appartement entre seniors.

3. « La famille est aujourd'hui éclatée, satellisée, et même si elle reste une valeur sûre et qu'elle diffuse une chaleur relationnelle, elle ne peut plus remplir son rôle de contenant sécurisant quand la perspective de la vieillesse s'annonce à l'horizon souligne Christiane Baumelle, présidente de cette association. Les amis restent une valeur sûre, mais ils ont leur propre vie à gérer avec les divorces, les nouveaux couples, les familles recomposées, les parents en grand âge, les petits-enfants. Les activités possibles des seniors sont multiples, intéressantes, parfois joyeuses, mais après, ils rentrent seuls à la maison, et même s'ils se sentent bien ainsi, ils sont inquiets pour l'avenir. La situation économique des seniors en solo n'est pas toujours facile. »
4. C'est dans ce contexte que Christiane Baumelle a voulu créer « une alternative à la principale contradiction des seniors en 2007 », à savoir : leur souhait de ne pas dépendre de leurs enfants et de ne pas les culpabiliser de ne pas les accueillir. Mais d'un autre côté, Mme Baumelle a également essayé de trouver une réponse aux problèmes **que** peut engendrer la solitude des aînés : l'angoisse de vivre seul d'une part, et les frais de logement parfois élevés pour de petites retraites et difficiles à supporter en solo, d'autre part.[...]

Questions

1. Dans quel département se trouve l'association « La Trame » ?
2. Où se trouve ce département ?
3. Quel est l'événement très important qui a donné naissance à cette association ?
4. Que savez-vous sur ses conséquences ?
5. Relevez un connecteur exprimant un rapport d'opposition temporelle.
6. Le partage d'une maison entre seniors est-il déjà une réalité en Allemagne ?
7. Citez les 3 adjectifs qui montrent que la famille dite traditionnelle a disparu.
8. Relevez un connecteur exprimant la concession.
9. Pourquoi les amis ne sont-ils pas disponibles à 100 % ?
10. Relevez un connecteur exprimant l'opposition.
11. Citez les 3 adjectifs associés aux loisirs des seniors.
12. Qu'apprenez-vous sur le budget des seniors vivant seuls ?
13. Les seniors veulent-ils être autonomes ?
14. Qu'est-ce que les seniors désirent éviter de faire ?
15. Quel est le sentiment de certains seniors face à leur vie en solo ?
16. Quelle est, dans ce texte, l'expression synonyme de « un loyer quelquefois cher » ?

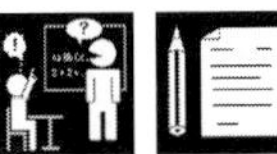

Activité 5 : à votre tour de poser des questions en français ! Formulez 6 questions sur le petit texte suivant. Elles devront porter sur les groupes de mots soulignés. N'oubliez pas de vous reporter à la liste de questions potentielles du chapitre 3, section 1 (p. 39).

Jean-Philippe Tarot, Allemagne – Colocation senior : vivre ensemble pour fuir la solitude, Senior Actu, 25 avril 2005, http://www.senioractu.com/Allemagne-Colocation-senior-vivre-ensemble-pour-fuir-la-solitude_a4401.html?start_liste=5&paa=2

La solitude est l'un des grands dangers et l'une des grandes craintes des personnes âgées. Elle peut entraîner la dépression, le laisser-aller, la malnutrition, etc. En cas de chutes, et sans moyen de communication à portée de main, elle peut s'avérer dramatique voire fatale. Afin d'essayer de résoudre ce problème, depuis plus d'un an, des seniors allemands de Dresde, capitale de la Saxe, ont décidé de vivre à plusieurs dans un appartement réaménagé. Qu'en est-il de cette colocation senior ?

[...]

Tout comme le partage de logements entre seniors et étudiants, la colocation de personnes âgées n'est pas la solution à la solitude des aînés, ni au manque de place en maison de retraite, ni au maintien à domicile. Il s'agit simplement d'une idée supplémentaire, d'un nouveau concept, d'une solution originale, qui permettra peut-être à ceux qui le désirent et **que** l'idée séduit, de vivre leur vie à domicile en communauté, d'une manière moderne, rassurante et moins onéreuse.

Activité 6 : révisez, si nécessaire, l'utilisation du pronom relatif objet direct « que » et réutilisez le vocabulaire de ce chapitre pour traduire en français les 6 phrases ci-dessous.

Zoom sur …
le pronom relatif objet direct « que »

The French students **whom** I met are living with an elderly couple. Les étudiants français **que** j'ai rencontré**s** habitent chez un couple de personnes âgées.
The study **that** you have read, is it interesting? Cette étude **que** tu as lu**e**, elle est intéressante ?

1. The newspapers that I bought explain that 60% of seniors like their retirement homes.
2. All the articles that I have downloaded show that the shortage of accommodation for students is a serious problem.
3. Your flatmates whom I saw this morning think that the rent is very affordable.
4. The house with a lowered doorstep and a raised toilet seat that we visited in June is now the property of an association called "Intergenerational Sharing".
5. The retired lady who is in a wheelchair and whom he interviewed sold her house 6 months after the death of her husband; she wanted to escape from loneliness.
6. These early retired couples who used to find it difficult to look after their houses love the communal gardens that she has designed.

Activité En Plus : un senior de 72 ans a récemment perdu son épouse. Il se demande s'il ne devrait pas déménager de la maison qu'il habite depuis plus de 48 ans mais qui est désormais trop grande pour lui. Imaginez la conversation entre ce senior, son fils/sa fille de 42 ans et son petit-fils/sa petite-fille de 19 ans. Partagez-vous les rôles. Le senior pourrait dire « Vous savez, à mon âge, je préfère… », tandis que son fils/sa fille pourrait répondre par « Écoute, Papa, honnêtement, moi je crois que la meilleure solution pour toi c'est … ». Votre discussion devra durer 3-4 minutes.

Section 4 Seniors et solidarité

Activité 1 : vos 4 colocataires francophones vous aident régulièrement à améliorer votre français. Aujourd'hui, Samira se concentre sur la révision du présent, du passé composé, de l'imparfait et du conditionnel. Écoutez attentivement le texte (de 4'21" minutes) sur les solidarités intergénérationnelles ; vous pourrez ainsi compléter les blancs de la transcription suivante avec l'un des temps listés ci-dessus.

La solidarité intergénérationnelle en France (2007)

Du 11 au 18 octobre 2006, le CRÉDOC ______ une enquête sur la question des solidarités familiales, auprès d'un échantillon de 1023 Français de plus de 18 ans. Cette étude a été effectuée en partenariat avec « Notre Temps » et « Seniorscopie » et elle ______ le premier baromètre dans le domaine des solidarités familiales.

Que ______ cette étude ? Elle nous ______ sur la solidité des liens familiaux, particulièrement ceux existant entre personnes qui ne ______ pas le même foyer.

Ce ______ surtout les aînés qui ______ de la solidarité familiale. Ainsi, 65 % des enquêtés ____ ______ qu'ils ______ sous leur propre toit leur père ou leur mère, si ces derniers ______ un jour leur autonomie à cause de leur âge avancé. 51 % ______, ______-ils, jusqu'à déménager. 71 % ____ ______ prêts à emmener leurs parents en vacances. 75 % leur ______ des soins (par exemple, ils les ______ à faire leur toilette). 87 % des personnes interrogées ______ du ménage et ______ leurs courses. 94 % ____ ______ qu'ils leur ______ visite et 99 % ____ ______ qu'ils ______ régulièrement de leurs nouvelles. 87 % ____ ______ qu'ils n'______ pas à leur donner de l'argent. Soulignons ici que, dans le domaine de la générosité financière, les sexagénaires ne __ pas en reste. Ils ne ____ pas à donner de l'argent à leurs proches. Ainsi, toujours selon cette étude, 24 % d'entre eux l'____ ____ au cours de l'année écoulée, contre seulement 13 % des 40-60 ans.

Mais attention ! Nous ______ vivement à nos lecteurs de bien distinguer ce qui ______ des déclarations d'intention des descendants et ce qui ____ du domaine du concret, du quotidien ! ______-on vraiment croire à ces chiffres ? À vous de juger !

Grâce à cette étude, on ____ ____ calculer que 9 millions d'individus ____, pendant l'année écoulée en amont de l'enquête, ______ dans ses sorties une personne dépendante – ce qui ______ environ 20 % de la population de l'Hexagone. 11 % leur ____ ______ divers soins (toilette, aide pour manger). 5 % ____ ______ en vacances des dépendants. Ce pourcentage ______ paraître peu élevé mais, rapporté à l'ensemble de la population française (qui __ ____ les 62 millions lors du dernier recensement), ce chiffre ______ une tendance très positive : prendre des personnes dépendantes en charge ______ devenu l'une des préoccupations sociales principales des Français.

Par ailleurs, même l'éloignement ne ______ pas constituer un obstacle insurmontable à la solidarité familiale. La distance géographique n'______ pas forcément ni le sentiment de proximité ni l'intensité des solidarités familiales. Plutôt rassurant, non ?

Activité 2 : comme elle est en Angleterre depuis maintenant plusieurs mois, Samira a parfois l'impression de « perdre son français ». Aussi a-t-elle créé pour vous l'activité suivante. Vous devrez retrouver dans le texte précédent les groupes de mots pour lesquels elle a trouvé des expressions synonymes – qui sont listées dans la colonne de droite. Attention, les groupes de mots ne sont pas dans l'ordre du texte !

mots tirés du texte	synonymes
1.	a. un nombre représentatif
2.	b. un grand âge
3.	c. s'occuper d'une personne, de son bien-être
4.	d. s'engager à s'occuper de quelqu'un pendant une certaine durée
5.	e. loger avec quelqu'un, ne pas vivre seul(e)
6.	f. les personnes plus âgées que vous
7.	g. les 12 mois passés
8.	h. le pourcentage prouve
9.	i. la force des rapports familiaux
10.	j. la distance
11.	k. l'enquête qui permet de savoir combien un pays compte d'habitants
12.	l. la vie au jour le jour
13.	m. être plutôt réticent, ne pas vouloir faire quelque chose
14.	n. des personnes âgées de 60 à 69 ans
15.	o. changer de domicile
16.	p. avant

Activité 3 : vous avez remarqué que vos 4 colocataires francophones ont des difficultés à comprendre l'humour anglais et les jeux de mots dans les publicités anglaises. Vous connaissez une publicité relative à l'un des thèmes-clés de ce chapitre : le logement. C'est la publicité de l'agence immobilière « Haart ». L'accroche, « Haart ... is where your home is », se trouve aussi sur leurs panneaux « For sale » (à vendre). Utilisez les « Expressions utiles pour analyser des publicités en français » (voir appendice 2) afin d'expliquer, en français, à vos 4 amis comment fonctionne cette publicité.

Activité 4 : vos amis ont trouvé vos explications très instructives. Vous décidez de les aider à comprendre une autre publicité en anglais portant, cette fois-ci, sur les chiens pour aveugles. Vous vous souvenez que la publicité comportait la photo, grand format, d'un chien pour aveugle – qui pourrait être comme cette image et que l'accroche, sous la photo, disait :

« Since I've had him, I keep bumping into people »

Pour vos explications, n'oubliez surtout pas d'utiliser les « Expressions utiles pour analyser des publicités en français » (voir appendice 2) !

Activité En Plus : cette fois, ce sont vos amis qui vous lancent un défi. Ils vous demandent d'expliquer une publicité française de la fédération SOS Suicide Phénix, dont l'accroche est « Le suicide, c'est l'affaire de personne ». Cette phrase est située en grand et en lettres majuscules au-dessus de l'image, en noir et blanc, de 13 personnes, de tailles différentes, que l'on ne voit que de dos. À vous de relever ce défi !

Activité 5 : à votre ordinateur !

1 Faites les exercices en ligne n°s 15 et 16 portant sur les sections 3 et 4 de ce chapitre.

2 Le thème de la (relative) pauvreté de certains étudiants vous intéresse. Aussi allez-vous maintenant faire des recherches sur l'opération « Danger : étudiant ventre vide », menée conjointement par le Secours Populaire et la Fédération des Associations Générales Étudiantes (FAGE) – dont vous pouvez voir le logo. Faites, en français, une présentation PowerPoint de 4-5 minutes qui expliquera qui sont exactement le Secours Populaire et la FAGE et quels sont le but et le bilan de leur opération. Donnez votre opinion et indiquez si des actions similaires existent dans votre pays.

Chapitre 5

Violence(s) et non-violence

	Section 1 **_Le bizutage_**	Section 2 **_Le « jeu du foulard »_**	Section 3 **_L'Arche_**	Section 4 **_« Les Justes »_**
Savoirs civilisationnels	- le bizutage dans l'enseignement supérieur	- le « jeu du foulard » dans l'enseignement primaire et secondaire - d'autres jeux	- les communautés de l'Arche de Lanza del Vasto	- « Les Justes » du Chambon-sur-Lignon
Savoir-faire fonctionnels			- rédiger une lettre formelle	
Savoir-faire notionnels	**Grammaire :** - verbe (+ préposition) + verbe à l'infinitif (p. 75)		**Grammaire :** - « depuis » (p. 83)	**Grammaire :** - « pendant» et « pour » (p. 87)
Activités de compréhension auditive	n° 3 (p. 74) n° 4 (p. 75)	n° 3 (p. 79)		n° 3 (p. 87)
Activités de compréhension écrite	n° 1 (p. 72) n° 2 (p. 73)	n° 1 (p. 78) n° 4 (p. 80)	n° 1 (p. 82) n° 3 (p. 83)	n° 1 (p. 86)
Activités de production écrite	n° 5 (p. 75)	n° 2 (p. 79)	n° 2 (p. 83) n° 4 (p. 84) n° 5 (p. 84)	n° 2 (p. 87)
Activités de production orale	n° 6 (p. 77) En Plus (p. 77)	En Plus (p. 80) n° 5 (p. 80)	En Plus (p. 85)	En Plus (p. 88) n° 4 (p. 88)

CHAPITRE CINQ

Section 1 Le bizutage

Activité 1 : au cours d'une de vos nombreuses discussions avec vos colocataires francophones, ces derniers tombent tous les 4 d'accord sur un point : ils ont été extrêmement soulagés d'apprendre que le bizutage n'existait pas dans votre université. Réalisant que ce mot vous est totalement inconnu, Colline vous donne le texte ci-dessous et vous demande, tout d'abord, la traduction des mots français suivants – qui sont listés dans leur ordre d'apparition dans le texte.

français	anglais
1. un tiers	
2. se répandre	
3. une faculté	
4. une école littéraire	
5. tomber en désuétude	
6. ailleurs	
7. un accueil	
8. un noyau	
9. être prévenu	
10. une cagoule	
11. force libations	
12. faire des pompes	
13. une cave	
14. un souterrain	
15. le déshabillage	
16. une épreuve	
17. scatologique	
18. une brimade	
19. un sac poubelle	
20. une couche	
21. être dévêtu	
22. être grimé	
23. un mélange	
24. être rebutant	
25. une boulette de viande	
26. être bouilli	
27. l'huile de foie de morue	
28. le bicarbonate de soude	
29. une course au trésor	
30. mendier	
31. le papier hygiénique	
32. être arrosé	
33. faute de	
34. être facultatif	

Samuel Lepastier, Le bizutage : un paradigme, Revue *Psychiatrie française* n°3.93, version de juillet 2003 (mise à jour depuis), http://acatparis5.free.fr/html/modules/news/article.php?storyid=32

1. Le mot bizut, qui serait issu de l'espagnol « bisogno » (jeune recrue), apparaît en France dans le premier tiers du XIXème siècle. Il semblerait que ce soit à Saint-Cyr puis à Polytechnique, écoles militaires donc, que se soient d'abord instituées des pratiques de bizutage pour se répandre ensuite dans les autres grandes écoles. [...]
2. Le bizutage n'existe pas partout. Dans notre pays, il est pratiqué dans les grandes écoles scientifiques et commerciales, les facultés de médecine et pharmacie, les écoles vétérinaires et les écoles des Beaux-Arts, ainsi que dans les classes préparatoires à ces établissements. Il n'y a pas de bizutage dans les autres facultés, dans les écoles littéraires et de sciences humaines. Actuellement, il tombe également en désuétude à Polytechnique, aux Beaux-Arts, mais se développe dans nombre d'IUT ou d'établissements privés. Dans certains cas, on signale une extension des pratiques dans les lycées où il peut concerner maintenant des élèves n'ayant pas encore passé leur baccalauréat.
3. De même, les pratiques sont très inégales selon les pays : présentes en Belgique et en Hollande, elles semblent ignorées ailleurs même si quelques fêtes sont organisées pour l'accueil des nouveaux. Aux États-Unis, si le bizutage n'existe pas à l'entrée des universités, il se pratique au moment où l'étudiant demande son admission à une « fraternity ». La presse signale plus de vingt morts par bizutage au cours des dix dernières années, ce qui a amené les mesures d'interdiction.

4. Bien entendu, ces pratiques sont très variables. Dans les établissements les plus anciens, il y a bien une véritable transmission du folklore de l'école mais, dans la grande majorité des cas, et dans les nouveaux établissements en particulier, l'improvisation règne. Néanmoins, on peut décrire un noyau commun. Le premier temps (temps de séparation) est l'accueil des nouveaux. Parfois prévenus et intimidés, le plus souvent par surprise, ils sont mis en présence des anciens. Ces derniers portent souvent des tenues volontairement provocatrices : cagoules, uniformes pouvant évoquer les nazis par exemple. Après force libations, commencent les épreuves. Elles correspondent dans la classification de Van Gennep, au « rite de marge » et c'est bien ce temps qui fait problème. Tantôt elles sont physiques : accomplir des « pompes », circuler dans les caves et les souterrains de l'établissement ; tantôt plus directement sexuelles (déshabillage, exhibition, constitution de couples, épreuves intimes entre garçons et filles) ; scatologiques enfin, plus rarement. S'y ajoutent des brimades et des humiliations verbales. Les bizuts sont déguisés, souvent avec des sacs poubelles et des couches, et sont alors promenés dévêtus et grimés dans la rue. Deux temps sont généralement retrouvés. La « soupe » tout d'abord qu'il faut ingurgiter parfois de force. Il s'agit d'un mélange d'ingrédients rebutants. Voici par exemple la composition de celle du collège Stanislas à Paris : « boulettes de viande Frolic, Friskies, café décaféiné, Chamallow, tête de porc bouillie, têtes de poulets bouillies, tibias de porcs bouillis, huile végétale, vinaigre, lait, coca-cola, vin rouge, Tabasco, huile de foie de morue, Niocman, bière, et du bicarbonate de soude. » Le second temps est constitué par une course au trésor : les bizuts doivent ramener des objets impossibles ou bien alors mendier dans la rue (vendre des feuilles de papier hygiénique à 10 F [approximativement 1 euro 50]) ; contre ces objets, ils retrouvent leurs vêtements et l'argent sert à payer le repas où s'effectue la fraternisation finale (rite d'agrégation) qui marque l'intégration des nouveaux : ce banquet est le plus souvent particulièrement arrosé. Dans un certain nombre de cas, faute d'argent, le banquet concerne seulement les anciens, et les nouveaux en restent paradoxalement exclus.
5. Le plus souvent limité à une journée ou deux, le bizutage peut atteindre une à plusieurs semaines. Aux Arts et Métiers, l'« usinage » dure trois mois. Théoriquement facultatif, il est en pratique bien difficile à refuser. [...]

Glossaire

1. **Un paradigme :** c'est un modèle théorique permettant d'orienter la recherche.
2. **Saint-Cyr :** c'est une école militaire prestigieuse créée en 1802 et située à quelques kilomètres de Versailles. Elle forme des militaires de l'Armée de Terre ainsi qu'un certain nombre d'officiers de la Gendarmerie Nationale.
3. **Polytechnique :** c'est un établissement d'enseignement supérieur parisien très prestigieux, fondé en 1794 et aussi appelé « X ». Il forme les futurs responsables de haut niveau.
4. **Les Grandes Écoles :** ce sont des établissements d'enseignement supérieur très prestigieux qui n'accueillent que les personnes ayant réussi le concours d'entrée aux Grandes Écoles.
5. **Les classes préparatoires (ou « les prépas ») aux Grandes Écoles (ou CPGE) :** ce sont des formations permettant aux bacheliers, en une année ou 2, de préparer le concours d'entrée aux Grandes Écoles.
6. **Un IUT :** c'est un institut universitaire de technologie, qui, en 2 ans après le baccalauréat, permet l'obtention d'un DUT (diplôme universitaire de technologie). Les candidats sont sélectionnés sur dossier et reçoivent une formation générale et professionnelle.
7. **Un bizut :** c'est une personne participant, volontairement ou non, au bizutage.
8. **Frolic :** c'est une marque bien connue d'aliments pour chiens.
9. **Friskies :** c'est une marque bien connue d'aliments pour chiens et pour chats.
10. **Chamallow (ou « guimauve » au Québec) :** c'est un bonbon très mou ; la traduction anglaise est « marshmallow ».
11. **Niocman (ou Nyoc mam) :** c'est une sauce orientale à base de poisson.

Activité 2 : relisez attentivement le texte de Samuel Lepastier (de 640 mots) et relevez tous les connecteurs qui servent à le structurer ; trouvez ensuite un sous-titre approprié, en anglais, pour chacun des 5 paragraphes de ce texte. Enfin, résumez ce texte en anglais en 300-320 mots.

Activité 3 : pour la première écoute d'une émission podcastée sur le bizutage que Colline vous a conseillé d'écouter, elle vous demande

1. de retrouver dans le document sonore (de 4′23″ minutes) les mots et groupes de mots pour lesquels elle vous propose les expressions synonymes ci-dessous et
2. de trouver des synonymes aux mots tirés de l'émission podcastée – attention, ces mots ne sont pas forcément listés dans leur ordre d'apparition.

mots tirés du document sonore	synonymes
1.	a) demander à quelqu'un de faire quelque chose
2. sévir	b)
3. s'être produit	c)
4.	d) l'administration académique dont le chef est un haut fonctionnaire de l'Éducation nationale
5. mettre un terme à la carrière de quelqu'un	e)
6.	f) encourager fortement quelqu'un à faire quelque chose
7.	g) le bâtiment scolaire où les élèves sont logés et nourris
8.	h) le fonctionnaire responsable de la direction d'un lycée
9.	i) expulser quelqu'un, mettre quelqu'un à la porte
10. se rebeller	j)
11.	k) l'organisme consultatif décidant si des sanctions disciplinaires sont appropriées ou non
12. porter plainte	l)
13. être mérité	m)
14.	n) une personne de moins de 18 ans
15.	o) des représailles
16. une brimade	p)
17. rédiger	q)
18. une formation	r)
19.	s) un ensemble de mesures adoptées et de moyens mis en place dans un but bien précis

Activité 4 : écoutez à nouveau le document sonore (de 4′23″ minutes) puis cochez (√) dans la liste suivante, les idées qui sont mentionnées dans ledit texte.

affirmations	√
1. Ségolène Royal a demandé aux collégiens victimes de bizutage de ne pas se taire.	
2. Ségolène Royal a déclaré que parents, enseignants, directions d'établissements scolaires, élèves, etc. devaient tous se mobiliser contre le bizutage.	
3. Dix élèves du lycée Pothier d'Orléans ont été victimes d'un violent bizutage à connotation sexuelle.	
4. Ce bizutage a eu lieu dans la cour de récréation du lycée.	
5. Stéphane, l'un des bizutés, a été plus brutalisé que les autres car il ne s'est pas laissé faire.	
6. Stéphane a eu peur ; il n'a pas parlé du bizutage au proviseur de son lycée.	
7. Par contre, Stéphane a parlé du bizutage à ses parents.	
8. Ses parents ont décidé de porter plainte contre les responsables du bizutage.	
9. Le proviseur a définitivement expulsé du lycée les responsables du bizutage.	
10. Ségolène Royal a déclaré qu'elle trouvait tout à fait inadmissible l'absence de sanctions contre les responsables du bizutage dans ce lycée.	
11. Elle a expliqué qu'une loi existait déjà pour punir les responsables de violences en milieu scolaire qui sont dénoncés par leurs victimes.	
12. Un numéro de téléphone gratuit, SOS Bizutage, existe désormais en France.	
13. Pour appeler ce numéro, il faut composer le 0800 55 55 00.	

Activité 5 : révisez, si nécessaire, la construction des verbes ci-dessous – dont certains figurent dans le document sonore de l'activité précédente. Ensuite, à l'aide du vocabulaire des 2 textes étudiés ci-dessus, traduisez en français les 6 phrases suivantes.

Zoom sur …
la construction des verbes

Verbes directs (verbe + verbe à l'infinitif)			
aimer aller compter désirer détester	devoir espérer faire laisser oser	pouvoir préférer souhaiter vouloir	+ faire quelque chose (à quelqu'un)

Verbes indirects (verbe + préposition + verbe à infinitif)			
verbes + à + infinitif			
aider amener autoriser encourager	exhorter forcer inciter	inviter obliger pousser	+ (quelqu'un) à faire quelque chose

apprendre (à quelqu'un) à faire quelque chose			
arriver avoir du mal avoir tendance commencer consentir continuer éprouver des difficultés	être prêt hésiter parvenir penser renoncer réussir	s'amuser se décider se résigner servir songer tenir	+ à faire quelque chose
verbes + de + infinitif			
accepter arrêter avoir besoin avoir envie avoir la chance avoir le courage avoir le droit avoir le temps avoir l'habitude avoir l'intention avoir l'occasion avoir peur	avoir raison avoir tort cesser choisir commencer continuer décider essayer être en train être sur le point finir oublier	projeter refuser rêver risquer s'arrêter se charger se dépêcher s'efforcer tenter terminer venir	+ de faire quelque chose
accuser convaincre dissuader	empêcher menacer		+ (quelqu'un) de faire quelque chose
commander conseiller défendre demander dire	éviter interdire ordonner permettre	promettre proposer recommander suggérer rappeler	+ (à quelqu'un) de faire quelque chose

1. They forced Sam to do press-ups in the school playground and they asked Fred to wear nappies.
2. He prevented all the freshers from sleeping and he made Fatima swallow a mixture of toilet paper and dog food.
3. Our principal wants to stop hazing; he has decided to expel Patrick and his 3 friends.
4. She urged all the hazing victims to speak out; she advised all the pupils to break the law of silence.
5. Her parents were about to press charges but she managed to dissuade her mother from calling the police.
6. The second-year students ordered Christophe to carry on begging; he refused to undress and started to scream.

Activité 6 : selon certains, le bizutage (ou « baptême » comme on l'appelle en Belgique) a une fonction très utile : il facilite l'intégration des nouveaux étudiants. Imaginez la conversation entre des étudiants en faveur du bizutage (qu'ils considèrent comme une activité faisant légitimement partie de toute semaine d'accueil digne de ce nom) et des étudiants opposés à cette pratique (qu'ils considèrent comme violente et, de ce fait, inacceptable). Votre discussion devra durer 3-4 minutes.

Activité En Plus : violence et non-violence sont des thèmes inspirant un certain nombre d'annonceurs publicitaires, même ceux vendant des boissons. Ainsi, il y a plusieurs années, Perrier avait sorti une publicité dont l'accroche était « Et si l'homme se contentait de descendre une bouteille ? » Cette accroche figurait au-dessus d'une image ressemblant un peu à celle-ci :

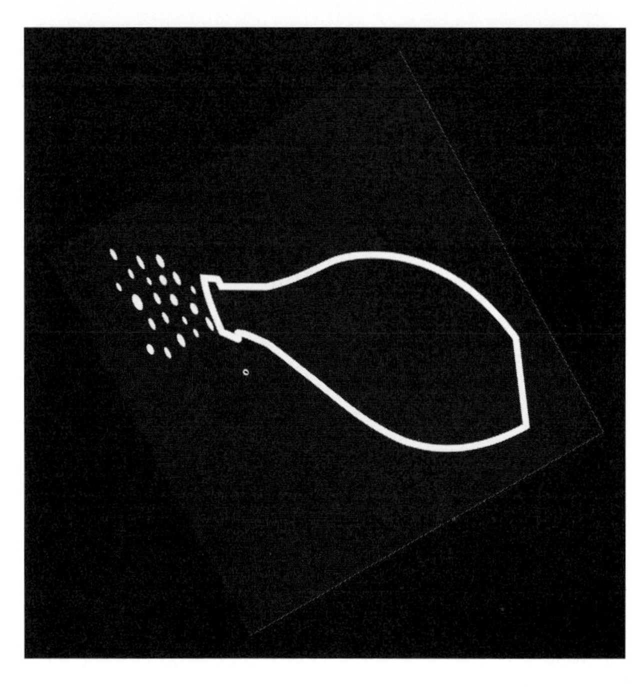

Regardez attentivement cette image. À quoi vous fait-elle penser ? Quelles sont les deux significations du verbe « descendre » ? Quels sont les 2 thèmes principaux dans cette publicité ? Pour vos explications, n'oubliez surtout pas d'utiliser les « Expressions utiles pour analyser des publicités en français » (voir appendice 2) !

CHAPITRE CINQ

Section 2 Le « jeu du foulard »

Activité 1 : vos discussions avec vos amis francophones amènent Samira à vous parler d'un autre type de violence en milieu scolaire et de « joueurs » qui pratiquent le « jeu du foulard ». Elle a téléchargé pour vous le texte suivant et a préparé 16 questions de compréhension auxquelles vous répondrez en anglais. Il n'est pas nécessaire de faire des phrases entières.

Le jeu du foulard (2007)

Le jeu du foulard a fait la une des médias récemment. L'Association des parents d'enfants accidentés par strangulation (APEAS) a demandé à l'institut de sondages IPSOS d'effectuer une enquête sur ce jeu qui entraîne trop souvent la mort de ceux qui le pratiquent. La conclusion que l'on peut tirer de cette étude rendue publique le 31 mai 2007 est que, si les gens connaissent ce jeu, ce dernier est encore fréquemment pratiqué et ses conséquences souvent désastreuses sont encore trop souvent méconnues.

Ce jeu est devenu très populaire dans les cours de récréation des écoles ; à tel point qu'on pourrait le qualifier de vrai phénomène de société, et, malheureusement, il est beaucoup plus répandu qu'on ne le pense. Ce jeu, responsable de nombreux accidents, possède plusieurs noms : le jeu de la grenouille, le rêve indien, le jeu du cosmos, etc. Lorsqu'on pratique ce jeu, que ce soit seul ou à plusieurs, on retient sa respiration ou on (se) serre le cou jusqu'à s'évanouir. Ces jeux de perte de connaissance sont très prisés des 7-18 ans et plusieurs générations d'élèves les connaissent. Leur attrait ? Ces jeux entraînent une perte de connaissance que précèdent des sensations hallucinatoires. De fait, le jeu du foulard est la « solution » pour les enfants qui sont à la recherche de sensations fortes. Ce qui est dramatique, c'est que les enfants ne réalisent pas les dangers qu'ils courent. Heureusement, grâce à l'APEAS, on parle enfin du jeu du foulard dans les médias, ce qui facilite la mise en place de mesures de prévention.

Selon l'APEAS, une dizaine de morts annuelles sont à déplorer et 4 ont déjà été recensées depuis le début de l'année 2007. D'après cette association, c'est vers l'âge de 12 ans que le « pic de mortalité » est atteint. Pratiquer ce jeu provoque un coma plus ou moins prolongé ; aussi ce jeu peut-il laisser des séquelles plus ou moins importantes : arrêt cardiaque, paralysies, crises d'épilepsie, mort cérébrale, etc. Par ailleurs, il faut souligner que ce jeu peut entraîner une véritable dépendance. Le danger vient de ce que si, à l'école, les jeunes commencent à jouer à ce jeu au sein d'un petit groupe, certains d'entre eux voudront peut-être éprouver à nouveau les sensations de type hallucinatoire que produit la strangulation et ils pratiqueront ce jeu seuls. Et que se passera-t-il si le jeune s'évanouit alors qu'il se trouve tout seul ? Qui appellera les secours pour lui sauver la vie ?

La question que se poseront de nombreux parents à la lecture de cet article est : existerait-il un profil type du « joueur » ? Attention aux idées reçues ! Les joueurs ne sont pas exclusivement des personnes en difficulté, de futurs cancres ou des esprits rebelles. Ce jeu est pratiqué à l'école primaire, voire dès la maternelle et, à cet âge-là, les enfants pensent qu'ils prennent part à un jeu, tout simplement et c'est pourquoi ils ne réalisent pas qu'ils mettent leur vie en danger. En sa qualité de psychiatre spécialiste de l'adolescence, Jean-Claude Fisher explique que le jeu du foulard est particulièrement prisé des garçons, qui voient en sa pratique un rite d'initiation, phénomène typique de l'adolescence. Aussi la prévention est-elle essentielle car, en général, les enfants auxquels on a expliqué les risques ne sont plus attirés par ce jeu.

L'APEAS explique qu'il existe des signes qui devraient alerter les parents. Ce sont : des traces étranges, inexpliquées (parfois cachées) sur le cou de l'enfant ; des problèmes de concentration ; des rougeurs étranges au niveau du visage ; des maux de tête parfois répétés et violents ; la présence inexpliquée auprès de l'enfant d'une corde, d'un lien, d'une ceinture ; des oreilles douloureuses ; des questions posées sur la strangulation, sur ses dangers et ses sensations ; des bruits sourds dans la chambre du jeune ou contre le mur (qui pourraient fort bien être le bruit que fait le jeune en tombant, lorsqu'il pratique seul le jeu du foulard). Les parents doivent se montrer vigilants.

Que fait le gouvernement ?

Le ministre de l'Éducation nationale, Xavier Darcos, exhorte la France à se mobiliser. L'école doit non seulement informer les élèves de la dangerosité du jeu du foulard, car, après tout, c'est dans son enceinte que les élèves apprennent les règles de ce jeu potentiellement mortel mais c'est aussi aux professeurs qu'incombe la tâche de faire de la prévention auprès des parents, car, trop souvent, ces derniers pensent, à tort, que « ça n'arrive qu'aux autres ».

Questions

1. What did the polling organisation IPSOS do on 31st May 2007?
2. Where does the scarf game usually take place?
3. What do the players do?
4. How old are the players?
5. Is the scarf game a new game?
6. Why do youngsters play this game?
7. Why is this game so dangerous?
8. Is the action of the support group APEAS important? Why/why not?
9. How many children die every year because of the scarf game?
10. List the serious consequences this game can have.
11. When is this game most dangerous and why?
12. What is the common misconception about the players?
13. Why is prevention crucial?
14. List the warning signs indicating a child's possible participation in the scarf game.
15. What should schools do and why?
16. What should teachers do and why?

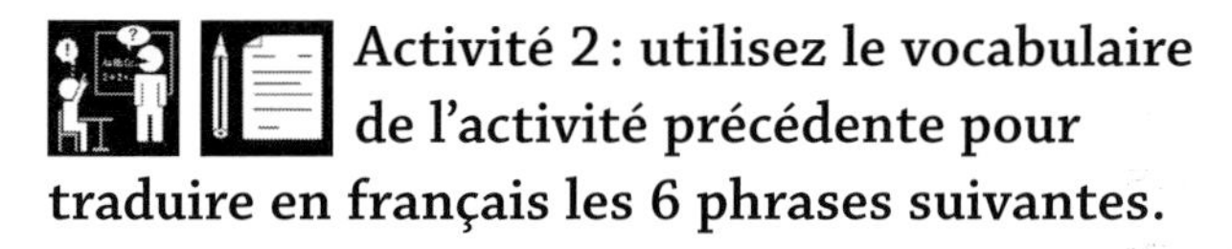

Activité 2 : utilisez le vocabulaire de l'activité précédente pour traduire en français les 6 phrases suivantes.

1. This game is now popular in school playgrounds across France; it is widespread amongst 10-17 year olds.
2. This game consists in holding one's breath or squeezing one's neck tightly with a scarf or a belt until one experiences hallucinations.
3. The players usually pass out and if they squeeze their necks too hard, they can fall into a coma.
4. A survey on this deadly game published last month shows that many parents know about the game but don't know about its serious consequences.
5. The Association of Parents of Young Victims of Strangulation explains that repeated headaches as well as ropes or belts found in the child's bedroom are some of the warning signs.
6. The players are totally unaware of the danger.

 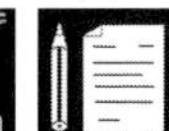

Activité 3 : Samira a téléchargé pour vous un document sonore (de 1′58″ minutes), intitulé «Gaspard était un enfant joyeux, bien dans sa peau », écrit par Flore Galaud le 31 mai 2007 pour le journal en ligne www.20minutes.fr. Écoutez-le attentivement et répondez en français aux 10 questions ci-dessous. Il n'est pas nécessaire de faire des phrases entières.

Questions

1. Quand le fils de Catherine Vince est-il mort?
2. Quel âge avait-il alors ?
3. Où est mort Gaspard ?
4. Qu'est-ce que Catherine Vince était sur le point de faire ce soir-là ?
5. Qui a trouvé le corps de Gaspard ?
6. Quel est l'objet qui a entraîné la mort de Gaspard ?
7. Où se trouvait cet objet ?
8. Pourquoi Catherine Vince n'imaginait-elle pas son fils capable de pratiquer ce « jeu » ?
9. Quel est le profil des enfants considérés, à tort, comme étant les personnes les plus susceptibles de pratiquer ce « jeu » ?
10. Les jeunes personnes pratiquant ce « jeu » sont-elles suicidaires ?

Activité 4 : Samira a imprimé pour vous le texte suivant sur le profil des « joueurs ». À vous de trouver des synonymes aux mots tirés du texte – ces mots étant listés dans leur ordre d'apparition.

Les « jeux » dangereux et les pratiques violentes, ÉduSCOL, 18 avril 2007, http://eduscol.education.fr/D0203/jeux_dangereux.pdf

Facteurs associés

Selon les résultats de plusieurs études menées à partir d'une pratique clinique et de recherches internationales, ces « jeux », bien que comportant un risque mortel indéniable, sont pratiqués par des jeunes qui ne sont pas décrits comme suicidaires. Bien au contraire, ces jeux sont utilisés pour éprouver des sensations intenses qui donnent aux jeunes un sentiment d'existence. Ils se mettent en danger, sans avoir réellement conscience, ni penser aux conséquences négatives de ces pratiques. Les jeunes qui recherchent ce type de « jeux » ressentent un attrait pour d'autres comportements à risques : expérimentation des toxiques, prise de risque en véhicule motorisé, dans le domaine sportif… Ils sont souvent décrits comme « casse-cou », curieux, vifs et aimant les nouvelles expériences, même si elles sont dangereuses ou interdites.

On note 3 types de profils parmi ces jeunes : les occasionnels, les réguliers et les sujets les plus fragiles.

- Les occasionnels : ils sont motivés par la curiosité ou agissent sous la contrainte de l'effet d'un groupe.
- Les réguliers : ils recherchent surtout des sensations et sont souvent amenés à pratiquer à domicile. Le danger est que cette excitation entraîne, dans certains cas, l'apparition d'un certain degré de dépendance.
- Les sujets suicidaires et/ou ayant une personnalité fragile : ils sont très rares mais, dans ce cas, le risque d'accident et de décès est très élevé. Ils pratiquent souvent le « jeu », plusieurs fois par semaine, voire par jour, et présentent une symptomatologie dépressive.

mots tirés du texte	synonymes
1.	a) être effectué
2.	b) ressentir
3.	c) une attirance
4.	d) une personne qui aime prendre des risques
5.	e) être plein de vie et d'énergie
6.	f) la pression des pairs
7.	g) avoir pour conséquence
8.	h) une mort
9.	i) être important
10.	j) et même

Activité En Plus : la mère d'un garçon de 11 ans vient d'entendre la fin d'un fait divers sur le « jeu du foulard » sur son auto-radio. De retour chez elle, inquiète, elle téléphone à l'Association SOS Benjamin-Observatoire National d'Étude des Conduites à Risques (ONECR) pour obtenir davantage de renseignements. Imaginez la conversation téléphonique entre cette mère et l'un des membres de cette association – association créée en 1995 par Magali Duwelz, la mère de Benjamin, retrouvé mort dans son école, victime d'auto-strangulation. Partagez-vous les rôles. Utilisez les textes étudiés ci-dessus ainsi que la partie intitulée « Des mots et expressions utiles pour poser des questions de style formel », au chapitre 3, section 1, p. 39 afin de composer un dialogue de 3-4 minutes.

Activité 5 : à votre ordinateur !

1 Faites les exercices en ligne n°s 17 et 18 portant sur les sections 1 et 2 de ce chapitre.

2 vous possédez désormais quelques renseignements sur le « jeu du foulard » mais Samira vous apprend que, malheureusement, d'autres jeux violents et dangereux sont pratiqués par de jeunes élèves : le « jeu » de l'aérosol, de la canette, de l'autoroute, du mikado, des cartons rouges, de la ronde, de la couleur, du taureau, de Beyrouth, de la pièce ou encore de la machine à laver. Faites des recherches approfondies sur l'Internet afin d'en savoir plus. Vous ferez un exposé oral en français de 3-4 minutes et vous utiliserez PowerPoint. Sur votre première page, vous présenterez votre plan structuré et détaillé en français.

CHAPITRE CINQ

Section 3 L'Arche

Activité 1 : c'est aujourd'hui le 10 décembre, date de la Journée Internationale des Droits de l'Homme, célébrée moins d'un mois après la Journée Internationale de la Tolérance, le 16 novembre. Cela amène Bianca à vous parler de non-violence, d'autant plus que sa sœur aînée, Laurina, a récemment participé à un camp de jeunes à la communauté de l'Arche de Saint-Antoine, dans le département de l'Isère. Pour vous aider, Bianca a rapidement résumé le texte ci-dessous (de 435 mots) en 160 mots. Malheureusement, elle a commis 9 erreurs. À vous de les corriger afin que votre résumé ne déforme pas la réalité.

L'Arche de Lanza del Vasto, Coordination française pour la décennie Internationale de la promotion d'une culture de non-violence et de paix, http://www.decennie.org/links.php?op=viewslink&sid=24

L'Arche, un choix de vie ?
Née de la rencontre de Lanza del Vasto avec Gandhi, l'Arche expérimente la non-violence par une forme de vie tournée vers le service, le partage, la réduction des besoins, le travail sur soi-même et sa propre violence, l'engagement contre les différentes formes de violence.
L'Arche **existe** aujourd'hui **depuis** plus de 50 ans : les personnes engagées dans l'Arche, qu'elles soient en communauté de vie, en fraternité, seules ou en famille dans leur milieu de vie, font le choix de la non-violence pour une recherche de vie plus juste [...] Dans les communautés, des célibataires, des couples et des familles choisissent d'expérimenter une vie commune faite de travail, de conciliation et réconciliation, d'approfondissement spirituel, ainsi que d'actions pour la justice et la paix. Des groupes d'amis et des maisons communautaires existent en Europe et en Amérique du Sud.
L'Arche est en lien et collabore avec d'autres mouvements non-violents. Elle est cofondatrice de la Coordination Française de la Décennie 2001 – 2010 pour l'éducation à la Paix et à la non-violence. [...]

Les communautés
[Elles **existent depuis** 1948 – date de la fondation de la toute première.] Toutes les communautés ont un mode de vie simple. Certaines choisissent une vie rurale (on y travaille la terre dans le respect de l'environnement) ; d'autres privilégient l'accueil et la formation. Cette vie communautaire se construit par l'exercice de la non-violence au quotidien : partage des tâches et des responsabilités, prises de décisions, réconciliation. Dans cette réalité s'enracine la vie de prière et de silence où chacun est invité à approfondir sa religion et à reconnaître la valeur de celle des autres. [...]

Lanza del Vasto
Lanza del Vasto est né le 29 septembre 1901 à San Vito dei Normanni (Italie). Après des études de philosophie à Pise, en 1937 il rejoint Gandhi en Inde, en qui il voit celui qui ouvre les chemins de la justice et de la paix par la non-violence. Il se marie avec Simone Gebelin (Chanterelle) en 1948 et ensemble ils fondent une première communauté. Il consacrera sa vie au développement de la non-violence et de l'Arche, il sera à l'origine de nombreuses actions non-violentes. Il est mort le 5 janvier 1981 à Murcia (Espagne). Il est enterré à la communauté de la Borie Noble (Hérault).

[Le soutien de l'Arche
Depuis un certain temps maintenant, l'Arche **apporte** son soutien à la CIMADE (Comité Inter Mouvements Auprès Des Évacués) en ce qui concerne l'aide aux immigrés. De même, **depuis** quelques années, l'Arche **soutient** les actions de la Confédération Paysanne dans le domaine des OGM (Organismes Génétiquement Modifiés).]

Glossaire

Gandhi : le mahatma Gandhi, né en Inde en 1869 et mort en 1948, a utilisé la non-violence comme arme et prôné la révolution pacifiste.

Résumé de Bianca

L'Arche de Lanza del Vasto

La rencontre en Italie, en 1948, de Lanza del Vasto avec Gandhi a permis à cet Italien né en 1901 de s'ouvrir à la non-violence et aux valeurs altruistes. De cette expérience est née la première communauté de l'Arche, fondée avec son épouse Simone Gebelin.

Depuis, plusieurs autres communautés ont été créées, en Amérique et en Europe – dont celle de La Borie Noble, en France, où Lanza del Vasto a été enterré en 1981.

Les personnes de religion chrétienne, mariées ou non, qui résident dans ces communautés s'engagent à apprendre à vivre ensemble, à s'écouter, se connaître et se respecter mutuellement. Elles ont choisi de pratiquer la non-violence au quotidien et de partager travail, décisions et responsabilités.

Certaines communautés survivent grâce à leur agriculture bio et leurs stages de formation, tandis que d'autres se concentrent sur la religion et la prière.

Enfin, l'Arche soutient d'autres actions non-violentes ; elle aide les évacués et s'oppose à l'utilisation d'OGM.

Activité 2 : révisez, si nécessaire, la signification et l'emploi de « depuis » et, à l'aide du vocabulaire de ce chapitre, traduisez en français les 6 phrases suivantes.

Zoom sur…
présent/imparfait + depuis + expression de temps
depuis + expression de temps + présent/imparfait

depuis + durée de temps
J'**attends depuis** 2 heures. I have been waiting **for** 2 hours. J'**attendais depuis** 2 heures quand il est enfin arrivé. I had been waiting **for** 2 hours when he finally arrived.
depuis + date précise/moment précis
Depuis 2006, elle **habite** en Angleterre / Elle **habite** en Angleterre **depuis** 2006. She has been living in England **since** 2006. Elle **habitait** en Angleterre **depuis** 2006 quand elle a rencontré Sam. She had been living in England **since** 2006 when she met Sam.

1. Françoise Cochet has been the president of the Association of Parents of Young Victims of Strangulation since the year 2000.
2. A 12-year-old boy had been playing the scarf game with his friends for a week when, one evening, he choked himself to death.
3. The freshers had been swallowing a mixture of beer, vinegar, milk and cat food for 10 minutes when the principal arrived.
4. They have been doing press-ups for 15 minutes.
5. She had been using a rope for 2 minutes when her brother entered her bedroom.
6. They have been walking naked in the streets for 30 minutes.

Activité 3 : Bianca vous donne un second texte sur les communautés de l'Arche de même que la liste des mots français de ce texte qu'elle ne sait pas traduire en anglais. Aidez-la ! Les mots français sont listés dans leur ordre d'apparition dans le texte.

Guillaume Gamblin, L'arche de Lanza del Vasto - l'expérience communautaire : un projet de vie radical et intégral au service de la non-violence, *Non-Violence* XXI, 2003, Paris, http://www.irenees.net/fr/fiches/acteurs/fiche-acteurs-308.html

Les membres des communautés habitent **sur un même lieu de vie**, ils partagent le travail dans les différents secteurs (**entretien, agriculture, artisanat, cuisine, accueil**…), dans un esprit d'autonomie économique et de simplicité des besoins, et recherchent notamment **un mode de production et de consommation d'énergie écologiques et respectueux de la vie**.

Certaines communautés sont orientées sur le travail de la terre et sur l'artisanat, qui leur confèrent une large autonomie vis à vis des circuits économiques extérieurs. Elles expérimentent **des méthodes d'agriculture biologique**, selon des techniques traditionnelles. D'autres sont orientées sur l'accueil et sont plus insérées dans le circuit économique courant. Mais d'une manière générale, le travail manuel **est essentiel**. Comme l'écrit **Lanza del Vasto**, « c'est en faisant qu'on se fait ».

Les revenus sont partagés et redistribués **en fonction des besoins** entre chaque personne ou famille, un équilibre essayant d'être trouvé entre propriété

personnelle et propriété communautaire. De même pour ce qui est des espaces et des temps de vie (habitation, repas du soir), la place attribuée à la vie personnelle par rapport à celle de la communauté est ajustée dans l'esprit d'un meilleur équilibre.
À l'intérieur des communautés, dans les Conseils de l'Arche, dans les commissions, l'ensemble des décisions sont prises **soit à l'unanimité, soit au consensus, soit par vote**, suivant l'importance de l'objet. Les postes et les fonctions des différents secteurs sont renouvelés, en principe, **tous les trois ans**. Pour ce qui concerne le Responsable général, élu à vie depuis le fondateur, on propose, dans la réorganisation de l'Arche, un mandat **de sept ans** renouvelable une fois.
Un aspect essentiel de la vie des communautés est l'importance accordée aux fêtes. Celles-ci **rythment fondamentalement la vie communautaire**. Elles sont partagées entre les fêtes ponctuelles (naissance, fin de la moisson…) et les fêtes annuelles : la Saint-Jean, la Saint-Michel, l'Épiphanie, Pâques.

Glossaire

1. **La Saint-Jean :** elle a lieu le 24 juin, date symbolique du solstice d'été – jour le plus long de l'année. Traditionnellement, c'est alors que les moissons étaient bénies. En France, cette fête est généralement célébrée par de grands feux de joie.
2. **La Saint-Michel :** la fête de la Saint-Michel est célébrée le 29 septembre, peu de temps après l'équinoxe d'automne. Le jour de l'équinoxe, le jour et la nuit sont d'une durée presque semblable. Le jour suivant marque le début de l'automne.
3. **L'Épiphanie :** célébrée le 6 janvier, cette fête, aussi appelée « fête des rois », commémore la présentation, par 3 rois mages, de cadeaux à l'enfant Jésus.
4. **Pâques :** cette fête se célèbre entre le 22 mars et le 25 avril, selon l'année. Pour les chrétiens, elle marque la résurrection du Christ ; pour tous, c'est le symbole de l'arrivée du printemps.

français	anglais
1. partager	a)
2. un entretien	b)
3. un artisanat	c)
4. un accueil	d)
5. un besoin	e)
6. écologique	f)
7. la terre	g)
8. conférer	h)
9. une agriculture biologique	i)
10. un équilibre	j)
11. être renouvelé	k)
12. la naissance	l)
13. la moisson	m)

Activité 4 : relisez attentivement le texte ci-dessus et posez des questions sur les 11 groupes de mots soulignés. Pour composer vos questions en français, reportez-vous à la partie intitulée « Des mots et des expressions utiles pour poser des questions de style formel », au chapitre 3, section 1, p. 39.

Activité 5 : Bianca vous a brièvement parlé d'un stage futur dans l'une des communautés de l'Arche dont lui a parlé sa sœur. Afin d'en savoir plus, complétez la lettre de demande de renseignements ci-dessous en traduisant en français les passages qui sont en caractères gras.

Paul Johnson
14, Blossomfield Road
Solihull
B91 1SB
Angleterre

Communauté de l'Arche
La Borie Noble
34650 Roqueredonde
France

Nos réf. : 2008/ENJ/1
Objet : demande de renseignements

Paris, le 8 janvier 2008

Messieurs,

I am a 19-year-old English student and I have recently heard about your community. Je suis tout particulièrement intéressé par **one of your training courses in July**, « Camp de jeunes : expérience de vie en communauté ».
Veuillez avoir l'obligeance de me faire parvenir **some information on prices, dates, accommodation, etc**. Je vous serais reconnaissant de bien vouloir m'envoyer **a map of the area**. **I intend to come by car**.

Dans l'attente de votre réponse, et avec tous mes remerciements anticipés, je vous prie d'agréer, Messieurs, l'expression de mes sentiments distingués.

Paul Johnson

Paul Johnson

Activité En Plus : aimeriez-vous participer à l'un des stages présentés ci-dessous ? Lequel ? Pour quelles raisons ? Partagez-vous les rôles et composez un dialogue de 3-4 minutes.

A. Camp international de formation à la non-violence pour les jeunes

1. Objectif de ce camp :
partager les connaissances et les expériences de chacun des participants dans le but d'approfondir les thèmes liés à la non-violence
Ateliers (répartis par tranches d'âge : 14-17 ans et + de 18 ans)
2. Activités de résolution non-violente de conflits, témoignages, activités artistiques (danse, musique, cirque, chant, théâtre et calligraphie), échanges interculturels, débats, théâtre, forum, aïkido.
3 Public visé
Jeunes et adolescents (et les familles les accompagnant).
4 Langues
Ce camp a des interprètes pour l'anglais, l'espagnol et l'italien.

B. Camp de jeunes : vivre avec les engagés de la communauté de l'Arche

Si vous avez entre 18 et 25 ans et si vous désirez vivre une expérience de vie communautaire, ce camp d'une semaine est pour vous.
Vous pourrez, au quotidien, vous immerger dans les valeurs de la non-violence (vie simple, partage, accueil de l'autre, service, recherche spirituelle, etc.) grâce à l'organisation de rencontres, d'échanges, de travail ensemble et de partage en groupe.
Le matin, vous participerez à des débats, tandis que l'après-midi, vous participerez à divers travaux (service d'accueil, chantiers etc.).

Section 4 Les Justes

Activité 1 : vous venez d'entendre, sur une radio française, qu'un Français ayant reçu la distinction de « Juste » venait de décéder. Vous interrogez Pierre sur ce terme ; votre ami francophone vous donne alors le document ci-dessous. Utilisez le vocabulaire de ce texte afin de traduire en français les 6 phrases suivantes.

Un geste tardif : les Justes de France entrent enfin au Panthéon (jeudi 18 janvier 2007)

Le 18 janvier 2007, la France a honoré ses 2 725 Justes par une cérémonie présidée par le chef de l'État et Mme Simone Veil. Ils ont inauguré une plaque soulignant l'extrême courage de ces Justes dans la crypte du Panthéon, à Paris. Rappelons ici que seuls 240 Justes sont encore de ce monde. Il était donc temps que la France rende cet hommage à ces personnes qui, au péril de leur vie, **ont caché** et ainsi sauvé des Juifs **pendant** la deuxième guerre mondiale. Soulignons aussi, car c'est exceptionnel, que ce titre honorifique de « Justes de France » a été décerné à un village entier, celui du Chambon-sur-Lignon, en Haute-Loire. C'est à la demande des Juifs à qui ils **avaient ouvert** leur porte **pendant** la guerre que ces hommes et femmes français avaient initialement reçu, en 1990, le titre de « Justes parmi les nations » décerné par Israël.

M. Chirac et Mme Veil ont rendu hommage aux héros français, anonymes ou célèbres, qui **ont fait** preuve de tant de bravoure **pendant** les années d'Occupation. Ils les ont remerciés pour leur « magnifique réponse » à la barbarie et ont évoqué la « lumière » que symbolisent ces Français. Ils ont inauguré une plaque célébrant les Justes sur laquelle on peut lire que ces derniers, « bravant les risques encourus, ont incarné l'honneur de la France, ses valeurs de justice, de tolérance et d'humanité ».

Aux côtés de Simone Veil et de Jacques Chirac, on a pu voir les membres du gouvernement, les principales autorités religieuses du pays, d'anciens Premiers ministres (Lionel Jospin, Jean-Pierre Raffarin, Laurent Fabius), le cinéaste Roman Polanski et le prix Nobel Elie Wiesel. Des Justes et leurs descendants étaient également présents dans l'assistance.

Glossaire

1. **Le Panthéon :** situé au sommet de la montagne Sainte-Geneviève, ce monument parisien de style néo-classique contient, dans sa crypte, les tombeaux de personnages illustres comme Victor Hugo, Émile Zola, Voltaire, Marie Curie, etc.
2. **Jacques Chirac :** homme politique de droite, président de la République Française de 1995 à 2007.
3. **Simone Veil :** de nationalité française, ancienne ministre et présidente de la Fondation pour la mémoire de la Shoah, elle avait été déportée, avec sa mère et sa sœur, au camp d'Auschwitz, en Pologne.
4. **Elie Wiesel :** né en Roumanie, cet écrivain a, dans sa jeunesse, connu les camps d'Auschwitz et de Buchenwald ; en 1986, il a reçu le prix Nobel de la Paix.
5. **Roman Polanski :** né de parents polonais, ce cinéaste a de peu, dans sa jeunesse, échappé aux camps de concentration nazis.
6. **La Haute-Loire :** département français faisant partie de l'Auvergne – région d'où vient l'eau minérale naturelle de Volvic.

1 The villagers risked their lives to save Jews.

2 All these people embody the honour of France, its values of justice, tolerance and humanity.

3 Apart from the Head of State, 3 former prime ministers also paid tribute to more than 2000 people.

4 At the end of the ceremony, they will unveil a plaque reminding their audience that the Righteous embody the light.

5 President Chirac led a long overdue ceremony for the French heroes who are still alive.

6 Israel awarded the title of "Righteous among the nations" to the whole village in 1990.

  **Activité 2 : révisez, si nécessaire, la signification et l'emploi de « pendant » et de « pour », puis, à l'aide du vocabulaire de ce chapitre, traduisez en français les 9 phrases suivantes.**

1. The whole village hid many Jewish children for several months.
2. They will play the scarf game in the playground for 15 minutes.
3. Their offspring listened to President Chirac for 10 minutes.
4. She worked as a volunteer for the Association of Parents of Young Victims of Strangulation for seven years.
5. She will stay with each hazing victim for 10 minutes.
6. They saved many Jews during the war.
7. They worked for 2 hours on a summary of the practice of the scarf game by children aged 10–15.
8. Her principal is going to expel James and his 2 friends for 2 weeks.
9. All the freshers sleep for 2 hours then they must walk for 3 hours.

Zoom sur ...
« pendant » ou « pour » ?

présent/ passé composé / futur + pendant
J'**attends** tous les jours **pendant** 1 heure. I **wait for** 1 hour every day. J'**ai attendu pendant** 1 heure. I **waited for** 1 hour. J'**attendrai pendant** 1 heure au maximum, puis je partirai. I **will wait for** 1 hour maximum then I will go.
(idée du) futur + pour
Elle **restera** en Angleterre **pour** 3 mois. She **will stay** in England **for** 3 months. Elle **va** rester en Angleterre **pour** 3 mois. She **is going** to stay in England **for** 3 months.

  **Activité 3 : Pierre a sauvegardé pour vous une émission podcastée (de 3′21″ minutes) sur les « Justes de France ». Il vous en donne la transcription ci-dessous en vous expliquant que, pour tester vos connaissances des terminaisons verbales en français, il a effacé presque tous les verbes. À vous de relever ce défi !**

Allocution de M. Jacques Chirac, Président de la République, à l'occasion de la cérémonie nationale en l'honneur des Justes de France. Panthéon – Paris, le jeudi 18 janvier 2007

[...]
Dans ce cauchemar éveillé que les Juifs ______ depuis 1940, la France, leur France, à laquelle ils ______ si intensément, ______. Dans les profondeurs du pays, une lueur d'espoir ______. Elle est fragile, vacillante. Mais elle existe.
Il y a cette secrétaire de mairie qui ______ des papiers à des familles juives, et ______ les habitants du village de partager leurs tickets d'alimentation : le courage d'une seule personne ______ la générosité de tous. Il y a ce couple d'hôteliers qui ______ sur le pas de sa porte un homme échappé d'une rafle, affamé et épuisé : ils ______ pendant deux de ces années terribles. Il y a ce boulanger qui ______ un adolescent arrêté et ______ la direction de son école : prévenu, un officier de gendarmerie, membre de la Résistance, ______ le jeune homme. Grâce à cette chaîne humaine de solidarité et de courage, une vie est sauvée. Il y a ce professeur de latin qui, jusqu'au bout, ______ l'élève qu'il ______ au concours général. Il y a cette concierge qui ______ le crissement des freins des camions allemands, et ______ le tour très rapidement des occupants juifs de son immeuble pour leur dire surtout de rester silencieux derrière leurs portes closes, et les ______ ainsi de la déportation. Il y a le pasteur Trocmé, qui ______ avec lui, dans l'accueil de centaines de Juifs en fuite, tout un village, tout un plateau de Haute-Loire : Le Chambon-sur-Lignon, dont le nom ______ aujourd'hui, et pour toujours, dans nos cœurs. Il y a ces sœurs qui ______, dans leurs couvents, dans leurs pensionnats, des enfants juifs. Il y a ces curés savoyards, devenus par la force des choses passeurs professionnels, qui ______ les réfugiés de l'autre côté de la frontière. Il y a ce général commandant une région militaire qui ______ sa troupe pour surveiller l'embarquement de déportés, ce qui lui ______ une révocation immédiate. Il y a tous ces paysans [...] qui ______, ______ et ______ de si nombreux enfants.
Il y en a tant et tant d'autres, dans toutes les classes

sociales, dans toutes les professions, de toutes les convictions. Des milliers de Françaises et de Français, qui sans s'interroger, _______ le choix du bien. Quel courage, quelle grandeur d'âme il leur ________! Tous _______ les risques encourus : l'irruption brutale de la Gestapo. L'interrogatoire. La torture. Parfois même, la déportation et la mort.
Certains furent reconnus Justes parmi les nations. D'autres _______ anonymes, soit qu'ils aient laissé leur vie en aidant l'autre, soit que, dans leur modestie, ils n'aient même pas songé à faire valoir leurs actes.
[...]

Site de la Présidence de la République
http://www.elysee.fr/elysee/elysee.fr/francais_archives/interventions/discours_et_declarations/2007/janvier/allocution_a_l_occasion_de_la_ceremonie_nationale_en_1_honneur_des_justes_de_france.70488.html

Glossaire

1. **La Résistance :** ce sont des personnes qui, pendant la seconde guerre mondiale, ont refusé la défaite de la France, l'Occupation allemande, le régime de Vichy et la collaboration ; elles étaient contre la répression et les mesures antisémites. Elles ont combattu pour libérer la France.
   Du 10 juillet 1940 au mois d'août 1944, le « gouvernement de Vichy » dirige la zone non occupée par les Allemands, la « zone libre », avec, à sa tête, le Maréchal Pétain. Ce gouvernement promulgue des lois « portant statut des juifs » en octobre 1940 et juin 1941 : l'accès aux emplois dans les administrations publiques leur est désormais interdit.
2. **La Gestapo :** ce terme vient de la contraction de l'allemand « Geheime Staatspolizei ». Cette « police secrète d'État » créée en 1933 deviendra un instrument de répression au service du régime d'Hitler.

Activité En Plus : le texte ci-dessus vous a permis de découvrir ce que des gens dits ordinaires ont fait afin de sauver la vie d'autres personnes ; le texte ci-dessous est, lui, un bref portrait du Chambon-sur-Lignon. Dans ce contexte, comment comprenez-vous la phrase, soulignée dans le document suivant, « il faut obéir à Dieu plutôt qu'aux hommes » ? Peut-il y avoir conflit entre la loi et la foi ?

En 1990, dans sa chanson intitulée « Né en 17 à Leindenstadt », le chanteur français Jean-Jacques Goldman demandait « Serions-nous de ceux qui résistent ou bien les moutons d'un troupeau ? » et il espérait « qu'on nous épargne à toi et moi si possible très longtemps d'avoir à choisir un camp ». Comment comprenez-vous les paroles de cette chanson ?

L'histoire du Chambon-sur-Lignon

Des milliers d'enfants juifs ont trouvé refuge au sein de la population du « Plateau », cette terre protestante située aux confins de l'Ardèche et de la Haute-Loire. Ce sauvetage n'est rien moins que le plus important sauvetage collectif de Juifs dans l'Hexagone.

Dès l'automne 1940, <u>le pasteur du Chambon-sur-Lignon, André Trocmé et le co-pasteur, Edouard Theis (que suivent les pasteurs des 12 autres paroisses de la région) demandent à leurs ouailles d'« obéir à Dieu plutôt qu'aux hommes »</u>, avant de les exhorter à ne pas fermer leur porte aux persécutés du régime nazi. Se rappelant les persécutions dont leurs propres ancêtres avaient été victimes, et perpétuant la tradition d'accueil de la région, la population locale a tout de suite répondu « présente » à l'appel.

En 1990, pour marquer sa reconnaissance, le gouvernement israélien a octroyé le titre de « Justes parmi les nations » à l'ensemble des habitants du Chambon. Une stèle en leur honneur a même été érigée en Israël, au mémorial de Yad Vashem.

Activité 4 : à votre ordinateur !

1 Faites les exercices en ligne n°s 19 et 20 portant sur les sections 3 et 4 de ce chapitre.

2 Un film de fiction, basé sur l'action des habitants du Chambon-sur-Lignon pendant la deuxième guerre mondiale, est sorti en France en 1994. Faites des recherches approfondies sur l'Internet afin de savoir quel est le nom de ce film, quelle histoire il raconte, quels prix il a reçus, etc. Faites également des recherches sur le roman de Carol Matas, sorti en France en 1999, qui, lui aussi, est inspiré de l'histoire du Chambon-sur-Lignon. Vous ferez un exposé oral en français de 3-4 minutes et vous utiliserez PowerPoint. Sur votre première page, vous présenterez votre plan structuré et détaillé en français.

Entreprendre à la française

	Section 1 ***Cyril Lignac : « Le Quinzième, Cuisine attitude »***	Section 2 ***Daniel Belle et Sébastien Foucan : le « parkour »***	Section 3 ***Accessibilité numérique et emploi saisonnier***	Section 4 ***« La Redoute » et « Idéo »***
Savoirs civilisationnels	- les émissions « Oui, Chef ! » et « Vive la cantine ! » sur M6 - la malbouffe	- l'historique et le développement de « l'art du mouvement » - le « haïkaï »	- l'accessibilité numérique	- le commerce équitable - le tourisme responsable
Savoir-faire fonctionnels		- commander par téléphone	- écrire une lettre de motivation	
Savoir-faire notionnels				**Grammaire :** - plus ... plus ; de plus en plus de (p. 102)
Activités de compréhension auditive	n° 5 (p. 92)	n° 4 (p. 94)		n° 1 (p. 100) n° 4 (p. 102)
Activités de compréhension écrite	n° 1 (p. 90) n° 2 (p. 91)	n° 1 (p. 93)	n° 1 (p. 96) n° 3 (p. 97) n° 5 (p. 98)	n° 2 (p. 100) n° 3 (p. 101)
Activités de production écrite	n° 3 (p. 91) En Plus (p. 92)	n° 2 (p. 93) En Plus (p. 95)	n° 4 (p. 98)	En Plus (p. 104)
Activités de production orale	n° 4 (p. 92)	n° 3 (p. 94) n° 5 (p. 95)	n° 2 (p. 97) En Plus (p. 99)	n° 5 (p. 103) n° 6 (p. 104) n° 7 (p. 104)

CHAPITRE SIX

Section 1 Cyril Lignac : « Le Quinzième, Cuisine attitude »

Activité 1 : vous mangez avec vos colocataires francophones tout en regardant la télévision. Une publicité de Jamie Oliver pour les poêles Tefal est en train de passer – d'où votre interrogation : « Y a-t-il un jeune chef français aussi populaire et médiatisé que Jamie Oliver ? » Vos colocataires sont unanimes : Cyril Lignac est le Jamie Oliver, version française. À vous d'utiliser le texte ci-dessous afin de

1 retrouver dans le document les mots et groupes de mots pour lesquels Pierre vous propose les expressions synonymes ci-dessous et
2 trouver des synonymes aux mots tirés du texte – ces mots étant listés dans leur ordre d'apparition.

mots tirés du texte	synonymes
1.	a) faire face aux difficultés, ne pas essayer d'éviter les difficultés
2.	b) l'alimentation trop riche en graisses, mal équilibrée
3.	c) un moment où l'audience d'une émission à la télévision ou à la radio est la plus élevée
4.	d) être vu, remarqué
5. ne pas mâcher ses mots	e)
6.	f) montrer que l'on est réticent à faire quelque chose
7.	g) un cuisinier (en langage familier)
8. une frimousse	h)
9.	i) hésiter, ne pas agir immédiatement
10. faire tache d'huile	j)
11.	k) une personne travaillant dans une cuisine sous les ordres d'un chef
12.	l) une star
13.	m) des efforts seront indispensables pour réussir
14.	n) une machine vendant des boissons ou des barres de chocolat, etc.
15.	o) l'un des 5 sens humains, dont la bouche est le principal instrument
16. l'agroalimentaire	p)
17. grignoter	q)
18. faute de quoi	r)
19.	s) pouvant, comme l'indique la loi, recevoir une punition
20. être de vains mots	t)

Cyril Lignac, le Jamie Oliver, version française

Personne ne peut accuser Jamie Oliver de ne pas prendre le taureau par les cornes ! En effet, en 2005, le célèbre chef britannique n'a pas hésité à relever un nouveau défi : dénoncer la malbouffe dans les cantines scolaires en Angleterre. Sa série d'émissions de télé-réalité intitulée « Jamie's School Dinners » n'est pas passée inaperçue !

Programmé à une heure de grande écoute, le jeune chef, qui ne mâche jamais ses mots, a non seulement suivi l'élaboration des repas mais, surtout, il n'a pas rechigné à aller jusqu'à goûter lui-même les plats proposés aux écoliers.

Son verdict ? Des repas mal équilibrés, qui ne contiennent que peu de légumes et qui n'apportent qu'une faible valeur nutritionnelle. Alors, comme rien ne semble arrêter ce cuistot dynamique à la frimousse adolescente, celui-ci a présenté une pétition au gouvernement travailliste de Monsieur Blair – qui n'a pas tergiversé et qui a immédiatement débloqué un budget conséquent. L'objectif ? Ne servir frites et autres aliments frits que deux fois par semaine, ne pas proposer de boissons gazeuses et ne plus servir de viandes reconstituées.

Cette petite révolution dans le monde de la restauration scolaire a fait tache d'huile en France. En 2005, Cyril Lignac était le jeune chef choisi pour l'émission *Oui, Chef !* sur M6 – l'équivalent de *Jamie's Kitchen* (qui a permis à des jeunes qui n'avaient aucune expérience culinaire de devenir commis cuisiniers). En 2006, ce cuisinier vedette, beau gosse et plein d'enthousiasme, fait, comme Jamie Oliver, un docu-réalité télévisé intitulé *Vive la cantine !* Son but : Être « le porte-parole du bien-manger »,[1] changer les habitudes alimentaires des enfants et les habitudes culinaires des cantiniers et cantinières. Ambitieux projet s'il en est. La partie n'est manifestement pas gagnée d'avance !

Rappelons cependant que, depuis le 1er septembre 2005, les écoles françaises n'ont plus le droit d'avoir de distributeur de boissons (souvent sucrées et gazeuses) et de produits alimentaires manufacturés (souvent riches en graisses, en sucres cachés ou en sel). Par contre, elles doivent posséder une fontaine d'eau réfrigérée. Dans le cadre de son Programme National Nutrition Santé (PNNS) et dans le but de prévenir l'obésité juvénile, le gouvernement français a également lancé des « semaines du goût » et des dégustations éducatives dans les établissements scolaires.

Soulignons que les industriels de l'agroalimentaire n'ont pas été oubliés par la politique de santé publique du gouvernement français : leurs messages publicitaires doivent promouvoir de meilleures habitudes sanitaires (« Pour votre santé, pratiquez une activité physique régulière » ; « Pour votre santé, évitez de manger trop gras, trop sucré, trop salé » ; « Pour votre santé, évitez de grignoter entre les repas ») – faute de quoi, ils sont passibles d'une amende. Éducation nutritionnelle et qualité nutritionnelle de l'offre alimentaire dans la restauration publique en France ne sont désormais plus de vains mots.

1 Aude Soufi, Cyril Lignac : le chef de M6 s'attaque aux cantines, *Studyrama*, 19 septembre 2006, **http://studyrama.toutelatele.com/parten-1.php3?id_article=5978**

Glossaire

1. **Anthony Blair (dit « Tony » Blair) :** Premier ministre britannique, de 1997 à 2007, il a lancé ce qu'il a appelé la « nouvelle gauche » (« New Labour »).
2. **M6 :** c'est une chaîne de télévision française privée.

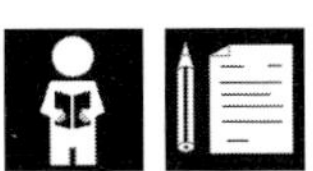

Activité 2 : voici 6 questions de compréhension sur le texte « Cyril Lignac, le Jamie Oliver, version française » qu'a préparées votre ami Pierre. Vous allez y répondre en français. Il n'est pas nécessaire de faire des phrases entières.

Questions

1. Quels sont les 2 faits qui prouvent que l'action de Jamie Oliver a été une réussite ?
2. Quels sont les 2 faits prouvant que Jamie Oliver est intègre et qu'il s'investit totalement dans ce qu'il fait ?
3. Suite à l'action de ce chef anglais, qu'est-ce que l'on ne trouvera plus dans les cantines anglaises ?
4. Quel est le concept de l'émission *Oui, Chef !* ?
5. Pour quelles raisons les distributeurs de boissons ont-ils été bannis des écoles françaises ?
6. Que doit faire l'industrie agroalimentaire pour respecter la loi ?

Activité 3 : utilisez le vocabulaire du texte ci-dessus, révisez si nécessaire les adverbes de négation (chapitre 2, section 1, p. 23), puis traduisez en français les 6 phrases ci-dessous.

1. School meals in England are not balanced at all.
2. Pupils can no longer have fizzy drinks; they can only eat chips twice a week.
3. These two families never eat vegetables; nothing has changed.
4. I haven't used the new drinking fountains yet.
5. Deep-fried items have never been on the menu at my school.
6. Nobody is saying that vending machines are going to change eating habits straight away.

Activité 4 : selon vous, l'introduction de repas équilibrés dans les écoles peut-elle être un succès ? Quelles sont, à votre avis, les réticences possibles (des enfants, des parents, des cantiniers, etc.) ? Êtes-vous pour ou contre les distributeurs de boissons sucrées ou gazeuses, de chocolats et de bonbons dans les écoles ? Pour quelles raisons ?

Activité 5 : Pierre a téléchargé pour vous un document sonore (de 3′34″ minutes) sur Cyril Lignac et l'émission *Oui, Chef !*. Écoutez-le attentivement et répondez en anglais aux 7 questions ci-dessous – posées dans l'ordre du texte. Il n'est pas nécessaire de faire des phrases entières.

Questions

1. What is Cyril Lignac's main ambition?
2. What does he need to do to make his dream come true? (4 items)
3. What is the English translation of the sentence that shows that Cyril Lignac's project is risky?
4. What is the English translation of the sentence that shows that, for a long time, this French chef did not feel a calling for anything?
5. Why can he empathise with the unemployed youngsters he wants to train?
6. What does he want to convey to them? (2 items)
7. What is M6 going to film?

Activité En Plus : les publicités sur les produits alimentaires ne manquent pas en France. Il y a quelques années, la marque Canderel a sorti une publicité pour son nouveau produit « Canderel Pocket », dont l'accroche était « Vends pèse-personne pour cause mutation. » Cette accroche figurait en haut d'une image un peu similaire à celle présentée ici.

L'accroche n'est-elle pas, en général, utilisée dans un autre contexte ? Lequel ? Le mot « mutation » n'a-t-il pas 2 significations ? Lesquelles ? Utilisez les « Expressions utiles pour analyser des publicités en français » (voir appendice 2) afin d'expliquer, en français, comment fonctionne cette publicité.

Section 2 Daniel Belle et Sébastien Foucan : le « parkour »

Activité 1 : au cours de l'une de vos discussions avec Samira, vous découvrez qu'elle a, depuis peu, découvert le « parkour », une discipline créée par les Français David Belle et Sébastien Foucan. Désormais, elle est devenue une véritable fan. Votre curiosité étant aiguisée, Samira fait des recherches rapides sur l'Internet et vous donne le texte suivant (de 490 mots). Pour tester l'anglais de votre amie, résumez ce texte en 220-245 mots dans la langue de Shakespeare. Votre première partie dressera le portrait de David Belle ; la seconde portera sur l'objectif principal du « parkour » (et le côté sportif/physique tout comme l'aspect psychologique de cette discipline) ; la troisième portera sur la popularisation de cet art et la quatrième dressera un bref profil de Sébastien Foucan.

Le Parkour : entre sport extrême et dépassement de soi (2006)

En France, à la fin des années 80, David Belle est un adolescent en pleine quête identitaire. Il a été élevé par son grand-père et il pense que les souvenirs qu'il garde de son père, militaire et sportif, l'aideront à se forger sa propre identité. Le résultat de cette quête d'identité porte désormais un nom : le Parkour.

David, qui a reçu une formation de gymnaste, préfère l'extérieur pour s'entraîner. À ses yeux, le sport doit nécessairement avoir une utilité pratique ; savoir, par exemple, comment aller à tel ou tel endroit pour effectuer une mission de sauvetage, et ce, sans avoir à s'arrêter en route à cause d'un obstacle. Pour David, les obstacles n'en sont plus ; quand il veut aller d'un point A à un point B, il saute, il court, il grimpe, il franchit les obstacles, il contourne les écueils, il se surpasse, il donne le meilleur de lui-même, il ne regarde jamais en arrière, il parvient à vaincre ses peurs. C'est une nouvelle logique du déplacement. Tout cela devient une véritable obsession pour David, que ce soit dans le sport ou dans sa vie. Sans le vouloir, c'est une nouvelle philosophie de la vie qu'a créée David Belle. Dans la rue tout comme dans la vie, on est fréquemment bloqué par diverses épreuves. Le Parkour, c'est vouloir être libre, c'est vouloir se libérer de ses craintes et dépasser les limites mentales et physiques qu'on a tendance à s'imposer.

Au fil des années, David Belle va enseigner son art du mouvement à divers jeunes qui comprendront cette nouvelle discipline et adopteront la philosophie qui s'y rattache. Sébastien Foucan sera l'un d'eux ; il aidera David Belle à mettre au point diverses techniques grâce auxquelles le Parkour est devenu un art à part entière.

Le monde du spectacle, depuis quelques années, a médiatisé le Parkour (grâce à quelques publicités et quelques vidéoclips). Mais c'est la sortie, en 2001, du film *Yamakasi* qui a réellement popularisé le Parkour dans le monde entier. Préférant continuer à se perfectionner, David Belle ne participe pas au film ; par contre, il joue, en 2004, le rôle principal dans le film *Banlieue 13*.

Au fil des ans, l'Internet a facilité la formation, dans le monde entier, de petits groupes qui s'échangent différentes techniques mais qui ont en commun le goût de la liberté absolue, le désir de ne plus avoir de limites, le refus des ordres, des contraintes, et de la discipline imposée. Les adeptes du Parkour sont des « briseurs de conventions ».

En ce qui concerne Sébastien Foucan, en 2006, il lui-même a joué le rôle du méchant, Mollaka, dans le dernier James Bond en date, *Casino Royale*, et ce, aux côtés de l'acteur anglais Daniel Craig. Cependant, c'est à cet art de vivre et du déplacement qu'est le Parkour que revient véritablement le premier rôle.

Activité 2 : utilisez maintenant le texte précédent (et le vocabulaire rencontré dans les chapitres précédents) pour traduire en français les 7 phrases suivantes.

1 They use their bodies to run, climb and jump.
2 They must overcome obstacles and get over their fears.
3 He starred in the 2004 film *Banlieue 13*.
4 For David Belle and Sébastien Foucan, the urban environment is a playground where they gradually developed a new way of moving efficiently.
5 Their philosophy is that urban obstacles are no longer barriers.
6 Parkour is an art in its own right; it's about surpassing oneself and finding a happy medium.

7 Parkour is a way of life; it has spread throughout the world, mainly through videos on the Internet and adverts.

 **Activité 3 : voici l'extrait d'un forum en anglais sur le « parkour », les qualités requises, les valeurs enseignées et les compétences développées. Quelles sont-elles, en français ? À votre avis, y en a-t-il d'autres ? Lesquelles ? (Vous pouvez vous aider de la section 4 du chapitre 2, p. 33.) Quelles sont celles que les adeptes du Parkour et les étudiants doivent impérativement développer ?**

From : **Parkourfan** 	Parkour is about being able to face the obstacles with which you are presented, whether they are in the natural or in the urban environment. « Traceurs » are looking for movements combining effectiveness and control. But it's much more than a sport. For me, it's a way of life; I would say that it's the way to « find yourself ». You learn how to know and control your own body. You become stronger, and learn how to overcome physical as well as mental obstacles. With parkour, of course you develop physical fitness and coordination but it also teaches you willpower, motivation, determination, endurance, strength, agility, and courage. It requires a lot of self-discipline too. In a nutshell, it's about overcoming life's obstacles, facing your own fears and you can apply all that to everything else in your life.

  **Activité 4 : l'anniversaire de Samira approche. Vos 3 amis francophones et vous avez décidé de lui acheter un tee-shirt de « parkour », vendu par « Parkourons Shop », à Paris. Bianca place la commande par téléphone. Écoutez attentivement cette conversation (de 2′47″ minutes) afin de pouvoir remplacer les groupes de mots en anglais par leur traduction française.**

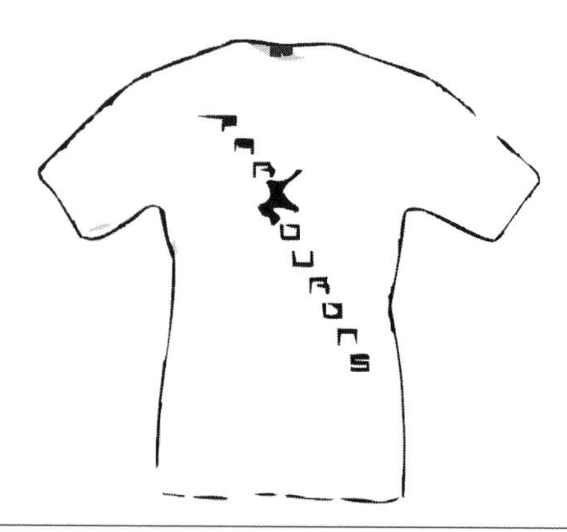

- Allô, Parkourons Shop, **how may I help** ?
- Allô, oui bonjour. Je vous téléphone parce que **I would like to order** un tee-shirt « Parkour ».
- Oui, très bien. Modèle référence TN/2008 ou TB/2009 ?
- **I'm sorry**, je **haven't written down** le numéro de référence. C'est un tee-shirt blanc.
- Bien, donc c'est le modèle TB/2009.
- Et, vous le voulez **in what size** ? 38, 40, 42, 44 ? Plus grand ?
- Non, non. En 40 s'il vous plaît.
- Très bien. Je **would like to point out** qu'en ce moment, nous avons une offre promotionnelle sur ces tee-shirts. Si vous en achetez 2, vous **are entitled to** une réduction de 50 % sur le deuxième.
- **A discount** de 50 % ?! C'est très intéressant mais, le **normal unit price** est bien de 20 euros ?
- Oui, tout à fait. Le deuxième article **would only cost you** 10 euros, donc le **total amount would come to** 30 euros seulement. Bien sûr, ces prix sont TTC, ils **include VAT** mais, par contre, les **delivery is extra**.
- Je comprends. Et la livraison coûte combien ?
- Alors, pour les envois vers les pays de l'Union Européenne, pour 2 tee-shirts, vous **will have to add** 12 euros 20. Les frais de port **depend on the weight** de la commande.
- Je vois, donc, le tout ferait 42 euros 20 et… quels sont les **delivery times** ?
- Alors, pour les pays de l'Union Européenne, il faut compter de 8 à 10 jours. Les articles sont envoyés par la poste, par Colissimo Europe et remis contre signature.
- Ils sont donc expédiés par **recorded parcels** ?
- C'est exact. Je **have just checked** nos stocks et les articles que vous désirez, c'est-à-dire 2 tee-shirts « Parkour » taille 40, **are available**. Les conditions générales de **sale** seront dans le colis. Vous désirez **place your order** maintenant ?
- Absolument ! Je **can pay** avec ma carte bancaire Visa ?
- Tout à fait. D'ailleurs, c'est la seule **method of payment** acceptée pour les commandes hors France métropolitaine. Je **must inform you** que, si vous aviez appelé avant 16h, votre colis serait parti dès la validation du centre de télépaiement. Là, **it will only leave** demain matin à 6h.
- Tant pis, ce n'est pas grave.

Activité En Plus : vous avez, dans les sections précédentes, analysé plusieurs publicités. À votre tour d'en créer une, sur la base de l'image ci-dessous, pour inciter les gens à venir voir (ou essayer de pratiquer) cet art du mouvement qui est aussi une véritable philosophie de la vie. Rappelez-vous que rimes, jeux de mots, lexies figées défigées, etc. (voir « Expressions utiles pour analyser des publicités en français », appendice 2) constituent les clés indispensables d'une publicité accrocheuse.

Activité 5 : à votre ordinateur !

1 Faites les exercices en ligne nos 21 et 22 portant sur les sections 1 et 2 de ce chapitre.

2 Pour l'anniversaire de Samira, Pierre, Bianca, Colline et vous avez aussi décidé de lui offrir un billet de train aller-retour afin qu'elle puisse assister à une émission de télévision en direct de la BBC consacrée au « parkour » et à Sébastien Foucan. Vous avez aussi décidé de créer votre propre carte d'anniversaire en utilisant l'image ci-dessous. Plutôt que d'écrire quelques lignes banales, vous décidez d'écrire un haïku (ou haïkaï) chacun. Un haïkaï est un poème d'origine japonaise devant comporter 3 lignes (5 syllabes + 7 syllabes + 5 syllabes). Le fait que Samira adore le « parkour » et Sébastien Foucan devrait aiguiller vos recherches sur l'Internet. Vous présenterez vos 4 poèmes en français, oralement et vous utiliserez PowerPoint.

CHAPITRE SIX

Section 3 Accessibilité numérique et emploi saisonnier

Activité 1 : le mois de janvier étant la période idéale pour se mettre à la recherche d'un travail pour l'été, vous allez, sur les conseils de vos amis francophones, sur le site du magazine *L'Étudiant*. Vous découvrez que la SNCF et la Poste sont parmi les « top recruteurs » et que leurs sites Web (SNCF TER et La Poste Courrier International) affichent le logo du label AccessiWeb (http://www.accessiweb.org/fr/Label_Accessibilite/)

Ce label constitue, en France, une garantie d'accessibilité numérique. Lisez les 2 textes ci-dessous et résumez en quelques phrases, en anglais, les raisons pour lesquelles les responsables de sites Internet devraient faire de l'accessibilité numérique l'une de leurs priorités.

Texte 1

Accessibilité (2003)

Le président du W3C1, Tim Berners-Lee, explique que l'accessibilité consiste à ce que toute personne, quel que soit son matériel ou son logiciel, quelle que soit l'infrastructure de son réseau, quelle que soit sa langue maternelle ou sa culture ou sa localisation géographique et quelles que soient ses aptitudes physiques ou mentales, puisse avoir accès à la Toile et à tous les services qu'elle propose.

Dans le domaine de l'accessibilité, on peut distinguer 4 éléments:

- l'augmentation de la productivité
- le vecteur de communication moderne
- l'augmentation des parts de marchés
- le contexte légal

Ainsi, selon le rapport Blanc 2 de 2002, il y aurait entre 260 000 et 23 000 000 de personnes plus ou moins handicapées en France (ces handicaps allant de la myopie à la cécité, et du trouble auditif à la surdité). Bref, on ne peut donc pas ignorer que cette tranche de la population a, elle aussi, des besoins classiques. Ce peuvent être des besoins de consommation courante (comme, par exemple, acheter des produits culturels), mais aussi des besoins de service public (comme, par exemple, remplir sa déclaration d'impôts). En outre, n'oublions pas les effets du papy-boom et de l'allongement de l'espérance de vie ! Les seniors vont être de plus en plus nombreux. Conclusion ? Le marché de l'accessibilité, traduit en termes économiques, va voir sa part s'accroître.

En ce qui concerne le côté contexte légal, en février 2005, la France a adopté une loi sur l'accessibilité numérique. Son article 47 stipule que « les services de communication publique en ligne des services de l'État, des collectivités territoriales et des établissements publics qui en dépendent doivent être accessibles aux personnes handicapées ».

Texte 2

Accessibilité (2004)

Actuellement, nombreux sont, sur la Toile, les sites et les outils qui, à cause de leur mauvaise conception, sont très difficilement accessibles, voire inaccessibles à un grand nombre d'internautes.

La Toile est une ressource de plus en plus importante ; le gouvernement, l'éducation, le commerce, l'emploi, la santé, etc., tous les secteurs sont concernés. Un site Internet accessible est un site accessible à tous les internautes, même ceux qui doivent utiliser un navigateur spécialisé. Lorsqu'un site, ou un outil, est accessible à tous sur la Toile, tout internaute peut alors, non seulement accéder à une quantité illimitée d'informations, mais également apporter sa propre contribution à tel ou tel site. Il est bon de souligner que l'accessibilité sur la Toile profite également aux internautes ne présentant aucune incapacité, car leur navigation sera, pour eux aussi, facilitée – ce qu'ils ne manqueront pas d'apprécier.

Dès lors, un responsable de site Internet a tout à gagner à améliorer l'accessibilité de ses pages. Ses visiteurs seront plus nombreux. En effet, ces responsables, notamment ceux de sites marchands et de commerce en ligne, ne peuvent se permettre d'ignorer que, selon plusieurs études, au-delà d'un certain temps d'affichage (estimé à 4 secondes), les internautes ferment la fenêtre qu'ils tentaient de visionner.

Par ailleurs, l'accessibilité va devenir une obligation légale dans le secteur public. La loi de 2005 sur l'égalité des droits et des chances stipule en effet que d'ici la mi-2007, « tous les sites publics ou assimilés » devront respecter un standard minimum d'accessibilité, établi par l'association Braillenet et la Direction Générale de la Modernisation de l'État (DGME), seules autorisées à délivrer le label AccessiWeb.

Activité 2 : un autre recruteur, la marque de cosmétique végétale Yves Rocher, a également attiré votre attention. Depuis plusieurs années maintenant, en partenariat avec l'association HandiCaPZéro, cette compagnie publie son catalogue de conseils et de produits de beauté en braille et, depuis peu, elle propose même la version audio de ce catalogue. Réfléchissez aux difficultés rencontrées par une personne non-voyante étudiant le français dans votre université. Quels changements apporteriez-vous afin que vos camarades linguistes non-voyants ne soient pas exclus de certaines activités ? Faites une liste en français.

Activité 3 : vos recherches ont été fructueuses. Vous avez trouvé l'offre d'emploi suivante et décidé de postuler. Recomposez la lettre de candidature ci-dessous en indiquant, dans le tableau, quel groupe de mots devrait se trouver dans l'espace numéroté 1, 2, 3, etc.

Agent d'accueil et d'orientation en gare SNCF

- Type d'offre : job étudiant
- Date : 5 janvier
- Date d'expiration de l'offre : 20 février
- Durée de l'emploi : du 28 juin au 1er septembre
- Référence : Help63
- Recruteur : gare SNCF Clermont-Ferrand

Mission :
Accueil, orientation des voyageurs et prise en charge des groupes en gare (notamment pendant les « grandes vacances »).
Renseignements et aide au portage des bagages.

Profil du candidat :
Aucune expérience requise.
Qualités indispensables : sens de l'accueil, du contact, de la communication, dynamisme et excellente présentation. Bonne condition physique (portage des bagages, poste en station debout).
Langues : bonne élocution en français ; maîtrise de l'anglais essentielle, autre(s) langue(s) parlée(s) bienvenue(s).

Martin Snow
29, Boughton Green
Leek
ST13 5DL
Angleterre

Gare SNCF
Service recrutement
46, avenue de l'Union Soviétique
63000 Clermont-Ferrand
France

Objet : offre d'emploi Help63
PJ : CV

Leek, le 10 janvier 2009

Madame, Monsieur,

(1) ________ car, de nationalité anglaise, je suis actuellement (2) ________ et j'habite (3) ________. D'autre part, je fais régulièrement du sport.

L'été dernier, (4) ________, ce qui m'a permis de (5) ________. Soucieux de me perfectionner, je (6) ____ et mon désir le plus cher est de (7) ________.

Veuillez trouver ci-joint mon CV.

Dans l'espoir que (8) ________, je vous prie d'agréer, Madame, Monsieur, l'expression de mes sentiments les plus distingués.

Martin Snow
Martin Snow

espace n°	
	a) sais m'adapter
	b) vous examinerez favorablement ma candidature
	c) en première année de licence de français
	d) développer mon sens du relationnel, de l'organisation et des responsabilités.
	e) depuis la rentrée avec 4 étudiants francophones.
	f) j'ai travaillé pendant 2 mois dans un magasin en Angleterre
	g) Je suis particulièrement intéressé par votre offre
	h) pouvoir travailler, une fois diplômé, dans un pays francophone.

CHAPITRE SIX

Activité 4 : Bianca a trouvé la petite annonce ci-dessous et vous conseille de postuler – ce que vous faites sans tarder. En vous aidant de l'activité précédente, de certains des groupes de mots ci-dessous, de vos propres connaissances et de votre esprit logique, écrivez votre lettre de motivation.

Agent d'accueil et d'information

- Type d'offre : CCD
- Date : 5 janvier
- Date d'expiration de l'offre : 1er mars
- Durée de l'emploi : du 2 au 16 septembre (Quinzaine de la mobilité étudiante européenne) + du 17 au 23 septembre (Semaine de la solidarité étudiante internationale)
- Référence : inter38
- Recruteur : Maison de l'International, Grenoble (38)

Emploi :
organisation d'événements : accueil téléphonique, accueil physique et orientation des personnes, tenue d'un vestiaire, interprète ; tâches administratives.

Avantage :
hébergement offert.

Qualités personnelles :
adaptabilité et sens du contact.

Connaissances linguistiques :
français (moyen à courant) et anglais (courant).

Connaissances informatiques :
Word, Excel.

groupes de mots à réutiliser
dynamique et ouvert d'esprit
En espérant que ma proposition retiendra votre attention,
J'ai le sens du travail bien fait
J'espère que vous voudrez bien prendre ma candidature en considération.
Je me permets de poser ma candidature pour le poste de
Une après-midi par semaine, je travaille comme bénévole pour une association qui s'occupe de
Je possède de réelles facultés d'adaptation
J'apprends l'espagnol depuis maintenant 1 an.
Je suis prêt à mettre à votre service ma facilité à m'adapter et à travailler au sein d'une équipe.
Ces emplois m'ont permis d'accroître mes capacités d'adaptation
le sens de l'initiative et de l'écoute
Mon sérieux et ma motivation sont des atouts que je souhaite mettre à votre disposition.

Activité 5 : lisez maintenant la lettre de motivation ci-dessous et corrigez les 17 erreurs qu'elle contient.

Sujet : offre d'emploi brico/327
PJ : CV

Madame, Monsieur,

Je me permet de vous sollicitez car j'ai fait actuellement une licence de « Commerce International » à l'Université de Manchester. Je suis en deuxième année et le français est l'une de mes matières principales.

D'autre part, depuis 2 ans, je travaille à temps partiel comme agence administratif dans une société spécialisée dans la conception et la vente de luminaires au Royaume-Uni et en France. Cette expérience m'a permis d'acquérir de nombreux compétences et de développé mon sens des responsabilités et de la communication.

Cette emploi me permet également de pratiquer assez régulièrement mon français commerciale.

Je désire mettre à vos dispositions mes compétences et mon désir d'apprendre et vous invitez à découvrir mon curriculum vitae ci-joint.

Dans l'espoir que ma candidature retiendrait votre attention et dans l'attente de pouvoir vous parlez à l'occasion d'un entretient, veuillez agréé Madame, Monsieur, l'expresion de mes sentiments distinguées.

Activité En Plus : quand des handicapés moteurs ou visuels figurent dans les publicités, c'est parfois à la demande d'organismes comme « La Sécurité Routière ». L'image ci-dessous parle d'elle-même.

Si elle était associée à l'accroche « La vitesse peut vous ralentir pour la vie », quels commentaires en feriez-vous ? N'hésitez pas à utiliser les « Expressions utiles pour analyser des publicités en français » (appendice 2).

CHAPITRE SIX

Section 4 « La Redoute » et « Idéo »

Activité 1 : le facteur vient de livrer un colis de « La Redoute » pour Colline. Les vêtements en coton qu'elle en sort portent tous l'étiquette « Max Havelaar ». Après vous avoir expliqué que ce label garantit que le coton utilisé respecte les normes internationales du commerce équitable, elle vous invite à écouter une émission sur le partenariat Max Havelaar-La Redoute.

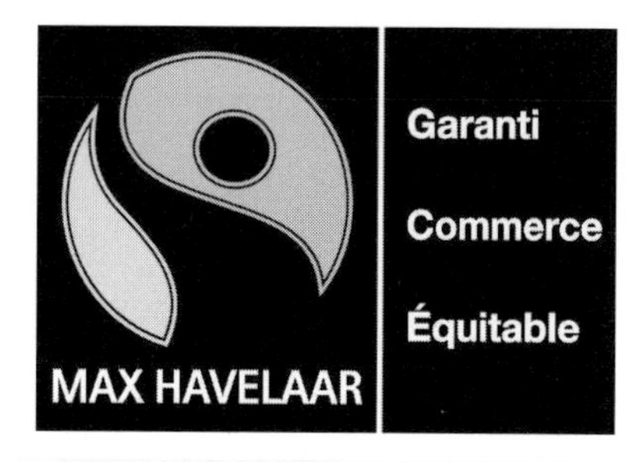

Écoutez ce document sonore (de 5′12″ minutes) de Véronique Smée, intitulé « La Redoute : bilan positif pour le coton équitable », du 12 avril 2006. Répondez ensuite, en anglais, aux 17 questions suivantes (qui respectent l'ordre du texte). Il n'est pas nécessaire de faire des phrases entières.

Glossaire

1. **La Redoute :** ce vépéciste français est le leader de la vente par correspondance (VPC) et de la vente à distance (VAD) en France. Son site Internet existe en plusieurs langues, ce qui permet à cette compagnie de vendre ses vêtements, son mobilier, ses articles de décoration, etc. dans de nombreux pays.
2. **Max Havelaar :** cette association à but non lucratif est née aux Pays-Bas en 1988. En 1992, Max Havelaar France a vu le jour. Cet organisme vise à améliorer les conditions de vie et de travail des producteurs et ouvriers agricoles des pays en voie de développement. Il octroie son label aux produits (café, chocolat, thé, bananes, coton, jus de fruits, riz et miel) répondant aux critères internationaux du commerce équitable.

Questions

1. Has La Redoute's partnership with Max Havelaar been a success?
2. What new product are they about to launch?
3. What happened in 2005?
4. Who do La Redoute and Kindy work with?
5. What does 12% refer to?
6. What are, in the text, the 2 translations of "brand names"?
7. Is the partnership La Redoute-Max Havelaar profitable?
8. What do you learn about La Redoute's clientele?
9. What is, in the text, the French for "charity"?
10. What is, according to Olivier Ven, La Redoute's main difficulty?
11. What does 60% refer to?
12. Why is the guaranteed minimum price of cotton very important?
13. What does 24% refer to?
14. What does 2.4% refer to?
15. What do you learn about the traditional way of growing cotton?
16. What does the text say about ethical cotton?
17. What happens if a farmer uses GMOs?

Activité 2 : Colline, fervente avocate du commerce équitable, vous apprend qu'il existe un « Salon de la Mode Équitable » créé en 2004 par la Française Isabelle Quéhé – salon dont les critères sont exposés ici. Utilisez le vocabulaire de ce texte, du glossaire précédent et de certaines des instructions de cette activité pour traduire en français les 4 phrases ci-dessous.

La mode éthique : une mode respectueuse

Le « Salon de la mode éthique » présente une mode solidaire, qui se veut consacrée au développement durable. La mode éthique est désormais une mode tendance que ne peut ignorer le monde de la mode en général – que ce soit le style Streetwear ou les maisons de haute couture. Aussi ce salon présente-t-il des styles de mode extrêmement variés mais qui, pour pouvoir participer, doivent remplir des critères de sélection rigoureux.

Bref, la mode présentée doit :

1. travailler les matières naturelles, traiter et colorer avec des méthodes et des ingrédients qui respectent l'environnement
2. récupérer et recycler
3. collaborer étroitement avec les artisans
4. respecter les droits fondamentaux des travailleurs (listés par l'Organisation Internationale du Travail) dans les domaines des salaires, de la santé et de la liberté syndicale
5. réinvestir un pourcentage de ses bénéfices dans des projets communautaires (éducation, formation, logements, santé, etc.)
6. démontrer sa détermination à vouloir atteindre un juste rapport créativité/qualité/prix
7. respecter l'être humain et son environnement
8. œuvrer pour répondre aux besoins présents mais aussi futurs – le développement durable étant l'objectif principal.

1 If the ethical fashion show took place in London, we could meet the people who make their clothes with raw materials and ingredients which are not harmful to the environment.

2 La Redoute is a mail order company; in their « ethical fashion = trend-setting fashion » catalogue, they sell items that local tradesmen make with materials that they salvage and recycle.

3 Isabelle Quéhé is the champion of sustainable development; she showcases a fashion which works closely with local tradesmen and reinvests its profits in community projects.

4 They had to allow their producers to belong to a trade union and they gave their workers fair salaries.

Activité 3 : Colline, très au fait de la mode éthique, vous apprend qu'en juin 2007, la Fédération française du prêt-à-porter féminin a décerné le prix « Élan de la mode » à 12 marques françaises engagées dans le développement durable, dont « Idéo ». Utilisez le texte ci-dessous et révisez, si nécessaire, la façon dont on traduit « the more . . . the more » et « more and more » en français afin de pouvoir traduire en français les 8 phrases suivantes.

Anna Musso, Mode éthique : une tendance durable, 10 avril 2007, *Le journal du développement durable*, www.developpementdurablelejournal.com

developpement durable lejournal.com

Les vêtements éthiques et bio de la marque Idéo ©Idéo

Depuis quelques années, **de plus en plus d'entreprises** et de jeunes créateurs proposent des vêtements, accessoires, bijoux et autres articles « éthiques ». La mode éthique envahit même les podiums, chaque année, depuis trois ans, à l'occasion du Salon qui lui est dédié à Paris. [...]

Si la mode éthique est de plus en plus prisée, Isabelle Quéhé n'y est pas pour rien : en créant le premier Salon de la mode éthique, à Paris, en 2004, l'ancienne styliste et publicitaire a permis à plus d'une vingtaine de créateurs du monde entier de faire connaître leurs collections. Et pourtant, dans le milieu de la mode « personne ne croyait à mon projet, tout le monde me souhaitait bonne chance » raconte-t-elle. Trois ans plus tard, la manifestation a réuni plus de 4 000 visiteurs venus voir défiler les créations d'une soixantaine de stylistes et de marques éthiques. Aujourd'hui, on estime que le marché de la mode éthique représente 1 % des 30 milliards de chiffre d'affaires du secteur de la mode, en France.

Éthique et écologique

À chaque entreprise son style : certaines privilégient le côté social, en garantissant aux employés des salaires supérieurs à la moyenne du pays en voie de développement où ils travaillent, des avantages sociaux, ou encore en réinvestissant une partie de leurs bénéfices dans des projets locaux ; d'autres mettent l'accent sur l'écologie, en fabriquant des vêtements

d'origine biologique, à partir de matières recyclables, grâce à des énergies renouvelables…
La société Idéo, par exemple, fait fabriquer ses vêtements par de petits producteurs en Inde, au Cambodge et au Pérou, uniquement à partir de coton biologique et garantit à ses employés un salaire plus élevé que la moyenne, des formations, de bonnes conditions de travail, une sécurité sociale, [elle] cotise pour les retraites, réserve certains postes aux personnes handicapées… Ainsi les petites entreprises peuvent se développer, investir dans de nouveaux équipements et embaucher plus de salariés. Et le commerce équitable, c'est rentable. Ideo a franchi, cette année, le million d'euros et réinvesti une partie de ses bénéfices dans le développement de projets locaux, tels que des écoles ou des logements. […]
Équitable et écologique, la mode éthique réconcilie l'éphémère et le durable. Reste que ses vêtements sont un peu plus chers que ceux des marques classiques, en raison des coûts de leur production et des faibles volumes commandés. « Mais, **plus** le nombre de consommateurs éthiques augmentera, **plus** les prix baisseront » assurent les commerciaux.

Zoom sur … les comparatifs

Plus + sujet + verbe**… plus** + sujet + verbe
The more + subject + verb… **the more** + subject + verb

Plus il travaille, **plus** il s'améliore.
The more he works, **the more** he improves.

Moins + sujet + verbe**… moins** + sujet + verbe
The less + subject + verb… **the less** + subject + verb

Moins elle va en cours, **moins** elle comprend.
The less she goes to classes, **the less** she understands.

De plus en plus de + nom
More and more + noun

De plus en plus de vépécistes…
More and more mail order companies…

De moins en moins de + nom
Less and less/fewer and fewer + noun

De moins en moins d'argent…
Less and less money…

De moins en moins de bénévoles…
Fewer and fewer volunteers…

1 More and more designers create ethical jewellery made from recyclable materials.
2 The more consumers know about ethical fashion and buy ethical clothes, the more ethical businesses will pay for their employees' training, and the more these companies will contribute towards their pensions.
3 If more and more businesses reserved jobs for the disabled, fewer and fewer disabled people would be unemployed.
4 The more they take on workers from India, the more the government can invest in housing and renewable energy.
5 More and more visitors from around the world believe that ethical fashion is a lasting trend.
6 The more international brands have their products made by local producers, the less they will think that fair trade is not profitable.
7 More and more businesses pay a fair price to the small producers from developing countries who make their clothes with organic cotton.
8 The more eco-friendly fashion grows, the more prices will go down.

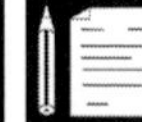

Activité 4 : afin d'en savoir plus sur la compagnie « Idéo », écoutez attentivement cette conversation (de 2′23″ minutes) afin de pouvoir remplacer les groupes de mots en anglais par leur traduction française dans la transcription ci-dessous.

Rachel Liu, co-fondatrice de la marque IDÉO (juillet 2007)

Launched en 2002 par Rachel Liu et Antoinette Giorgi, IDÉO est l'une des **first brands** de **organic and ethical clothes** en France. Distribuée dans 200 **points of sale** en France et une quarantaine de boutiques à l'étranger, IDÉO **had a turnover** d'un million d'euros en 2006.
Rachel Liu explique :
Nous **make up 95% of our sales** dans les **networks** de magasins bio et équitables. Nos produits **sell very well** en Rhône-Alpes et en Bretagne. Ce sont, depuis **the launching of the brand**, deux régions où nous sommes très présents. Les exportations **only account for 10% of sales at the moment**. En France, **the best-selling clothes** sont les jeans, les hauts et les tee-shirts comportant **political messages**.
Abroad, les goûts des clients **vary from one country**

to another. Ainsi, en Allemagne, ce sont surtout des vêtements classiques et peu sophistiqués qui se vendent le mieux, tandis qu'en Grande-Bretagne, c'est la tendance inverse.

What is your clientele's profile?
Les femmes **make up the majority** de notre clientèle, notamment dans **the 25-45 age range**. Notre clientèle se compose essentiellement de jeunes parents, qui habitent aussi bien en ville qu'à la campagne. **What distinguishes our customers** est le fait de **to get involved in organisations and associations** et de bien connaître la question de l'écologie.

What are your priorities for the coming months?
Nous désirons ouvrir des magasins à notre enseigne l'année prochaine. Nous envisageons, en premier lieu, une implantation à Paris et une autre en région Rhône-Alpes.

Activité 5 : regardez les tableaux ci-dessous issus de sondages portant sur les Français et le commerce équitable. Présentez les résultats qui, à vos yeux, sont les plus importants. Pourquoi, à votre avis, y a-t-il de plus en plus de Français qui connaissent le commerce équitable ? La situation est-elle, selon vous, similaire dans votre pays ? Que pensez-vous des définitions données par les Français ? Comment définiriez-vous les produits équitables ? Pourquoi le commerce équitable est-il crucial ?

Avez-vous déjà entendu parler du commerce équitable ?

	sondage de mai 2006	sondage de février 2004	sondage d'octobre 2002	sondage d'octobre 2000
• Oui	74 %	51 %	32 %	9 %
• Non	26 %	49 %	66 %	91 %

Source : Notoriété assistée du commerce équitable, 8 août 2006, IPSOS, **http://www.ipsos.fr/CanalIpsos/poll/8261.asp**

Les Français et le commerce équitable, SOFRES, 8-9 mars 2006,
http://www.tns-sofres.com/etudes/pol/200406_commerceequitable_r.htm

L'image des produits issus du commerce équitable (1)

Question : On parle aujourd'hui beaucoup de commerce équitable. Vous-même, comment définiriez-vous les produits issus du commerce équitable ? Pour vous, ce sont avant tout des produits	%	Rang
- **qui assurent une juste rémunération aux producteurs des pays pauvres**	**41**	1
- qui garantissent le respect des droits de l'homme	35	2
- qui pèsent peu dans les échanges commerciaux entre pays riches et pays pauvres	19	3
- encore trop chers	18	4
- de très bonne qualité	17	5
- qu'on a du mal à trouver	14	6
- qui favorisent la préservation de l'environnement	13	7
- qui ne sont pas liés aux entreprises multinationales de l'agroalimentaire	12	8
- dont on parle trop	3	9
- rien de tout cela (non suggéré)	2	
ST **ne sait pas grand chose/sans opinion**	34	
dont - dont vous ne savez pas grand chose	24	
- sans opinion	9	

(1) Le total des % est supérieur à 100, les personnes interrogées (1000 personnes représentatives de l'ensemble de la population âgée de 18 ans et plus) ayant pu donner plusieurs réponses.

Activité 6 : regardez maintenant les tableaux et graphiques ci-dessous issus d'un sondage de la Sofres du 29 mars 2007, portant sur « Les Français et le tourisme responsable » (**http://www.tns-sofres.com/etudes/sesame/160407_tourismeresponsable.pdf**).

Présentez en 8 phrases, en français, les résultats de ces sondages. La situation est-elle, à votre avis, similaire dans votre pays ? Êtes-vous surpris par certains chiffres ? Pourquoi ? Vous sentez-vous bien informé sur le tourisme responsable ? Avez-vous déjà voyagé responsable ? Pour quelles raisons ?

Le tourisme responsable, une notion encore faiblement connue

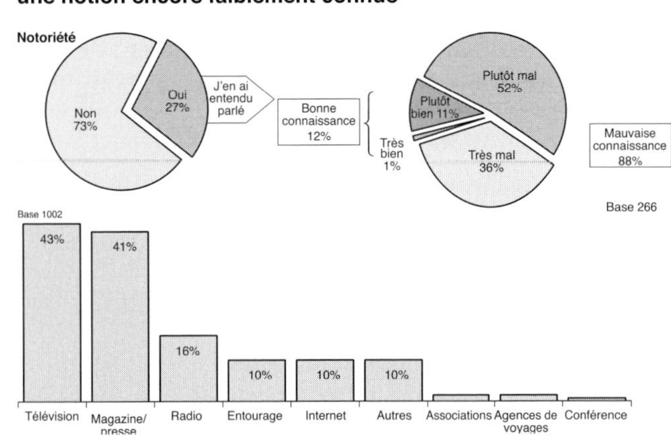

Une notion «élitiste» marquée par des différences socioculturelles

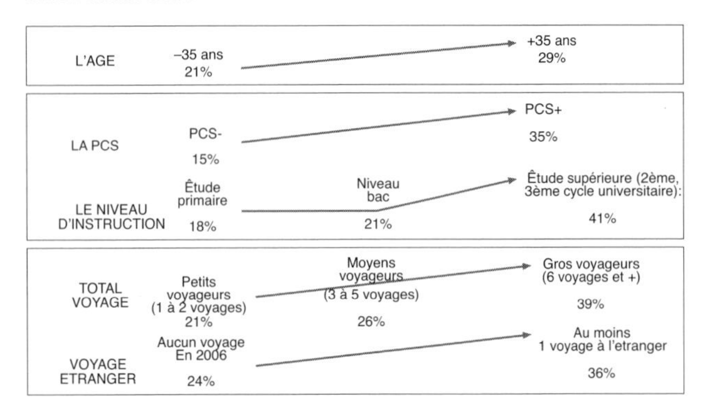

Seulement 2% de la population voyageur a déjà voyagé responsable . . .

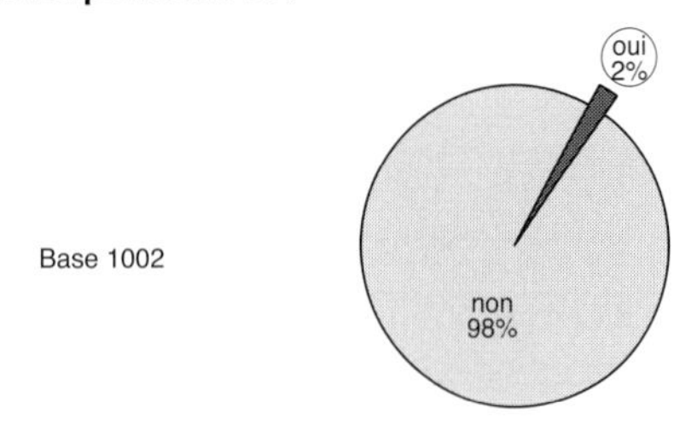

Pour palier le sentiment de méconnaissance de fortes attentes en terme d'information

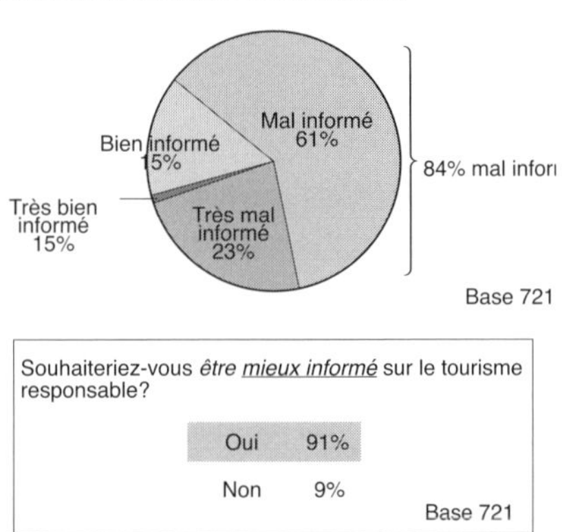

Activité En Plus : à l'aide des informations contenues dans les activités précédentes, faites, en français, le plan détaillé et structuré d'un essai de 600-620 mots dont le titre serait « Agir en citoyens responsables au 21e siècle ». N'oubliez pas d'utiliser des titres, sous-titres et points-clés et d'indiquer les connecteurs choisis. Une liste de connecteurs se trouve au chapitre 3, section 4 (p. 52). Vous devrez rédiger une introduction et une conclusion – pour vous aider, consultez la section 2 du chapitre 4 (pp. 61–2).

Activité 7 : à votre ordinateur !

1 Faites les exercices en ligne nos 23 et 24 portant sur les sections 3 et 4 de ce chapitre.

2 Depuis 2005, il existe en France une « Semaine étudiante du commerce équitable », dont la devise est « Le commerce équitable, ça passe par moi ! ». Depuis 2007, il existe également une « Journée mondiale pour un tourisme responsable et respectueux ». Effectuez des recherches sur l'Internet sur l'association ATR (« Agir pour un tourisme responsable »), le « Code mondial d'éthique du tourisme » (CMET) et la « Charte d'éthique du voyageur » du voyagiste Atalante afin de présenter oralement, en français et en utilisant PowerPoint, votre propre « charte de l'étudiant responsable ».

Chapitre 7

S'exprimer en France

	Section 1 ***La radio (1)***	Section 2 ***La radio (2)***	Section 3 ***Les langues de la France (1)***	Section 4 ***Les langues de la France (2)***
Savoirs civilisationnels	- les radios GO et FM en France - les qualités d'animateur de radio - les dérapages des radios FM	- les radios jeunes - la radio RFI	- la politique linguistique de la France - langues régionales = menace - les quotas de chansons francophones à la radio	- Bécassine - la tentative d'éradication de la langue bretonne - le renouveau de la culture bretonne - la langue et la culture corses
Savoir-faire fonctionnels	- écrire un CV en français	- passer un entretien d'embauche (1)	- passer un entretien d'embauche (2)	
Savoir-faire notionnels			**Grammaire :** - la voix passive (p. 116)	
Activités de compréhension auditive	n° 2 (p. 108)		n° 1 (p. 115) n° 5 (p. 117)	n° 4 (p. 120)
Activités de compréhension écrite		n° 1 (p. 111) n° 2 (p. 112)	n° 4 (p. 116)	n° 1 (p. 119) n° 2 (p. 119) n° 5 (p. 121) n° 6 (p. 121) n° 7 (p. 122)
Activités de production écrite	n° 1 (p. 106) n° 3 (p. 109) En Plus (p. 110)	n° 4 (p. 112)	n° 2 (p. 115) n° 3 (p. 116)	n° 3 (p. 120)
Activités de production orale	n° 4 (p. 110)	n° 3 (p. 112) En Plus (p. 113) n° 5 (p. 114)	n° 6 (p. 117) En Plus (p. 118)	En Plus (p. 124) n° 8 (p. 124)

CHAPITRE SEPT

Section 1 La radio (1)

Activité 1 : un jour, en février, Colline vous apprend qu'elle a été animatrice pendant 3 ans sur Cosmic Fm, la radio scolaire de son lycée. Comme cette expérience s'est avérée très enrichissante, elle a décidé de postuler pour l'emploi ci-dessous et a déjà rédigé son CV. Utilisez ce dernier comme modèle pour écrire le CV français de Shaun Hurst – dont le CV anglais se trouve ci-dessous.

Intitulé du poste : animateur/animatrice radio (audience cible : jeunes adultes)
Type et nature du contrat : CDD (juillet-août)
Description du poste :

- préparation et animation d'une émission quotidienne (invités + libre antenne)
- animation d'une rubrique musicale ou sportive
- annonce, présentation des programmes (jeux, informations, sport, musique)

Compétences particulières :

- vous avez un an d'expérience (minimum)
- vous avez le niveau bac (minimum)
- vous possédez une bonne culture générale et musicale
- vous maîtrisez l'informatique et les techniques de la radio
- vous avez une voix radiophonique
- vous avez une excellente diction
- vous êtes dynamique

Lieu de travail : 63 – Clermont
Salaire indicatif : salaire minimum + chèques-vacances + chèques restaurant
Horaires : 35h hebdomadaires

Si cette offre vous intéresse, veuillez envoyer votre CV et lettre de motivation à :

Potes FM
34, rue de la Madeleine
63000 Clermont

Glossaire

1. **Un chèque-vacances :** les chèques-vacances sont créés en 1982 par l'Agence nationale des chèques-vacances (ANCV) dans le but de permettre à des Français, qui habituellement ne le peuvent pas pour des raisons financières, de partir en vacances. Il existe de nombreux campings, gîtes, hôtels, villages-vacances, agences de voyages, parcs d'attractions, écoles de ski, établissements culturels, musées, monuments, etc… qui acceptent les chèques-vacances.
2. **Un chèque restaurant :** lorsque la taille d'une entreprise ne justifie pas l'existence d'une cantine d'entreprise, cette dernière peut choisir d'offrir des chèques restaurants à ses salariés. L'employeur achète des chéquiers auprès d'un organisme émetteur. Les employés peuvent utiliser ces chèques dans tous les restaurants acceptant ce titre de paiement. Ce dernier leur permet de déjeuner à moitié prix.

Colline Dupré 21 ans téléphone : (44) 2476 710 965 portable : 07879 547764 email : **Colline_enchantee@wanadoo.fr** nationalité : française	37, Broadway Earls Don Coventry CV5 6NT Angleterre
Formation	
octobre 2010 juin 2011	**Université de Coventry, Angleterre** 2e année de licence pluridisciplinaire « Journalisme- littérature anglaise ». matières étudiées : déontologie, compétences rédactionnelles, sciences de l'information et écriture journalistique.
octobre 2008 juin 2010	**Université Blaise Pascal, Clermont-Ferrand** DEUG « Médiation culturelle et communication » matières étudiées : science du langage, histoire de l'art et des médias, anglais, nouvelles technologies et multimédia. mention : très bien

septembre 2005 juin 2008	**Lycée Brassens** baccalauréat L matières étudiées : français, anglais, histoire, géographie, philosophie, mathématiques et informatique. mention : très bien	
Expérience professionnelle novembre 2008 août 2010	 **Magazine mensuel *Modergnat*, Clermont-Ferrand** emploi à temps partiel – CDD rédaction d'articles dans la rubrique « Tendances »	
juillet 2008 septembre 2008	**Journal hebdomadaire *La Montagne*, Clermont-Ferrand** stagiaire emploi à temps plein – CDD rédaction d'articles dans les rubriques - « Actualités locales » - « Sorties et loisirs »	
septembre 2005 juin 2008	**Lycée Brassens, Clermont-Ferrand** emploi bénévole à temps partiel animatrice radio sur Cosmic Fm (radio en milieu scolaire) - programmation musicale - animation d'émissions sur le sport, les actualités, le cinéma, etc.	
Informatique		
Logiciels	Microsoft Office, PhotoShop, Windows, Dreamweaver	
Informations complémentaires	création de sites Internet	
Langues		
français	oral : langue maternelle	écrit : langue maternelle
anglais	oral : niveau Bac + 3	écrit : niveau Bac + 3
espagnol	oral : bon niveau	écrit : assez bon niveau
italien	oral : niveau débutant	
Divers		
Loisirs/sports	littérature anglaise, randonnées, voyages	
Permis de conduire	obtention du permis B en juin 2008	

Shaun Hurst
27 Mansfield Drive,
Manchester
M23 4DJ
England
Tel: (0161) 234 1234
0783 1343 562
Shaun_the_great@yahoo.com

EDUCATION:

2007-2009 2010-2011	BSc (Hons) French & Journalism, Manchester University. (2.1) Subjects studied: French, Spanish, journalism, American literature, and psychology.
2000-2007	Manchester High School. 3 GCE A Levels: French [A], Spanish [B], English literature [B]. 6 GCSEs: French [A*], English Language [B], Spanish [B], History [B], Philosophy [A], Geography [B].

WORK EXPERIENCE:

July 2010–October 2010	***The Northern Echo*, Manchester, daily online newspaper** Temporary part-time post. I interviewed local people; wrote articles on regional & local events.
September 2009–May 2010	**Lycée Ampère**, Lyon, France English language assistant
October 2007–July 2009	**The National Student Magazine**, monthly magazine Volunteering work I wrote articles on students' lifestyle. ***The Advertiser*, Manchester, weekly newspaper** Temporary part-time post I wrote articles on new films, new books & local concerts.
July–September 2005	**Kiss Radio**, Manchester. Temporary full-time post I presented my own music/talk show.
November 2004–June 2005	**Radio Cavell**, Royal Oldham Hospital, Manchester. Volunteering work I played classical & jazz music and presented local & national news.
COMPUTER SKILLS:	Microsoft Windows, FrontPage
ADDITIONAL INFORMATION:	Full driving licence
INTERESTS:	Reading, French films, writing poems and listening to jazz music.

Activité 2 : écoutez attentivement l'entretien entre l'animateur de radio Max L. et « Made in Europe », un site Internet d'informations pour les jeunes Européens. Répondez ensuite en anglais aux 13 questions suivantes, qui sont dans l'ordre du document sonore (de 3′41″ minutes). Il n'est pas nécessaire de faire des phrases entières.

Questions

1. What is, in the interview, the French for 'friendliness'?
2. What is, in the interview, the French for 'friendly'?
3. What does Max L. say about the behaviour of some radio presenters?
4. What does he say about schedules?
5. What does he say about the ability to listen to others?

6 What does he say about being diplomatic?
7 What happens frequently to Max L.?
8 What do you learn about one of Europe 1's programmes?
9 Although Max L. has never studied psychology, what is he able to do?
10 When do callers find it difficult to talk to radio presenters? (2 answers)
11 What are, in this interview, the 2 French expressions used for 'to be at the end of one's tether'?
12 What did Max L. do when a disabled lady called the radio?
13 Why does this lady feel better?

Activité 3 : pour en savoir plus sur les radios en France, lisez attentivement le texte ci-dessous (et son titre !) puis utilisez le vocabulaire de ce document pour traduire en français les 8 phrases suivantes.

Les années 80 et 90 : déréglementation de la radio, explosion des radios FM et programmes interactifs.

Jusqu'en 1981, les seules radios qui émettaient légalement en France sur les grandes ondes étaient de 2 types :

- les radios dites « périphériques » (RTL, RMC et Europe 1) car leurs émetteurs étaient situés en dehors du territoire français et
- une radio publique (France Inter).

Il existait parallèlement des radios illégales, dites « pirates », à Paris, mais aussi en province.

En 1981, François Mitterrand a tenu la promesse qu'il avait faite lors de sa campagne présidentielle : il a légalisé les radios locales libres qui avaient désormais le droit de diffuser leurs programmes sur la bande FM. Toutefois, la publicité, une trop forte puissance d'émission et la constitution de réseaux leur étaient interdites. M. Mitterrand n'a autorisé la publicité sur les radios FM qu'en 1984.

La légalisation des radios libres a entraîné une véritable explosion de radios locales privées sur la bande FM. Ces dernières, à la différence des radios dites « généralistes » comme RTL et Europe 1, ciblaient une audience bien précise – le plus souvent les jeunes. Ainsi sont nées les stations NRJ, Sky Rock, Fun Radio, Radio Scoop, etc.

En 1989, le Conseil Supérieur de l'Audiovisuel (CSA) a été créé par la loi du 17 janvier. Cette autorité administrative indépendante garantit l'exercice de la liberté de communication audiovisuelle. La mission de cette instance de contrôle est également de veiller à ce que les médias audiovisuels respectent l'ordre public et la dignité de la personne humaine.

En mars 1994, le CSA a demandé à la direction de Fun Radio de modifier sous 48 heures son programme intitulé « Lovin'Fun ». Dans cette émission quotidienne en direct de libre antenne, diffusée entre 18 h 45 et 22 heures, les deux animateurs vedettes « Le Doc », pédiatre de profession, et « Difool » recevaient les confidences de leurs jeunes auditeurs et les incitaient, selon le CSA, à utiliser des paroles crues pour détailler leurs expériences amoureuses. Même si les deux animateurs conseillaient sans cesse à leurs 1 300 000 auditeurs de « sortir couverts » et même s'ils offraient des préservatifs gratuits à ces derniers, cela ne leur donnait pas, selon le CSA, carte blanche pour encourager les excès verbaux à l'antenne.

Le 9 janvier 1995, le CSA a suspendu l'antenne de Skyrock pendant 24h à cause des débordements verbaux de son animateur JC le 3 janvier 1995. JC avait fait l'apologie d'un crime ; il avait plaisanté en se réjouissant de la mort d'un policier niçois : « Un flic est mort, c'est plutôt une bonne nouvelle ». À ce dérapage succédait, le 27 janvier, celui d'un autre jeune animateur, Sébastien Cauet sur Fun Radio. Il avait à plusieurs reprises fait référence à Auschwitz et qualifié le camp de concentration de grande ferme à vendre nécessitant des travaux de restauration.

1 Difool, with his live verbal excesses and Cauet, with his repeated references to an old farm for sale called Auschwitz, did not respect human dignity.
2 Skyrock, Fun Radio and NRJ target the under-25s and broadcast daily phone-in programmes.
3 When Mr Mitterrand became president in 1981, he changed the laws regulating radio and allowed 'free radio' stations not owned by the government to broadcast on the FM band.
4 In the 1990s, a young presenter rejoiced over the killing of a 'cop'. The regulatory body the CSA banned the radio station's broadcasts for a day.
5 The paediatrician advised his young audience to use condoms.

6 In 1986, the French government allowed private local radios to set up national FM networks.

7 Prior to the boom in the number of FM radio stations, there were 3 so-called 'general-interest' LW radio stations.

8 The star presenters encouraged their listeners to describe their sexual practices in a crude, detailed way.

Activité 4 : aidez-vous du bref texte ci-dessous pour imaginer la conversation entre 2 jeunes étudiants. L'un est fervent défenseur de la liberté d'expression (garantie par la Déclaration des droits de l'homme et du citoyen de 1789), tandis que l'autre est fervent défenseur de 2 valeurs essentielles à ses yeux : la politesse et le respect des personnes. Votre discussion devra durer 3-4 minutes.

Jeremy Antippas, Nouvelle mise en demeure d'une radio pour propos attentatoires à l'épanouissement des mineurs lors d'émissions de « libre antenne », Cejem.com, 25 mai 2005, **http://www.cejem.com/article.php3?id_article=183**

Où établir la frontière entre liberté d'expression radiophonique et ce qui est interdit à l'antenne ?[...] [Certes,] le CSA a reconnu en la radio « un formidable moyen de communication » susceptible d'apporter « des réponses pertinentes aux questions des adolescents ». Et d'ailleurs, aujourd'hui le CSA se refuse à remettre en cause les émissions radiophoniques interactives. [Cependant,] la vigilance face aux émissions de radio se justifie [à cause] de la spécificité d'écoute de ce média : alors que la télévision est traditionnellement un média familial suivi dans une pièce commune du foyer, la radio peut être écoutée par un enfant seul dans une chambre ou par le moyen d'un baladeur radio, sans qu'aucun contrôle parental n'intervienne dans les programmes écoutés par le mineur. Ce dernier se trouve par conséquent livré à lui-même face aux émissions de libre antenne et leurs éventuels excès. [...]
Lorsque [le CSA] mit en demeure Fun Radio, [en 1995], pour les propos excessifs relevés dans l'émission « Lovin' Fun », la station fit signer aux auditeurs des pétitions de soutien, et fit intervenir des personnalités politiques afin de les rallier à leur cause. Le ministre de la Communication d'alors, Alain Carignon, ainsi que son prédécesseur Jack Lang, avaient demandé au CSA de faire preuve de plus d'indulgence, d'éviter d'imposer à la jeunesse un langage qui n'est pas le sien et de ne pas mener une action susceptible d'être interprétée comme une censure. [...]
Les animateurs – trentenaires écoutant des adolescents en direct et s'adressant à ces derniers – devraient garder à l'esprit qu'ils contribuent également à façonner le langage et le comportement des jeunes. Une responsabilité éthique accrue de ceux qui font la radio, formidable moyen d'expression et de liberté, permettrait à chacun de respecter la liberté des autres, sans pour autant créer une radio aux antipodes des réalités sociales. Il nous paraît nécessaire de pouvoir aborder à l'antenne tout type de sujet de la vie quotidienne avec une grande liberté de ton, mais sans tomber dans l'extrême vulgarité.

Activité En Plus : quelle serait la grille de programmes de votre radio étudiante idéale ? Choisissez votre tranche horaire (6h-15h ou 16h-1h), réutilisez le vocabulaire spécifique contenu dans cette section et présentez votre programmation détaillée en adoptant le format ci-dessous.

Pure FM

http://purefm.com

Today

Carly, Rae and Megan

6:00 am – 12:00 pm
The three lovely ladies looking after your Thursday mornings!

Pure FM Sports Show

1:00 pm – 3:00 pm
All the up-to-date sports news with Sam, Pat and their unfortunate guest host!

Dave and Moussa

5:00 pm – 8:00 pm
Dave and Moussa bring you an eclectic mix of music, interviews and comedy!

RnB Sessions with Rick and Mandeep

8:00 pm – 1:00 am
Rick and Mandeep are on the decks to play some new and classic RnB tracks.

Section 2 La radio (2)

Activité 1 : pour vous aider à mieux comprendre les radios ciblant les jeunes, Colline vous donne l'article ci-dessous. À vous de :

1. **retrouver dans le document les mots et groupes de mots pour lesquels Colline vous propose les expressions synonymes ci-dessous et**
2. **trouver des synonymes aux mots tirés du texte – ces mots étant listés dans leur ordre d'apparition.**

Amandine Hirou, Libre antenne – Les ados fidèles au poste, *L'Express*, 12 janvier 2006, http://www.lexpress.fr/mag/arts/dossier/radio/dossier.asp?ida=436496&p=1

Le succès d'Internet, et de MSN en particulier, n'a pas détourné les jeunes de la radio et de ses émissions du soir au ton impertinent, voire provocateur. Comment font-elles pour se renouveler et rester attrayantes?
[...] 306 000 jeunes âgés de 13 ans et plus se branchent chaque soir sur Fun Radio. Skyrock, première sur cette tranche horaire, en attire 827 000 ! Contrairement à ce qu'on aurait pu croire, l'engouement des ados pour Internet, et en particulier pour MSN (messagerie qui permet de dialoguer en direct avec les copains), ne les a pas détournés des libres antennes du soir. Ces programmes auraient même trouvé un second souffle grâce au développement des nouvelles technologies... Sur le fond, pourtant, les ficelles ne semblent a priori pas avoir beaucoup évolué depuis la création de la pionnière, Lovin'Fun, en 1992. Aujourd'hui, les questions des auditeurs continuent de tourner essentiellement autour de la sexualité et des relations amoureuses, préoccupations incontournables à l'adolescence. Le tout toujours entrecoupé de musique, de jeux et de canulars téléphoniques. « On a beaucoup reproché à ces émissions leur langage cru, leurs propos provocateurs, leurs blagues cyniques. Mais cet espace de liberté, cette sorte de grand défouloir, ne fait que répondre à ce besoin, très ado, de jouer avec les limites », analyse Hervé Glévarec, chargé de recherche au CNRS et auteur de *Libre Antenne* (Armand Colin). Même si la polémique demeure, et malgré les interventions régulières du CSA, instance chargée de sanctionner les dérapages, une éventuelle interdiction totale de ces espaces ne semble plus à l'ordre du jour. Bien au contraire... En dépit de (ou attirées par ?) cette dimension sulfureuse, les principales radios jeunes ont aujourd'hui intégré une libre antenne du soir à leurs programmes. Même Radio France s'y est mise en lançant il y a deux ans *Les Filles du Mouv'*, de 21 heures à minuit. L'équipe, constituée d'une animatrice, d'une standardiste et d'une technicienne, a d'abord fait figure d'ovni dans cet univers jusque-là essentiellement masculin. « Le but de notre émission n'est évidemment pas d'exclure les garçons, tout aussi nombreux à appeler et à passer à l'antenne que les filles, mais d'insuffler un nouveau ton. Le fait d'entrer chez des filles les pousse à s'exprimer différemment », explique Émilie, 25 ans, l'animatrice.
Outre la féminisation de certains de ces programmes, la véritable révolution se situe évidemment du côté des nouvelles technologies. Le recours aux SMS et à Internet a notamment permis aux jeunes d'accroître leur pouvoir d'intervention. « Or on sait que ce type d'émission repose essentiellement sur la mise en commun d'expériences et l'apport de témoignages divers. Le besoin de se comparer aux autres ou d'affirmer sa propre opinion étant crucial à un âge où l'on forge sa personnalité », explique encore Hervé Glévarec. Ce soir-là, sur Fun, Donia, 21 ans, de Saint-Denis, expose son problème à des milliers d'auditeurs: « Mon copain voudrait qu'on ait des relations sexuelles, mais, moi qui suis musulmane, je préfère attendre le mariage. Dois-je céder ou le quitter ? » S'ensuit une avalanche de textos et d'emails au standard... Émilie, quant à elle, a instauré les sondages « flashs-éclairs ». « Seuls les SMS nous permettent de faire ça... On pose une question à l'antenne du style: « Où avez-vous envie de partir en vacances? » Et, en trente secondes, on obtient l'avis d'une centaine de personnes. [...]
Les blogs « personnels » de certains animateurs, tel celui de Mikl sur NRJ, sur lequel les auditeurs laissent leurs questions et commentaires, servent aussi de prolongement à l'émission. [...] Plus que jamais habitués à jongler avec différents médias, beaucoup [de jeunes] écoutent, comme elle, la radio tout en surfant sur le Web. L'un n'empêche pas l'autre... Et Émilie de conclure: « A nous d'explorer ces nouveaux supports pour les intégrer et éviter qu'ils ne se retournent contre nous. Heureusement, nous bénéficions toujours de cet énorme avantage par rapport à la télé et à l'ordinateur : passé une certaine heure, les parents disent stop. Alors qu'ils ne pensent pas forcément à interdire la radio. »

CHAPITRE SEPT

mots tirés du texte	synonymes
1.	a) éloigner
2.	b) allumer la radio et choisir une station
3.	c) un laps de temps bien défini
4.	d) la passion, le vif intérêt
5.	e) les émissions pendant lesquelles les auditeurs peuvent s'exprimer
6. trouver un second souffle	f)
7. les ficelles	g)
8. incontournable	h)
9.	i) une farce au téléphone
10.	j) des propos vulgaires, grossiers
11. une blague	k)
12.	l) un espace où s'exprimer, libérer ses frustrations
13.	m) des paroles inappropriées
14.	n) l'aspect subversif
15.	o) commencer à faire quelque chose
16.	p) ressembler à, paraître
17.	q) quelque chose au caractère atypique, hors normes
18. passer à l'antenne	r)
19. insuffler un nouveau ton	s)
20. reposer sur	t)
21.	u) la contribution de personnes parlant de leurs expériences
22.	v) construire son identité
23. une avalanche de textos	w)

Activité 2 : voici quelques questions de compréhension sur le texte ci-dessus préparées par votre amie Colline, auxquelles vous répondrez en français. Il n'est pas nécessaire de faire des phrases entières. Attention ! Les informations vous permettant de répondre peuvent se trouver n'importe où dans le texte.

1 Quelles nouvelles technologies les radios dites jeunes utilisent-elles et comment les utilisent-elles ?

2 Quelle est la phrase du texte qui prouve que les jeunes auditeurs maîtrisent parfaitement les nouvelles technologies ?

3 Pourquoi peut-on dire qu'en ce qui concerne la libre antenne sur les radios jeunes, rien n'a vraiment changé depuis 1992 ?

4 Selon ce texte, de quoi les jeunes ont-ils besoin ?

5 Qu'est-ce que les parents ont tendance à oublier ?

6 Quel impact l'émission *Les Filles du Mouv'* a-t-elle sur les garçons ?

7 Le CSA a-t-il l'intention d'interdire les émissions de libre antenne ciblant les jeunes ?

Activité 3 : le soir, sur la radio Europe 1, à partir de 23h, Caroline Dublanche donne la parole aux auditeurs. Ils parlent de leurs joies, de leurs amours, de leurs angoisses, de leur mal-être, etc. Et vous, pensez-vous que vous pourriez téléphoner pour exposer vos petits ou gros problèmes à tous les auditeurs d'une radio ? Pour quelles raisons ? Selon vous, pourquoi cette émission, et les émissions similaires sur les radios jeunes, remportent-elles autant de succès ?

Activité 4 : à la demande de ses jeunes auditeurs à la recherche d'un emploi, une radio a diffusé des extraits d'entretiens d'embauche types. Lisez attentivement la transcription ci-dessous puis utilisez le vocabulaire de ce document pour traduire en français les 8 phrases suivantes.

Mademoiselle Chapuis, pourquoi avez-vous choisi cette formation ?

J'ai choisi cette filière car je me suis toujours passionnée pour le monde des médias. De plus, je veux vivre avec mon temps et, de nos jours, savoir utiliser les nouvelles technologies pour s'exprimer est, à mes yeux, un impératif. Mon emploi comme animatrice bénévole à la radio de mon lycée, de 2003 à 2006, m'a permis de me rendre compte que cette voie était bien celle que je voulais poursuivre.

Pourriez-vous m'expliquer quelles étaient les diverses méthodes de travail utilisées dans le cadre de vos études à l'université ?
Les professeurs encourageaient et notaient le travail de groupe, que ce soit pour les exposés écrits ou à l'oral. Cependant, le travail individuel était aussi considéré comme très important. Par exemple, les étudiants devaient effectuer des recherches sur l'Internet et faire des présentations PowerPoint seuls.

En quoi cette formation vous a-t-elle préparée à la vie professionnelle ?
Avoir des cours pratiques sur les nouveaux outils informatiques aide énormément. Devoir réaliser de nombreux projets en groupe qui seront notés permet de développer les compétences qui permettent de mieux s'intégrer à une équipe quand on décroche un emploi. Avoir à rendre au moins 3 devoirs par mois force les étudiants à être bien organisés, ce qui leur permettra de mener à bien, dans les temps, les tâches demandées par leur futur employeur.

Avez-vous effectué des stages ? Parlez-moi de votre expérience professionnelle. Que vous ont apporté vos expériences précédentes ?
Je me suis enrichie d'un point de vue technique. J'ai appris à me servir de divers logiciels que je maîtrise désormais parfaitement. Grâce à mon année passée en Angleterre, je me suis enrichie sur le plan linguistique. J'ai pu pratiquer régulièrement l'anglais et j'ai amélioré mon niveau. Mes emplois dans le domaine de la presse écrite m'ont permis de m'enrichir d'un point de vue sectoriel. J'ai rédigé des articles dans des domaines divers et pour un public cible très différent – ce qui m'a aussi permis d'enrichir ma culture générale. Je me suis également enrichie sur le plan relationnel car j'ai travaillé avec des personnes dont l'âge allait de 18 à 60 ans. Grâce à mes emplois, j'ai appris à être polyvalente et à avoir un bon contact avec le public.

Quels sont vos défauts ?
On me disait que j'étais parfois un peu trop dirigiste quand je travaillais sous pression. Je me suis beaucoup améliorée depuis. À présent, je discute toujours avec les membres de mon équipe avant de prendre une décision. Je sais écouter les autres.

Quelles sont vos qualités ?
Je pense être une personne mature, responsable et fiable. J'ai le contact facile, j'essaie toujours de bien m'entendre avec les gens avec lesquels je travaille. Quand je suis en société, je n'éprouve aucune difficulté à lier connaissance avec des personnes que je ne connais pas. Je suis une personne très enthousiaste et motivée. Comme je me passionne pour ce que je fais, j'arrive assez facilement à fédérer le groupe de personnes avec lequel je travaille et à véhiculer de la bonne volonté et de la bonne humeur. Je sais gérer mon temps de façon efficace et travailler dans l'urgence. Je suis rigoureuse dans toutes les tâches que j'entreprends.

Quels sont vos loisirs ?
J'adore lire, surtout les classiques anglais mais j'aime aussi les biographies de célébrités – c'est très utile quand je dois rédiger un article ou animer une émission radiophonique sur l'auteur. Pour décompresser et rester en forme, je fais des randonnées. Je me suis inscrite à un club. Enfin, j'adore voyager car j'aime les contacts humains et découvrir de nouvelles cultures.

Êtes-vous disponible immédiatement ?
Après mes examens, dès le 1er juillet.

1. I don't find it difficult to get on with the new members of my team.
2. When I want to relax, I listen to jazz and I read celebrity biographies.
3. He is reliable and motivated; he can work under pressure and he always manages his time effectively.
4. Her level of English greatly improved when she worked in Leeds as a volunteer radio presenter.
5. She has chosen this course of study because she is a good listener and has always been passionate about music and charity work.
6. He worked with people aged 20-62 and he is very adaptable and knows how to generate goodwill.
7. They mark group work as well as individual work; this enables students to develop skills which employers value highly.
8. She must learn how to complete at least 3 projects per month.

Activité En Plus : les publicités portant sur les radios sont très nombreuses. Il y a plusieurs années maintenant, l'accroche de la publicité pour la radio France Culture était : « France Culture, le monde appartient à ceux qui l'écoutent ». À votre avis, à quoi le « l' » se rapporte-t-il ? Est-ce clair ?

Une autre radio, la radio jeune Maxximum, avait, elle, choisi comme accroche : « Quand c'est mou, c'est pas nous », et l'image utilisée ressemblait un peu à celle présentée ici.

Que pouvez-vous dire sur le rythme et les sonorités de cette phrase ? Que dire sur le français utilisé? Pour vos commentaires et explications (sur les accroches, les images, etc.), n'oubliez surtout pas d'utiliser les « Expressions utiles pour analyser des publicités en français » (voir appendice 2) !

Activité 5 : à votre ordinateur !

1 Faites les exercices en ligne nos 25 et 26 portant sur les sections 1 et 2 de ce chapitre.

2 Effectuez des recherches sur l'Internet sur la radio RFI (son histoire, ses programmes et les cours de français qu'elle offre sur son site Internet). Présentez oralement, en français et en utilisant PowerPoint, les résultats de vos recherches ainsi que vos commentaires sur cette radio et sur ce qu'elle offre aux francophones et francophiles.

Section 3 Les langues de la France

Activité 1 : pour vous aider à bien vous préparer, Bianca vous conseille d'écouter un extrait d'un entretien d'embauche podcasté sur « Radio Étudiants » et portant sur les langues. Écoutez attentivement le document sonore suivant (de 2′22″ minutes) afin de pouvoir remplir, à l'aide d'un ou plusieurs mots, les blancs de la transcription.

Mademoiselle Cecaldi, parlez-moi un peu de vous s'il vous plaît.

Je suis de nationalité française, le français est donc __________.

Mais je suis née en Corse, dans une famille dont les __________ à très, très longtemps. On est corse depuis plusieurs générations. Par conséquent, je parle très bien cette langue régionale et je __________.

J' __________ le corse au lycée __________ – ce qui fait que je __________ en italien à l'oral.

Parlez-vous d'autres langues ?

Oui. J' __________, au collège d'abord, puis au lycée.

J' __________ l'anglais à l'âge de 11 ans et l'espagnol, 2 ans plus tard. À l'université, pendant un an, j' __________ de chinois, __________.

J'ai __________.

J' __________ en Espagne l'année de mon baccalauréat et comme j'ai des amis espagnols, je vais assez souvent en Espagne et donc, je __________ assez régulièrement.

Mon espagnol oral, __________ sont excellents ; mon niveau d'espagnol __________.

En ce qui concerne mon anglais, comme j'ai passé une année entière en Angleterre __________ dans un lycée et comme vendeuse dans un magasin de vêtements, il __________. Je parle anglais __________. Je suis __________.

Mes professeurs m'ont souvent dit que j' __________, que j'avais ce qu'on appelle « __________ ».

Vous ______ donc parfaitement l'anglais ?

Absolument, à l'oral comme à l'écrit.

Activité 2 : vous savez que Bianca est très fière de ses racines corses (elle écoute souvent la radio musicale en ligne « Alta Canzona Corsa »), mais vous savez fort peu de choses sur les langues régionales de la France. Aussi Bianca vous montre-t-elle la carte et les lois ci-dessous.

Utilisez le texte suivant, dans lequel les verbes à la voix passive sont soulignés et en caractères gras, et révisez, si nécessaire, la voix passive, afin de traduire en français les 4 phrases ci-dessous.

Politique linguistique de la France et langues régionales : 2 dates-clés

- **11 janvier 1951 :** Loi Deixonne sur l'enseignement des langues et dialectes locaux

ARTICLE PREMIER. – Le Conseil supérieur de l'Éducation nationale **sera chargé**, dans le cadre et dès la promulgation de la présente loi, de rechercher les meilleurs moyens de favoriser l'étude des langues et dialectes locaux dans les régions où ils sont en usage.

ART. 2. – Des instructions pédagogiques **seront adressées** aux recteurs en vue d'autoriser les maîtres à recourir aux parlers locaux dans les écoles primaires et maternelles chaque fois qu'ils pourront en tirer profit pour leur enseignement, notamment pour l'étude de la langue française.

ART. 3. – Tout instituteur qui en fera la demande **pourra être autorisé** à consacrer, chaque semaine, une heure d'activités dirigées à l'enseignement de notions élémentaires de lecture et d'écriture du parler local et à l'étude de morceaux choisis de la littérature correspondante.

Cet enseignement est facultatif pour les élèves.

Nicolas Sarkozy et les langues

Dans la réponse qu'il a adressée à La Coordination des Berbères de France, en avril 2007, Nicolas Sarkozy, alors candidat à l'élection présidentielle, a exprimé son point de vue sur la langue française.

Pour lui, cette dernière symbolise l'âme de la France, sa culture, et sa pensée. Selon lui, la diversité linguistique résulte de la liberté de pensée et du droit des peuples à disposer d'eux-mêmes. Aussi ne croit-il pas à la langue unique, ni à sa prétendue efficacité car, à ses yeux, elle équivaut à promouvoir la domination de la pensée unique.

Monsieur Sarkozy est tout à fait conscient que le patrimoine linguistique de l'Hexagone est riche de ses langues régionales, tout comme de celles parlées par les populations issues de l'immigration. Il reconnaît que ne rien faire, face à la disparition de certaines de ces langues, aboutirait à un réel appauvrissement, y compris pour le français. Monsieur Sarkozy désire, par conséquent, que leur enseignement relève de l'Éducation nationale. La France doit encourager leur pratique et leur diffusion.

Toutefois, Monsieur Sarkozy ne souhaite pas mettre le français en concurrence avec les langues régionales. L'unité française constitue, à ses yeux, un bien très précieux, mais ô combien fragile, qu'il se doit de préserver.

Aussi, conclut-il, s'il est élu président, il sera opposé à la Charte européenne des langues régionales, car il pense que l'adoption de cette charte risque de fragiliser le Pacte national. Monsieur Sarkozy craint que le juge européen chargé de faire appliquer cette charte n'accorde aux langues régionales le même statut que celui qui, actuellement, n'est attribué qu'à la langue française, seule langue officielle de la République.

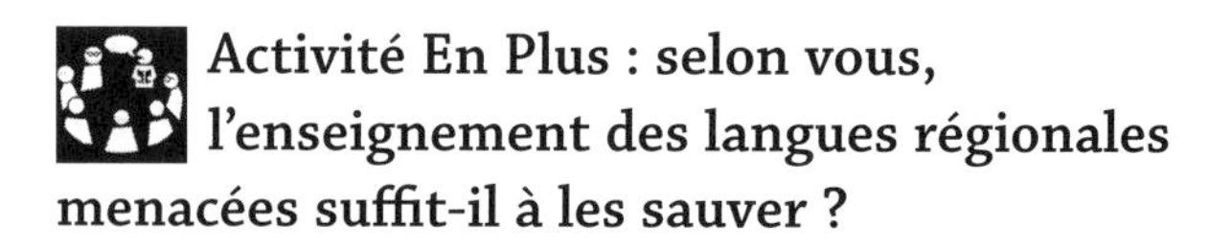

Activité En Plus : selon vous, l'enseignement des langues régionales menacées suffit-il à les sauver ?

Section 4 Les langues de la France (2)

Activité 1 : votre intérêt pour les langues régionales de la France étant désormais manifeste, Bianca vous donne l'article ci-dessous sur Bécassine, un personnage de bande dessinée créé en 1905.

Cherchez dans ce texte les mots et groupes de mots pour lesquels Bianca vous propose les expressions synonymes ci-dessous. Attention ! Ces mots ne sont pas listés dans leur ordre d'apparition.

Philippe Argouarch, Le Centenaire de Bécassine, Communiqué du Parti Breton, 4 février 2005,
http://www.partibreton.org/pb/article.php3?id_article=116

Le Parti Breton s'insurge contre le tintamarre fait autour du centenaire de la création du personnage de Bécassine et son officialisation avec l'émission prochaine d'un timbre poste à propos de ce centenaire. Le Parti Breton demande aux Bretons et à tous les Français sensibles au racisme d'écrire à la Poste pour protester. Le Parti Breton rappelle que les bandes dessinées de Bécassine sont, surtout dans les premiers numéros, des textes et des images racistes. Elles présentent les Bas-Bretons, qui en 1905 parlaient à 90 % une langue étrangère et n'étaient pas français de culture, comme des gens niais et bornés.
L'héroïne est une petite Bretonne d'origine paysanne, en coiffe et en sabots, qui, venant chercher du travail à Paris, trouve une place de bonne d'enfants chez la marquise de Grand'Air. Bécassine, surnom d'Annaïck La Bornez, est née à Clocher-les-Bécasses près de Quimper. Bécassine n'a pas de bouche. Elle n'en aurait pas besoin car elle ne parle pas le français. On ne lui reconnaît même pas sa langue natale : le breton. Elle est incapable de communication. Même sa coiffe est doublée sur ses oreilles pour bien montrer qu'elle n'entend pas bien non plus.
Le personnage demeure caractérisé par un dévouement aveugle à ses maîtres. D'après un professeur d'histoire contemporaine, « La Bécassine des premiers albums se singularise par une naïveté qui confine à la bêtise et qui repose sur trois piliers : sa mauvaise maîtrise de la langue française – qui fait qu'elle prend un mot pour un autre ou une expression imagée au pied de la lettre –, sa méconnaissance des usages sociaux et son ignorance des machines modernes ». […]

mots tirés du texte	synonymes
1.	a) au sens propre, littéral
2.	b) être limité intellectuellement ou avoir une certaine étroitesse d'esprit
3.	c) être naïf et un peu stupide
4.	d) être proche de quelque chose, être à la limite de quelque chose
5.	e) l'action d'une personne se consacrant entièrement à quelqu'un, sans se poser de questions
6.	f) la stupidité
7.	g) protester contre
8.	h) la succession de dessins racontant une histoire sur un support en papier
9.	i) un bruit très fort que produisent des sons (ou des avis) discordants
10.	j) un titre donné à une femme noble (entre duchesse et comtesse)
11.	k) une chaussure en bois
12.	l) une fille ou femme stupide

Activité 2 : Bianca a rapidement résumé pour vous le texte ci-dessus. Malheureusement, elle a commis quelques erreurs. Combien ? Quelles phrases sont inexactes ? À vous de les corriger !

Résumé de Bianca
Pour les 100 ans de Bécassine, le Parti Breton a publié un timbre représentant ce personnage breton de dessins animés.

Trouvant ce timbre anti-breton, La Poste encourage les Bretons à lui écrire pour se plaindre contre ce racisme. Elle rappelle que, dans les premières histoires de Bécassine, les Bas-Bretons paraissaient idiots et inintelligents.

Bécassine est une paysanne bretonne qui a trouvé un emploi de servante à Paris, chez une marquise qui lui est entièrement dévouée. Bécassine n'a aucune bouche et ses cheveux lui cachent les oreilles. Elle parle très mal le français et a d'énormes difficultés à le comprendre. Bécassine est plutôt crédule et déteste les machines modernes.

Activité 3 : dans le texte sur Bécassine, certains noms propres ont été créés dans un but bien particulier. Ils donnent une indication de la personnalité (vraie ou supposée) de la personne en question : Bécassine et Clocher-les-Bécasses sont tirés du nom commun « bécasse » tandis qu'Annaïck La Bornez est tiré de l'adjectif « borné ». Que pensez-vous de « la marquise de Grand'Air » ?
À vous maintenant de trouver quel nom propre ou surnom de la colonne de droite reflète le trait caractéristique de la colonne de gauche.

trait caractéristique de l'individu	noms propres ou surnoms
1. dont il est difficile de se débarrasser	a) « Cœur en or »
2. difficilement abordable ; peu ouvert aux autres	b) « Pinocchio »
3. toujours froid et distant	c) « Papillon »
4. lent	d) « la casserole »
5. petit et fragile	e) « la tête haute »
6. rusé	f) « Pantin »
7. séducteur	g) « le pot de colle »
8. extrêmement généreux	h) « mains percées »
9. qui n'éprouve aucune compassion	i) « le moustique »
10. qui dit du mal des autres	j) « le moulin à paroles »
11. facilement influençable	k) « la fouine »
12. qui parle beaucoup	l) « l'escargot »
13. qui ment souvent	m) « Hérisson »
14. fier, hautain, orgueilleux	n) « Glaçon »
15. maladroit, qui laisse tomber des choses	o) « Girouette »
16. qui ne reste pas en place une minute	p) « Don Juan »
17. qui chante mal	q) « Vipère »
18. qui change souvent d'opinion	r) « Cœur de pierre »

Activité 4 : pour vous prouver jusqu'où la politique linguistique française d'éradication du breton est allée, Bianca vous fait écouter 2 textes. Le premier, (de 2′01″ minutes), intitulé « Cet obscur sentiment qu'est la honte » est un texte d'André Polard, extrait de son ouvrage *L'Épilepsie du sujet*, paru chez L'Harmattan en juillet 2004 (Collection Études Psychanalytiques). Le deuxième s'intitule « Humanisme et Bretagne » (0′41″ minutes). Testez votre compréhension auditive en indiquant, en cochant la case appropriée, si les affirmations suivantes sont vraies ou fausses.

	vrai	faux
1. Il était acceptable de parler breton dans la cour de l'école mais pas dans la classe.		
2. À l'école, dans le domaine de la langue bretonne, les professeurs encourageaient les élèves à la délation.		
3. « Le symbole » était un objet mis au cou de l'élève qui avait dénoncé son camarade bretonnant.		
4. Les écoliers alsaciens ont eux aussi été victimes de la politique d'éradication des langues régionales.		
5. L'écolier qui avait été le premier à parler breton en classe emportait « le symbole » chez lui.		
6. De nombreux parents bretons se sont révoltés contre la politique du pouvoir central ; ils voulaient que leurs enfants soient bilingues.		
7. Il était écrit dans les livres d'école que parler breton était aussi sale et répugnant que cracher par terre.		
8. Les parents bretons pensaient qu'obliger les enfants à parler français à l'école aiderait ces derniers à avoir de meilleures perspectives d'avenir.		
9. À cette époque, pour de nombreux membres de la société française, le breton était synonyme de langue dépassée, appartenant au passé.		

Activité 5 : heureusement, la situation en Bretagne a beaucoup évolué depuis « le symbole » – ce que prouve le texte suivant, intitulé « Comment sauver la langue bretonne – Un cas d'école ». Avant de lire cet article, faites correspondre les mots et expressions de la colonne de gauche avec leur équivalent en anglais de la colonne de droite. Les mots tirés du texte sont dans l'ordre de leur apparition.

mots tirés du texte	traduction en anglais
1. faire un pied de nez à quelque chose	a. to gain ground
2. avoir failli faire quelque chose	b. besides
3. le piquet	c. software
4. le tableau d'honneur	d. to play blind man's buff
5. facultatif	e. to shake up
6. gagner du terrain	f. except for
7. outre	g. to ask for, to demand
8. dominical	h. optional
9. jouer à colin-maillard	i. to have almost done something
10. hormis	j. the corner (punishment)
11. secouer	k. to thumb one's nose at somebody
12. réclamer	l. the board of honour
13. un logiciel	m. on Sunday

Activité 6 : lisez maintenant le texte ci-dessous et répondez en anglais et de façon détaillée aux 10 questions de compréhension suivantes – qui sont dans l'ordre du texte. Il n'est pas nécessaire de faire des phrases entières.

Glossaire

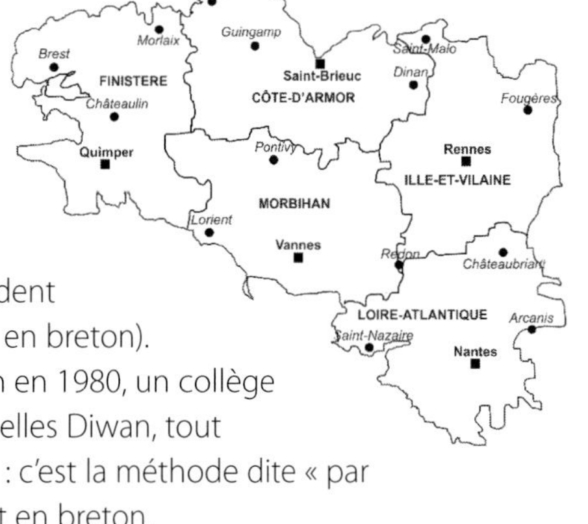

1. **Titeuf :** Titeuf est un personnage de bande dessinée, né en 1992 sous la plume du Suisse Philippe Chappuis (alias Zep). Titeuf est un pré-adolescent plutôt turbulent, pas très bon en classe, mais débordant d'imagination.
2. **Breizh :** Breizh signifie Bretagne en langue bretonne.
3. **Diwan :** en 1977, face aux pratiques linguistiques qu'ils estiment désastreuses pour la langue bretonne, des parents d'élèves bretons décident de créer dans le Finistère la première école maternelle Diwan (« germe » en breton). D'autres écoles maternelles seront créées, puis une école primaire Diwan en 1980, un collège Diwan en 1988 et un lycée Diwan en 1994. Les élèves des écoles maternelles Diwan, tout comme ceux en première année de primaire seront scolarisés en breton : c'est la méthode dite « par immersion ». Ensuite, l'enseignement est dispensé à égalité en français et en breton.

Boris Thiolay, Comment sauver la langue bretonne – Un cas d'école, *L'Express*, 7 juin 2007, http://www.lexpress.fr/info/france/dossier/bretagne/dossier.asp?ida=457852&p=2

[…] Comme un pied de nez à l'Histoire, la langue bretonne, bannie de l'école républicaine pendant la première moitié du XXe siècle, au point d'avoir failli s'éteindre en trois générations, est de retour dans les classes. […] Depuis quelques années, les élèves de terminale du lycée Diwan, à Carhaix, sont cités en exemple pour leur taux de 95 % de réussite au bac.

Du piquet au tableau d'honneur, le chemin a été long. C'est en 1951 que la loi Deixonne organise pour la première fois l'enseignement facultatif des «langues et dialectes locaux ». […]

Des émissions « made in Breizh ».

Télévisions ou radios, informations ou émissions culturelles : la langue bretonne gagne du terrain. Le breton doit une large part de sa vitalité nouvelle à sa présence dans les médias.

France 3 Ouest diffuse chaque semaine une heure quarante-cinq minutes de programmes en *brezhoneg*. Outre le journal télévisé quotidien de cinq minutes, capté en basse Bretagne, la chaîne régionale décline quatre rendez-vous hebdomadaires: *Red an amzer* (« le cours du temps »), une émission dominicale mêlant débats d'actualité et documentaires; *Digor Din !* (« ouvre-moi! »), un programme culturel, suivi, le samedi matin, par *Te ha me* (« toi et moi »), une conversation intimiste avec un jeune invité […]. Enfin, le mercredi matin, les enfants peuvent notamment regarder les aventures de Titeuf dans *Mouchig-Dall* (« colin-maillard »).

Côté radio, France Bleu Breiz Izel, à Quimper, programme une quinzaine d'heures d'émissions hebdomadaires spécifiques, ainsi que trois flashs d'information le matin. Cinq radios locales consacrent tout ou partie de leur antenne au breton.

[…] Dans la presse écrite, hormis un mensuel militant et un hebdomadaire confidentiel, les lecteurs retrouvent, chaque jeudi depuis cinq ans, une page entièrement en breton dans *Le Télégramme de Brest* […].

Mais l'avenir se joue également dans les nouveaux médias. Avec Webnoz, le premier talk-show mensuel interactif diffusé en prime time sur le Net, Lionel Buannic secoue le paysage audiovisuel breton. « Pendant deux heures, nous parlons de l'actualité culturelle […] et nous invitons des musiciens qui se produisent en direct, explique-t-il. Aujourd'hui, réclamer une télé en breton n'a plus de sens. Ce dont nous avons besoin, c'est d'Internet, de DVD, de logiciels. » […]

Questions

1. What does 95% refer to?
2. Why is 1951 a turning point for regional languages?
3. What can Lower Brittany viewers watch on a daily basis?
4. What can they watch on a weekly basis?
5. How many hours of Breton programmes does Breiz Izel broadcast every week?
6. What does Breiz Izel broadcast in the morning?
7. What does the author say about local independent radio stations?
8. What happens every Thursday?
9. What does Lionel Buannic do and how often?
10. According to him, where does the future lie for the Breton language?

Activité 7 : Bianca vous explique que ce regain de popularité pour la langue bretonne est en grande partie dû à la musique. À l'origine, cet élément essentiel de la civilisation populaire bretonne jouait un rôle quotidien, notamment lors des mariages et des gros travaux communautaires (moisson, battage). Lisez attentivement le texte (de 624 mots) sur « La celte-attitude » puis résumez-le en anglais en 250-260 mots.

Glossaire

1. **Alan Stivell :** dans les années 70, Alan Stivell crée le « folk rock celtic ». Cette époque va connaître la renaissance d'une musique purement traditionnelle, le développement de la version grand public (avec le groupe Tri Yann), celui de la chanson engagée (avec Glenmor et Gilles Servat) et l'explosion du métissage (avec Alan Stivell). Ces divers types de musiques et chansons bretonnes vont aider à faire disparaître le sentiment de honte d'être breton.
2. **La Saint-Patrick :** fête nationale irlandaise, la Saint-Patrick se célèbre le 17 mars.
3. **L'Olympia :** située à Paris, dans le 9e arrondissement, cette salle de concerts est, depuis 1954 et grâce à Bruno Coquatrix, un lieu prestigieux, symbole du music hall.
4. **Fest-noz :** signifiant « fête de nuit » en breton, cette fête traditionnelle locale a généralement lieu en plein air. Depuis le renouveau celtique des années 1990, le fest-noz est devenu extrêmement populaire : deux, voire trois générations dansent ensemble, affirmant ainsi leur appartenance à la communauté bretonne. Cette fête est également fort appréciée des touristes non bretons.

Musique bretonne et « celte-attitude » (1999)

Les années 70 ont connu le premier renouveau de la musique celte, grâce, notamment, à Alan Stivell et sa harpe celtique. En 1972, il a vendu 1,2 million d'exemplaires de l'enregistrement de son concert à l'Olympia. À cette époque, le régionalisme avait indiscutablement le vent en poupe : on entendait partout parler de langue bretonne et d'identité bretonne. Puis, soudain, les médias s'en sont désintéressés et la musique celte n'a plus fait la une.

Par contre, sur le terrain, les choses ont bougé, le déclic a eu lieu. Un impressionnant travail de fond a été réalisé. Ainsi, par exemple, dans les écoles et les conservatoires, la musique traditionnelle est désormais enseignée. Prenons, par ailleurs, l'exemple du Finistère et de la dizaine de fest-noz qui ont lieu tous les week-ends dans ce département : saviez-vous que des centaines, voire des milliers de personnes y participent ? Et comment ne pas parler de l'explosion des festivals ? Saviez-vous que la ville de Lorient, dans le département du Morbihan, organise chaque année son Festival Interceltique, mêlant musiques classique et traditionnelle mais aussi jazz et rock ? Saviez-vous que ce festival attire environ 400 000 personnes, dont 140 000 entrées payantes – ce qui représente une augmentation de 15 % par rapport à 1997 ?

Les Bretons, comme les autres populations, ont besoin de retrouver leurs racines, mais, attention, sans pour autant se laisser aller à la nostalgie. La preuve en est que, si l'on se penche sur les musiques qui ont marché, comme le rap ou le reggae, on voit qu'elles viennent toutes d'un lieu, d'une culture bien spécifiques, mais elles sont également le produit d'une évolution. Regardez le groupe de rap celtique Manau. En l'espace de quelques mois en 1999, ce trio parisien a littéralement explosé : 1,5 million de leur single *La Tribu de Dana* et 500 000 exemplaires de leur album *Panique celtique* ont été vendus. Expression urbaine et expression rurale se conjuguent désormais avec succès. Alan Stivell, quant à lui, prône l'union du « local » (c'est-à-dire la Bretagne) et du « global » (c'est-à-dire la planète). Vous ne serez donc pas surpris d'apprendre que, sur son nouvel album intitulé *1 Douar* (qui signifie « 1 terre » en breton), on trouve le chanteur du groupe écossais Simple Minds, Jim Kerr, le chanteur et compositeur gallois, John Cale, le chanteur sénégalais, Youssou N'Dour et le chanteur de raï originaire du Maghreb, Khaled.

Il est à noter que les Bretons ne sont pas les seuls à apprécier ce type de musique. L'engouement pour ce qu'on appelle désormais les « musiques du monde » et les « musiques métissées » a indiscutablement bénéficié de la « vague celtique » des années 90 – cette dernière ayant elle-même bénéficié de la popularité de la musique irlandaise, dans sa version traditionnelle mais aussi sa version rock (des années 80) – notamment avec le groupe U2 et son chanteur charismatique, Bono. Qui ne connaît pas « New Year's Day » ou « Bloody Sunday » ?

On ne peut pas, non plus, ne pas mentionner la popularité grandissante de célébrations comme celle de la Saint-Patrick, qui permettent à de plus en plus de gens de découvrir la culture celte, puis, généralement, la culture bretonne. Aujourd'hui, un nouvel album de musique bretonne sort chaque semaine et, grâce au nombre impressionnant d'instrumentistes (entre 5 000 et 6 000) qui sont membres d'organisations ou de fédérations de musique, jamais autant de musique n'a été jouée sur le sol breton. Qui plus est, la création d'écoles bilingues et le « réveil » d'un nombre non négligeable d'élus viennent renforcer cette « celte attitude ».

Last but not least, comme disent nos amis britanniques, il faut parler de la fête. Les Bretons adorent faire la fête et ce, depuis toujours. Trois générations qui dansent ensemble dans un même fest-noz, ce n'est pas une exception, mais plutôt la norme. En pays breton, la population se veut pluriculturelle.

Activité en plus : grâce à toutes les informations sur les langues régionales en général, et sur le breton en particulier, que contient ce chapitre, vous devriez être à même d'imaginer une conversation entre 3 personnes : un Parisien (fervent défenseur de la langue française et opposé à la Charte européenne des langues régionales), un Breton de 45 ans (ne parlant pas breton mais ayant poussé ses propres enfants à redécouvrir la langue de leurs ancêtres) et un jeune de 17 ans (bretonnant, fier d'être breton, adorant le fest-noz et la musique celtique en général). Votre discussion devra durer 4-5 minutes.

Activité 8 : à votre ordinateur !

1 Faites les exercices en ligne nos 27 et 28 portant sur les sections 3 et 4 de ce chapitre.

2 Effectuez des recherches sur l'Internet sur une autre langue régionale, celle de Bianca : le corse. Vous présenterez oralement, en français et en utilisant PowerPoint, un état des lieux sur cette langue, ses locuteurs, son enseignement, ainsi que sur le renouveau de la musique corse.

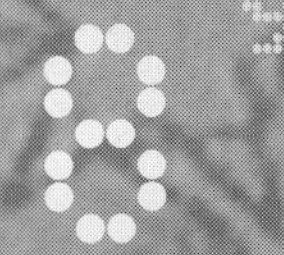

Lois et réglementations

	Section 1 ***La loi belge de 1893***	Section 2 ***La loi française de 1803***	Section 3 ***La loi française du 21 janvier 1995***	Section 4 ***Réglementations françaises d'octobre 2005***
Savoirs civilisationnels	- le vote obligatoire en Belgique - opinions des Français et des Canadiens sur le vote obligatoire et l'abstention	- le Code Civil et l'obligation alimentaire - la « loi 101 » du 26 août 1977 (Canada)	- la loi sur la vidéosurveillance - les questions de libertés individuelles et de droits de l'homme	- les « Gîtes de France® » - les « éco-gîtes »
Savoir-faire fonctionnels	- créer des charades en français	- utiliser le vocabulaire du domaine juridique - comprendre le québécois	- utiliser le vocabulaire du domaine juridique - comprendre le belge	- créer sa version du jeu « Qui veut gagner des millions ? »
Savoir-faire notionnels	**Grammaire :** - « y » (p. 127)	**Grammaire :** - le subjonctif (p. 134)	**Grammaire :** - « en » (p. 140)	
Activités de compréhension auditive	n° 2 (p. 126)	n° 4 (p. 135)	n° 1 (p. 139) n° 5 (p. 143)	n° 2 (p. 145)
Activités de compréhension écrite	n° 1 (p. 126) n° 5 (p. 128) n° 6 (p. 130)	n° 2 (p. 134)	n° 2 (p. 139) n° 4 (p. 141)	n° 1 (p. 145) n° 3 (p. 146) n° 5 (p. 147)
Activités de production écrite	n° 3 (p. 127)	n° 3 (p. 134) n° 5 (p. 136)	n° 3 (p. 140)	n° 4 (p. 147)
Activités de production orale	n° 4 (p. 127) n° 7 (p. 131) En Plus (p. 131)	n° 1 (p. 133) n° 6 (p. 137) En Plus (p. 137) n° 7 (p. 138)	n° 6 (p. 143) En Plus (p. 143)	En Plus (p. 148) n° 6 (p. 148)

CHAPITRE HUIT

Section 1 La loi belge de 1893

Activité 1 : les élections législatives approchant en France, Samira, votre amie belge, vous apprend que, dans son pays, le droit de vote est obligatoire depuis 1893. Ensuite, elle vous donne le texte suivant. Lisez-le attentivement et répondez, en anglais, aux 8 questions de compréhension suivantes qui sont dans l'ordre du document. Il n'est pas nécessaire de faire des phrases entières.

Le système électoral – Obligation de vote

http://www.senate.be/www/?MIval=/index_senate&MENUID=14130&LANG=fr

La Belgique est l'un des rares pays où le vote est encore obligatoire. Cela signifie que tous les citoyens disposant du droit de vote sont obligés de se rendre dans l'isoloir. Celui qui ne désire vraiment voter pour aucun parti ou aucun candidat peut glisser dans l'urne un bulletin blanc ou nul ou choisir l'option « vote blanc » sur l'écran de l'ordinateur.
Les personnes malades, incarcérées, séjournant à l'étranger ou se trouvant dans l'impossibilité de se rendre au bureau de vote en raison de leurs activités professionnelles ou scolaires ou de leurs convictions, peuvent voter par procuration. Elles désignent alors un autre électeur qu'elles chargent de voter en leur nom. Le formulaire de procuration à remplir à cette fin est disponible à l'administration communale et doit être signé à la fois par l'électeur empêché et par l'électeur qu'il délègue. L'impossibilité de se rendre au bureau de vote doit être prouvée par une attestation.
Celui qui, sans motif valable, ne se présente pas au bureau de vote est passible d'une sanction. La première fois, il encourt une réprimande ou une amende de 27,5 à 55 euros infligées par le juge de police. En cas de récidive, l'amende peut atteindre jusqu'à 137,5 euros.
Les Belges qui résident de manière permanente à l'étranger peuvent également voter aux élections législatives fédérales. Ils ont le choix entre différentes possibilités. Ils peuvent voter en Belgique ou à l'étranger. S'ils souhaitent voter en Belgique, ils devront s'inscrire comme électeur dans la commune belge de leur choix. S'ils sont à l'étranger, ils pourront voter auprès du poste diplomatique ou consulaire où ils sont inscrits. Dans les deux cas, ils pourront voter soit personnellement, soit par procuration.
Les Belges résidant à l'étranger peuvent également opter pour le vote par correspondance.
Les citoyens belges sont aussi tenus de répondre à une invitation à faire partie d'un bureau de vote ou de dépouillement. Les personnes qui sont appelées à faire partie d'un de ces bureaux et qui, sans motif valable, ne se présentent pas, sont passibles d'une amende de 275 à 1.100 euros.

Questions

1 Is attending the polling station on election day mandatory?
2 What does the text say about blank and spoilt ballot papers?
3 Is using ballot boxes the only method available to voters?
4 Who can vote by proxy?
5 What does the proxy process involve?
6 What happens to non-voters?
7 What can Belgian expatriates do if they want to vote abroad?
8 What does the text say about vote counting?

Activité 2 : Samira désirait connaître l'opinion des Français sur le vote obligatoire et sur le problème de l'abstention. Elle a découvert les sondages présentés ci-dessous. Écoutez attentivement ce document sonore (de 2′42″ minutes) afin de pouvoir remplir les blancs de la transcription ci-dessous.

Les 11 et 12 mars 2004, un ___ par l'IFOP (Institut Français d'Opinion Publique) auprès d'un ______ de 955 personnes ___ de 18 ans et plus.
Si ___ des personnes ___ déclarent être contre le vote obligatoire, ___ d'entre elles ___ **y** être favorables. Les 18-24 ans et les plus de 50 ans constituent les _____ se prononçant le plus en faveur du vote obligatoire. Les ___ de gauche approuvent un peu moins (___) ce principe que _____ de droite (___).
Quant à l'abstention, ___ des personnes interrogées

estiment qu'elle _____ de la population vis-à-vis des programmes politiques. Selon ___ des Français ___ – et selon ___ des ____, l'abstention s'explique par le fait que les programmes politiques _____ne correspondent pas ____de ce dernier.

En 2006, les thèmes de l'abstention et du vote obligatoire étant toujours d'actualité, un _____, LH2 (nouveau nom, depuis 2005, de la société Louis Harris), s'**y** est intéressé. Il a interrogé un échantillon représentatif de ___ personnes, les 15 et 16 septembre. Cette fois-ci, ___ des personnes interrogées ont déclaré _____ au vote obligatoire, contre ___ qui **y** _____. Celles qui **y** sont davantage ___ sont les 25-34 ans (___ **y** sont opposés), les chefs d'entreprise (___), les cadres et professions intellectuelles (___) et les sympathisants de gauche (___). À ___, les plus de 65 ans y sont les plus favorables, devant ___ de l'UMP (Union pour un Mouvement Populaire) (___) et les ouvriers (___).

Activité 3 : dans la transcription ci-dessus, « y » apparaît en caractères gras à 5 reprises. Réutilisez le vocabulaire des activités ci-dessus et, si nécessaire, révisez, à l'aide du tableau ci-dessous, l'emploi de « y », afin de pouvoir traduire en français les 6 phrases suivantes.

Zoom sur …
« y »

1. le pronom personnel « y »
a) il est utilisé pour remplacer une phrase verbale introduite par « à »
Les candidats de ce parti arriveront-ils **à** convaincre l'électorat féminin ? Oui, ils **y** arriveront. Will these party candidates succeed in convincing female voters? Yes, they will (do it).
b) il est utilisé pour remplacer un nom introduit par « à »
Est-ce qu'il s'attend **à** un taux d'abstention élevé ? Oui, il s'**y** attend. Is he expecting a high abstention rate? Yes, he is expecting it (to happen).
2. l'adverbe « y » (« there »)
Quand t'es-tu rendu au bureau de vote ? Je m'**y** suis rendu ce matin. When did you go to the polling station? I went **there** this morning.

1. The polling booth is on the right; he will cast his vote there.
2. What do male voters think about her ideas? They are morally opposed to it.
3. They talked about the new law to the over-60s age group; the majority (68%) are not in favour of it.
4. They conducted a survey in Wales; 83% of the respondents were born there.
5. Did you take part in a survey on compulsory voting? Yes, I did take part in it.
6. You could write an article about abstention in France. I am thinking about it.

Activité 4 : cette question du vote obligatoire retient manifestement votre attention. Vous vous demandez si certains parlementaires français sont favorables à ce principe. Vos recherches vous conduisent à un député de droite, de l'UMP, M. Charles Cova ; ce dernier est à l'origine de la proposition de loi suivante. Lisez attentivement ce texte puis essayez d'expliquer, en français, les termes-clés suivants – qui suivent l'ordre dans lequel ils apparaissent dans le document.

N° 1698 (rectifié)

ASSEMBLÉE NATIONALE

CONSTITUTION DU 4 OCTOBRE 1958

DOUZIÈME LÉGISLATURE

Enregistré à la Présidence de l'Assemblée nationale le 23 juin 2004.

PROPOSITION DE LOI

visant à rendre **obligatoire** *l'***exercice** *du droit de* **vote** *pour tous les électeurs français,*

(Renvoyée à la commission des lois constitutionnelles, de la législation et de l'administration générale de la République, à défaut de constitution d'une commission spéciale dans les délais prévus par les articles 30 et 31 du Règlement.)

PRÉSENTÉE

par MM. Christian JEANJEAN, Jean-Claude BEAULIEU, Marc BERNIER, Jacques BOBE, Mme Françoise BRANGET, MM. Bernard BROCHAND, François CALVET,

Alain CORTADE, Louis COSYNS, Charles COVA, Olivier DASSAULT, Jean-Pierre DECOOL, Jacques DOMERGUE, Dominique DORD, Marc FRANCINA, Mme Arlette FRANCO, MM. Jean-Yves HUGON, Jacques LAFLEUR, Thierry LAZARO, Robert LECOU, Jean-Marc LEFRANC, Jean-Pierre LE RIDANT, Mme Muriel MARLAND-MILITELLO, MM. Pierre MICAUX, Etienne MOURRUT, Daniel PRÉVOST, Jacques REMILLER, Jean-Marc ROUBAUD, Max ROUSTAN, Mme Irène THARIN, MM. Alfred TRASSY-PAILLOGUES et Léon VACHET

Députés.

EXPOSÉ DES MOTIFS

Mesdames, Messieurs,
Depuis un certain nombre d'années toutes les élections sont marquées par un abstentionnisme croissant mettant en péril la démocratie et la légitimité des pouvoirs.
Les raisons de ce désintérêt sont multiples et traduisent certainement un malaise profond de notre société en affaiblissant le civisme, faussant le fonctionnement des organes représentatifs.
En démocratie voter est un droit mais aussi un devoir garantissant, par sa fonction sociale, l'adhésion de chacun à la vie politique de la France.
La proposition de loi qui est soumise à l'approbation du Parlement tend à rendre le suffrage universel obligatoire.
Ce droit de vote obligatoire doit être assorti d'aménagements du code électoral permettant une plus grande souplesse des conditions de vote :

- reconnaissance et décompte des bulletins blancs dans les résultats du scrutin par la mise à disposition des électeurs de bulletins blancs dans les bureaux de vote,
- vote en semaine par l'octroi de 2 heures légales dites « heures civiques de vote »,
- amélioration des mécanismes de vote par procuration.

Cette proposition de loi contribue à restaurer la vitalité de notre démocratie et renforce le droit de tout citoyen au libre choix par la participation de chacun à la vie politique de notre pays.
Tels sont, Mesdames, Messieurs, les motifs pour lesquels il vous est demandé d'adopter la proposition de loi dont le texte suit.

PROPOSITION DE LOI

Article 1er

L'article L. 1 du code électoral est complété par 2 phrases ainsi rédigées : « Il est obligatoire. Ce vote aura lieu en semaine le mercredi, jour de fermeture des écoles publiques, par l'attribution à chaque citoyen de 2 heures civiques légales de vote. »

Article 2

Après l'article L. 117 il est inséré un article L. 117 *bis* ainsi rédigé :
« *Art. L. 117* bis. – Tout électeur qui, sans motif reconnu valable, n'a pas pris part aux opérations électorales ou aux consultations par voie de référendum, qui n'a pas justifié cette absence et prouvé sa bonne foi, sera sanctionné par une amende. »

Article 3

Après le premier alinéa de l'article L. 58 il est inséré un alinéa ainsi rédigé :
« Il sera mis à la disposition des électeurs pendant toute la durée du vote des bulletins blancs du même format que les bulletins des candidats. »

Article 4

L'article L. 65 est complété par un alinéa ainsi rédigé :
« Les bulletins blancs sont décomptés et proclamés séparément des bulletins dans les résultats du scrutin et entrent en compte pour la détermination des suffrages exprimés. »

Article 5

Les modalités d'application de la présente loi sont déterminées par un décret pris en conseil d'État.
 http://www.assemblee-nationale.fr/12/propositions/pion1698.asp

mots tirés du texte	explication/ définition en français
1. une démocratie	a)
2. la légitimité des pouvoirs	b)
3. le civisme	c)
4. les organes représentatifs	d)
5. le suffrage universel	e)
6. des aménagements	f)
7. des heures civiques de vote	g)

Activité 5 : Pierre, qui a de la famille au Canada, vous apprend que la question du vote obligatoire n'est nullement spécifique à la France. Il vous suggère de lire un article paru dans la *Revue parlementaire canadienne*. Suivez ses conseils et testez votre compréhension écrite en répondant, en français, aux 12 questions ci-dessous – qui sont dans l'ordre du document. Il n'est pas nécessaire de faire des phrases entières.

John C. Courtney et Drew Wilby, Le débat sur le vote obligatoire, *Revue parlementaire canadienne*, hiver 2007, vol. 30 no 4, pp. 42-46

http://www.parl.gc.ca/Infoparl/francais/issue.htm?param=187&art=1265

[...] Il y a plus d'un siècle, la Chambre des communes s'[est] penchée sur la [...] question du [vote obligatoire]. [...]Un projet de loi présenté par Guillaume Amyot (nationaliste conservateur, Bellechasse) a été étudié au cours de trois sessions parlementaires consécutives, soit en 1891, 1892, et 1893. Pour Amyot, l'objectif du vote obligatoire était d'assurer la « pureté en politique ». Selon lui, les élections étaient corrompues à cause d'une coutume odieuse que pratiquaient les partis, les candidats et les électeurs. En un mot, il s'agissait de subornation. Pour s'assurer que leurs partisans votaient, les candidats organisaient leur transport et, assez souvent, ils leur versaient une prime financière après le vote.

[...] Le vote obligatoire représentait également un moyen de mettre fin à la « substitution de personne ». Selon Cartwright, il était très courant de « faire venir des gens pour voter au nom de ceux qui sont absents depuis très longtemps ». Selon la logique, si tous les électeurs étaient obligés de voter, ils devraient se présenter en personne, et cela mettrait un terme à l'imposture.

[...] Les projets de loi de 1891 et 1892 contenaient une solution ingénieuse à une critique souvent formulée à l'égard du vote obligatoire, à savoir qu'un électeur qui ne souhaitait pas voter serait obligé de le faire, à défaut de quoi il ferait face à des poursuites judiciaires. Dans le but d'éviter la contrainte inutile des électeurs, Amyot proposait de permettre à tout électeur qui préférait ne pas voter de retirer son nom de la liste au moins 30 jours avant l'élection. [...] Selon un opposant du projet de loi, le principal problème de ce dernier résidait dans ses pénalités « draconiennes ». Même les partisans d'Amyot à la Chambre des communes trouvaient répréhensibles l'amende sévère, la peine de prison et les dispositions de disqualification. Certains députés ont laissé entendre (bien que, curieusement ils n'aient pas insisté sur ce point) qu'exiger de tous les électeurs qu'ils se rendent à un bureau de scrutin le jour d'une élection ne réglerait qu'en partie le problème auquel on voulait s'attaquer. Les candidats et les partis auraient toujours intérêt à offrir le transport aux électeurs et, peut-être, à leur remettre des sommes d'argent en catimini, et les électeurs continueraient d'accepter ou, même, de solliciter des pots-de-vin. La seule différence serait qu'étant donné l'obligation de voter, un plus grand nombre d'électeurs seraient, en quelque sorte, dans la course à l'argent. La conséquence pratique de la tentative d'obtenir un taux de participation de 100 % serait qu'il faudrait disposer de sommes encore plus importantes pour inciter les électeurs à appuyer un candidat ou un parti donné que lorsque le vote est facultatif.

Dans une tentative pour obtenir plus d'appuis, Amyot a accepté, en 1892, que son projet de loi soit étudié par un comité restreint composé de onze membres de la Chambre [des Communes]. La version modifiée déposée par le comité l'année suivante s'est révélée beaucoup moins radicale que l'original. Elle [...] réduisait à 10 $ l'amende imposée à ceux qui n'allaient pas voter, elle annulait la peine d'emprisonnement et l'interdiction de participer à une élection pendant cinq ans, et elle éliminait la disposition permettant aux adultes de poursuivre ceux qui n'avaient pas voté et de récolter le montant de l'amende qu'ils auraient payée. [Ceux] qui refusaient de voter pour des raisons religieuses, ont mené, en 1893, à l'inclusion, dans le projet de loi, des « scrupules religieux » comme excuse raisonnable pour ne pas se conformer à la loi.

[...] À ceux qui soutenaient que le vote obligatoire entravait la liberté individuelle, Amyot a répondu en présentant d'autres « entraves » sanctionnées par la loi, notamment le paiement d'impôts, l'obligation de faire partie d'un jury et l'interdiction de vendre des boissons alcoolisées sans permis. Il a conclu ainsi : « En un mot, qu'est-ce que la société humaine en elle-même si ce n'est une renonciation aux droits particuliers en faveur du bien-être général? »

Glossaire

1. **en catimini :** on the sly, on the quiet
2. **verser des pots de vin à quelqu'un :** to bribe someone

Questions

1. Qui, selon Guillaume Amyot, était corrompu au Canada à la fin du 19e siècle ?
2. Pourquoi les élections étaient-elles une période profitable pour les électeurs ?
3. Quelle autre pratique très répandue existait à cette époque ?
4. Pourquoi peut-on dire que la proposition de loi d'Amyot comportait une certaine souplesse ?
5. Selon cette proposition, quelles punitions un abstentionniste risquait-il ?
6. Selon le texte, qu'arriverait-il si ce projet de loi était adopté ?
7. Si le vote devenait obligatoire, que devraient faire les candidats ?
8. Qu'a fait Amyot en 1892 afin de faire voter son projet de loi ?

9 Pourquoi peut-on dire que son projet initial encourageait la délation ?
10 Quel autre changement Amyot a-t-il apporté à son projet en 1893 ?
11 Pourquoi Amyot fait-il référence au paiement des impôts et à la vente de boissons alcoolisées ?
12 Selon Amyot, qu'est-ce qui est nécessaire au bon fonctionnement d'une société ?

Activité 6 : lisez maintenant la deuxième partie de cet article afin de pouvoir compléter le tableau ci-dessous.

John C. Courtney et Drew Wilby, Le débat sur le vote obligatoire, *Revue parlementaire canadienne*, hiver 2007, vol. 30 no 4, pp. 42-46
http://www.parl.gc.ca/Infoparl/francais/issue.htm?param=187&art=1265

Le projet de loi Harb de 2005

[...] La raison d'être du projet de loi S-22 était la baisse de la participation électorale et ses conséquences nuisibles à long terme pour la démocratie canadienne et la légitimité du gouvernement. Notant que le taux de participation aux élections fédérales de 2004 a été le plus faible de tous les temps, le sénateur Harb a déclaré que les causes profondes de ce déclin étaient « le dégoût qu'inspirent les politiciens, l'indifférence à l'égard des enjeux [...], le manque de temps des électeurs [et] l'affaiblissement du devoir civique ». Son projet de loi visait à répondre au besoin de « rétablir la participation au processus électoral en tant que devoir civique au sein de notre société ». L'exercice du vote équivalait selon lui aux autres devoirs civiques des citoyens comme « celui de payer les impôts, le devoir de servir de juré, de porter une ceinture de sécurité ou de fréquenter l'école jusqu'à l'âge de 16 ans ». [...]
Les opposants au projet de loi S-22, tant du côté du gouvernement que de celui de l'opposition, voyaient la chose différemment. Ils étaient d'accord avec le sénateur Harb sur le fait que le déclin de la participation électorale était préoccupant et sur son diagnostic des causes de ce phénomène, mais ils [...] prônaient tout simplement la liberté de choix de l'électeur : la décision de voter ou non devait être laissée à chacun. Le leader de l'opposition (le sénateur Noël Kinsella) a déclaré ce qui est devenu le point de vue commun des opposants au projet de loi, à savoir que le droit de vote dont il est question à l'article 3 de la *Charte canadienne des droits et libertés* « comprend le droit de ne pas voter ». [...] Les détracteurs du projet de loi S-22 ne voyaient pas l'obligation de voter comme la solution à la baisse de la participation électorale ainsi qu'à l'apathie et au cynisme des électeurs. Ils favorisaient plutôt une variété de réformes sociétales et politiques, à commencer par une meilleure sensibilisation des jeunes et des néo-Canadiens à l'importance de voter. [...]. Selon [ces opposants], il fallait faire participer davantage les citoyens aux débats sur les politiques à d'autres moments que les élections. Ils estimaient également que les médias étaient en partie responsables de la baisse du taux de participation électorale et qu'ils devraient offrir une couverture plus équilibrée et moins négative de la politique. Les politiciens et les gouvernements devaient accepter le fait qu'ils avaient failli à leur obligation d'informer le public et de l'inclure dans les débats qui le touchaient directement. Il leur fallait prendre des mesures pour corriger cette situation.

	vrai	faux
1. En 2004-2005, l'abstention est devenue un véritable problème au Canada.		
2. L'auteur de ce texte pense que le gouvernement élu n'est pas représentatif.		
3. La classe politique est détestée.		
4. Les citoyens canadiens ne s'intéressent pas aux problèmes de leur pays.		
5. Les opposants au projet de loi Harb admettent la gravité du problème posé par l'abstentionnisme.		
6. Toutefois, ils ne sont pas d'accord avec Harb sur les raisons.		
7. Le droit de ne pas voter est inscrit dans la Constitution française.		
8. Harb veut que les électeurs canadiens comprennent combien voter est important ; là est, selon lui, la solution au problème de l'abstention.		
9. Les détracteurs de Harb veulent encourager l'électorat canadien à aller voter contre son projet de loi.		
10. Les médias sont, selon ces opposants, en partie responsables du taux élevé d'abstention.		
11. Les citoyens canadiens ne se sentent pas informés par les élus de leur pays.		
12. Les citoyens canadiens se sentent tenus à l'écart.		

Activité 7 : aidez-vous des arguments des textes ci-dessus et du tableau ci-dessous pour imaginer la conversation entre 2 jeunes électeurs. L'un pense que, dans un pays comme la France, où il est obligatoire d'aller à l'école jusqu'à 16 ans et d'obtenir son permis afin d'avoir le droit de conduire une voiture, la participation aux choix de la nation ne peut pas rester facultative. L'autre électeur est, lui, fervent défenseur de la liberté de ne pas voter ; il penche plutôt pour des solutions efficaces au problème du faible taux de participation électorale. Votre argumentation devra être convaincante et votre discussion devra durer 4-5 minutes.

Abstention lors des élections législatives

	années 80		années 90		années 2000	
	année	**taux d'abstention**	**année**	**taux d'abstention**	**année**	**taux d'abstention**
Belgique	1987	6,6	1995	8,9	2007	9
			1999	9,8		
Royaume-Uni	1987	24,6	1997	28,8	2001	41
					2005	39
France	1986	21,5	1997	32.0	2002	35,6
	1988	34,3			2007	39,5

Activité En Plus : ne quittons pas le domaine de la politique mais terminons cette section sur une note plus légère. Voici 6 charades que vous devrez résoudre grâce aux indices suivants. Bonne chance !

Charade 1:

1 Mon premier est le participe passé de « boire ».

2 Mon deuxième est la traduction, au masculin singulier, de « the ».

3 Mon troisième signifie « skin complexion » en français.

4 Mon tout est ce que l'on met dans l'urne le jour des élections.

Charade 2:

1 Mon premier est la traduction de « through » en français.

2 Mon deuxième est la traduction, au masculin singulier, de « the ».

3 Mon troisième est la première personne du singulier, au présent, de « to tell lies ».

4 Mon quatrième est le nom de notre planète.

5 Mon tout est le titre des personnes qui siègent à l'Assemblée.

Charade 3:

1 Mon premier est la traduction de « some » en français.

2 Mon deuxième est le participe passé de « pouvoir ».

3 Mon troisième est une boisson que boivent beaucoup d'Anglais.

4 Mon tout est le titre des personnes qui siègent au Parlement.

Charade 4:

1 Mon premier est l'abréviation du contraire d'« amateur ».

2 Mon deuxième est la traduction de « but » en français.

3 Mon troisième est la traduction, au masculin, de l'adjectif démonstratif « this ».

4 Mon tout est ce que font tous les candidats lors de leur campagne électorale.

Charade 5:

1 Mon premier est la première lettre de l'alphabet.

2 Mon deuxième est la traduction de « blood » en français.
3 Mon troisième est la traduction de « wheat » en français.
4 Mon tout est le lieu où sont votées les lois.

Charade 6:

1 Mon premier est la quatrième lettre de l'alphabet.
2 Mon deuxième est une feuille de papier que donnent, dans la rue, les candidats aux passants.
3 Mon troisième : il y en a 24 dans une journée.
4 Mon tout est synonyme d'« opposé ».

À votre tour maintenant ! Créez vos propres charades et testez vos camarades.

Section 2 La loi française de 1803

Activité 1 : un soir, vos colocataires vous proposent de regarder un film sorti en 2001, *Tanguy*, inspiré d'un vrai fait de société : les procès intentés par certains enfants majeurs contre leurs parents afin de percevoir, en toute légalité, une pension alimentaire grâce à l'article 203 du Code Civil de 1803. Après le film, Bianca vous donne le texte suivant. Lisez-le puis complétez le tableau suivant.

mots tirés du texte	synonymes en français
1. anéantir une personne	a)
2. assigner une personne en justice	b)
3. entretenir une personne	c)
4. héberger	d)
5. la judiciarisation	e)
6. obtempérer	f)
7. recenser	g)
8. rester lettre morte	h)
9. saisir la justice	i)
10. se faire traîner en justice	j)
11. subvenir aux besoins d'une personne	k)
12. un débiteur	l)
13. un plaignant	m)
14. une pension alimentaire	n)
15. verser de l'argent	o)

Traînés en justice par leurs enfants majeurs pour « obligation alimentaire » (septembre 2007)

En France, l'article 203 du Code Civil, qui date du 19e siècle, stipule que « les époux contractent ensemble par le seul fait du mariage, l'obligation de nourrir, entretenir et élever leurs enfants ». Grâce à cette loi, les enfants peuvent, en toute légalité, et même après avoir atteint la majorité, saisir la justice afin de forcer leurs parents à les entretenir – et ce, jusqu'à ce qu'ils **soient** en mesure de subvenir eux-mêmes à leurs propres besoins.

Le nombre de cas d'enfants invoquant cet article 203 pour assigner leurs parents en justice a fortement augmenté dans les années 1990. Il s'est actuellement stabilisé – on compte désormais 2000 assignations par an.

En 2006, Mme C., une femme au foyer mère de 4 enfants (3 fils et une fille), a ressenti une intense souffrance psychologique car elle s'est retrouvée traînée en justice par une personne à laquelle elle avait toujours régulièrement et spontanément donné 300 euros par mois : sa propre fille. En 2005, cette dernière venait d'échouer à son concours d'entrée en médecine. En état de crise, elle est partie de chez ses parents et la famille de son petit ami l'a alors hébergée. Quelques mois plus tard, elle a assigné ses parents en justice pour « obligation alimentaire ». Suite à la décision du juge, Mme C. a dû (et doit encore) verser à sa fille une pension alimentaire mensuelle de 450 euros – la plaignante en avait demandé 600 ! Ce qui fait le plus mal à Mme C., c'est cette judiciarisation du conflit.

Mme C. a rejoint un organisme récemment créé, ASIPA 203 (Association de Soutien et d'Information des Parents confrontés à l'Article 203 du Code Civil). Selon Monique, la co-fondatrice de cet organisme, le montant des pensions alimentaires que demandent les juges varie énormément : de 1500 euros – la plus élevée recensée par ASIPA – à 10 euros (somme que doit verser une femme ne percevant aucun revenu). Certains juges vont jusqu'à exiger des parents qu'ils financent les vacances de leurs enfants majeurs. Même si les parents débiteurs trouvent de tels jugements abusifs, ils doivent obtempérer.

Certes, des propositions de loi ont été faites dans le but de changer la législation mais, malheureusement, elles sont toutes restées lettre morte. ASIPA 203 pense qu'il est grand temps que le gouvernement **réagisse** et **fasse** quelque chose. Il ne faut plus que les enfants devenus majeurs **puissent** ainsi utiliser cet article 203. Il faut que de tels abus **prennent** fin.

Activité 2 : testez maintenant votre compréhension du document ci-dessus en répondant, en anglais, aux 10 questions suivantes, qui ne sont pas forcément dans l'ordre du texte. Il n'est pas nécessaire de faire des phrases entières.

Questions

1. What happened to Cécile's daughter in 2005? (5 items)
2. What did Cécile's daughter do in 2006?
3. What does '450 euros' refer to?
4. What does '300 euros' refer to?
5. What happened in the 1990s?
6. What does the figure of 2000 refer to?
7. What is ASIPA 203?
8. What does Article 203 of the Civil Code say?
9. What does '10 euros' refer to?
10. Is the law likely to change?

Activité 3 : dans le texte ci-dessus, 5 verbes sont au subjonctif – ils apparaissent en caractères gras. Réutilisez le vocabulaire de l'activité 1 et, si nécessaire, révisez, à l'aide du tableau ci-dessous, le subjonctif afin de pouvoir traduire en français les 8 phrases suivantes.

Zoom sur …
le subjonctif

1. conjugaison		
a) conjugaison des verbes réguliers		
verbes en er (aim**er**)	**verbes en ir** (fin**ir**)	**verbes en re** (descend**re**)
J'aim **e**	Je fin **isse**	Je descend **e**
Tu aim **es**	Tu fin **isses**	Tu descend **es**
Il/elle/on aim **e**	Il/elle/on fin **isse**	Il/elle/on descend **e**
Nous aim **ions**	Nous fin **issions**	Nous descend **ions**
Vous aim **iez**	Vous fin **issiez**	Vous descend **iez**
Ils/elles aim **ent**	Ils/elles fin **issent**	Ils/elles descend **ent**
b) conjugaison de quelques verbes irréguliers très utiles		
aller : j'aille	écrire : j'écrive	pouvoir : je puisse
avoir : j'aie	être : je sois	prendre : je prenne
boire : je boive	faire : je fasse	savoir : je sache
devoir : je doive	lire : je lise	venir : je vienne
dire : je dise	mettre : je mette	vouloir : je veuille
2. emploi		

a) le subjonctif est utilisé après des verbes exprimant une possibilité, un ordre, un doute, une émotion, un désir, ce que l'on aime ou n'aime pas	
Je ne pense pas qu'elle **sorte** ce soir. Tu veux qu'il **parte** tout de suite. Elle doute/elle ne croit pas/elle n'est pas certaine qu'ils **réussissent**. Nous sommes heureux/nous regrettons qu'elle **soit** ici. Vous souhaitez qu'ils **aient** moins de problèmes de santé. Ils préfèrent que vous **reveniez** plus tard.	
b) le subjonctif est aussi utilisé après un certain nombre d'expressions impersonnelles	
Il est dommage que	Il est probable que
Il est essentiel que	Il est rare que
Il est important que	Il est utile que
Il est naturel que	Il faut que
Il est nécessaire que	Il n'y a rien que
Il est normal que	Il vaut mieux que
Il est possible que	
c) le subjonctif est aussi utilisé après les conjonctions suivantes	
à condition que	bien que
afin que	quoique
pour que	de crainte que
à moins que	de peur que
avant que	jusqu'à ce que
en attendant que	sans que

1. It is very important that you write to the recently created association.
2. Unless she succeeds in changing the legislation, many parents will be taken to court.
3. She does not want her daughter to be a housewife.
4. Until they receive financial support from their parents, they will not leave home.
5. They would like their eldest son, who is still a minor, to become a judge.
6. It is essential that ASIPA's members support the parents who must nourish and maintain their children, even though the latter are of age.
7. He would like Mrs Tentorini to come to Paris to discuss the issue.
8. I cannot believe that the law entitles her to sue her parents.

Activité 4 : Bianca vous conseille maintenant d'écouter le document sonore suivant (de 1′54″ minutes) qui apporte des renseignements supplémentaires sur l'application du Code Civil français. Lisez tout d'abord le glossaire ci-dessous puis écoutez attentivement le texte afin de pouvoir remplir les blancs de la transcription ci-dessous avec les formes verbales appropriées.

Glossaire

1. **Trancher (une décision) :** to decide
2. **Un ouvrier spécialisé :** a semi-skilled worker
3. **Un enfant à charge :** a dependent child
4. **L'impécuniosité :** serious lack of money
5. **Impécunieux :** short of money
6. **Un aïeul :** grandparent

Application du Code Civil français

Le 10 avril 2007, au tribunal de grande instance de Lille, le juge ___ : Cyril, 20 ans, qui ____ Mme X, sa propre mère, en justice et ___ 250 euros de pension alimentaire, ____ vivre … chez sa mère ! Devant le manque de revenus de celle-ci (une ouvrière spécialisée percevant un salaire mensuel de 976 euros, versant un loyer mensuel de 363 euros et ayant un autre enfant à charge), le magistrat lillois ___ que le paiement de la pension par Mme X ___ par conséquent en nature. Bref, en application de la loi de 1804 (portant sur l'obligation envers les descendants, qui, en cas d'impécuniosité des débiteurs, ___ de ces derniers qu'ils ___ leurs enfants dans leur demeure et qu'ils les ___), Mme X, la débitrice impécunieuse, ___ donc ___ le même toit que le plaignant.

S'il ___ une obligation envers les descendants, il ____également une envers les ascendants. Aussi, ne ___-on pas voir, dans un futur plus en moins proche, un juge ___ que le devoir d'enfants (voire de petits-enfants) impécunieux ____ leur aïeul sous leur toit ? Cela ___ certainement réfléchir !

Activité 5 : face aux conséquences négatives que peut entraîner l'application de l'article 203, vous vous demandez si certains membres de la classe politique ont tenté de modifier la loi. Vous découvrez que Pierre Cardo, député de l'UMP (Union pour un Mouvement Populaire), a déposé le projet de loi suivant – de 620 mots. Avant de résumer, en anglais et en 300-320 mots, le passage sur l'exposé des motifs, regardez le glossaire suivant.

Glossaire

1. **Être dispensé de :** to be exempt/exempted from
2. **En guise de quelque chose :** by way of
3. **Être tenu de faire quelque chose :** to be obliged to do something
4. **À plus forte raison :** all the more so
5. **Un tiers :** a third party
6. **Entamer :** to start
7. **Être lésé :** to be badly done by/to be at a disadvantage/to lose out

N° 3674
ASSEMBLÉE NATIONALE
CONSTITUTION DU 4 OCTOBRE 1958
ONZIÈME LÉGISLATURE
Enregistré à la Présidence de l'Assemblée nationale le 20 mars 2002.
PROPOSITION DE LOI
tendant à réformer *les* dispositions *du* code civil *relatives aux* obligations d'entretien *des* enfants.

(Renvoyée à la commission des lois constitutionnelles, de la législation et de l'administration générale de la République, à défaut de constitution d'une commission spéciale dans les délais prévus par les articles 30 et 31 du Règlement.)

PRÉSENTÉE
par M. Pierre CARDO,
Député.

Droit civil.

EXPOSÉ DES MOTIFS

Mesdames, Messieurs,

L'article 203 du code civil crée, « pour les époux, par le seul fait du mariage, l'obligation de nourrir, entretenir et élever leurs enfants ». Il est complété par l'article 208 qui prévoit que « les aliments ne sont accordés que dans la proportion du besoin de celui qui les réclame, et de la fortune de celui qui les doit… ». L'article 211 du même code, enfin, précise que « le juge prononcera également si le père ou la mère qui offrira de recevoir, nourrir et entretenir dans sa demeure, l'enfant à qui il devra des aliments, devra dans ce cas être dispensé d'une pension alimentaire ».

Si le principe même de l'obligation faite aux parents par l'article 203 du code civil ne peut être mis en cause, il convient cependant d'apporter une réponse plus précise quant à la détermination des pensions dues, notamment pour les enfants ayant atteint leur majorité et ayant décidé de quitter, pour quelque raison que ce soit, le domicile des parents.

En effet, une évolution relativement récente de la société amène de plus en plus d'enfants à obliger, par voie judiciaire, leurs parents à verser des sommes considérables en guise d'aliments, pouvant aller jusqu'à 10 % des revenus mensuels des parents.

Le recours à la voie judiciaire est même parfois encouragé lorsqu'un enfant majeur, souhaitant poursuivre des études, sollicite l'attribution d'une bourse d'études.

Devant les tribunaux, le demandeur n'est pas tenu d'apporter les preuves de ses besoins, ni, à plus forte raison, de ses biens et revenus éventuels et le parent débiteur, dont seul le revenu mensuel est pris en compte, ne peut pas faire valoir ses capacités réelles, faites aussi d'obligations diverses à l'égard d'autres

enfants ou de tiers (remboursements de crédits, autres obligations alimentaires, …).
Par voie de conséquence, dans un certain nombre de cas, ce sont les autres enfants du couple qui n'ont pas entamé de procédure à l'encontre des parents qui sont lésés dans l'immédiat et dans l'avenir.
Afin de remédier à ces situations, il convient de compléter le code civil.
Pour ces raisons, nous vous demandons, Mesdames et Messieurs, de bien vouloir adopter la présente proposition de loi.

PROPOSITION DE LOI

Article 1er

Après l'article 203 du code civil, il est inséré un article 203-1 ainsi rédigé :
« *Art. 203-1.* – L'enfant majeur qui demande une pension alimentaire est tenu de démontrer qu'il est dans le besoin et ne dispose pas de biens ou de ressources personnelles lui permettant d'assurer sa subsistance. Au cas où la pension alimentaire est demandée en vue de poursuivre des études, elle n'est accordée que sous condition, pour le demandeur, de justifier annuellement de la poursuite normale de sa scolarité. »

Article 2

Le premier alinéa de l'article 208 du code civil est remplacé par quatre alinéas ainsi rédigés :
« Les aliments ne sont accordés que dans la proportion du besoin personnel et réel de celui qui les réclame et de la fortune de celui qui les doit.
« Afin de déterminer les besoins personnels et réels de celui qui les réclame, ce dernier justifiera de l'absence de ressources personnelles suffisantes. De même, l'ensemble des moyens mis à disposition du demandeur est pris en considération.
« Pour déterminer la fortune de celui qui les doit, l'ensemble de ses obligations est pris en compte afin que d'autres enfants ne soient lésés par le paiement d'aliments accordés en application de l'article 203 du code civil à l'un d'entre eux.
« Le montant total des aliments ainsi accordés ne pourra pas dépasser un quart des revenus réels des parents. »
3674 – Proposition de loi de M. Pierre Cardo tendant à réformer les dispositions du code civil relatives aux obligations d'entretien des enfants.

Activité 6 : toutes les informations sur l'obligation alimentaire, envers les descendants et les ascendants, que contient ce chapitre devraient vous permettre d'imaginer une conversation entre 3 personnes : un jeune de 19 ans, ayant décidé d'assigner son père au tribunal afin d'obtenir une pension lui permettant de poursuivre des études au Canada ; le père et le frère (mineur) du plaignant, âgé de 17 ans, fervent défenseur de l'abrogation de la loi. Votre argumentation devra être convaincante et votre discussion devra durer 4-5 minutes.

Activité En Plus : devant le débat très animé qu'ont provoqué le film *Tanguy* et la loi sur l'obligation alimentaire, Pierre veut détendre un peu l'atmosphère. Toujours heureux de rappeler qu'il a de la famille au Canada, il vous propose donc le petit jeu de vocabulaire suivant. Parlez-vous québécois ?

1. aller gazer	a) aller se promener b) mettre de l'essence dans le réservoir de sa voiture c) rêver
2. asteur	a) maintenant b) une star c) un artiste
3. avoir déjà vu neiger	a) ne pas croire, douter b) avoir 1 an c) avoir de l'expérience
4. avoir la chienne	a) avoir une chienne b) avoir froid c) avoir peur
5. avoir son voyage	a) en avoir assez, être à bout de nerfs b) avoir son billet pour partir en voyage c) avoir assez d'argent pour partir en voyage
6. donner un bec	a) frapper b) aider c) faire la bise, embrasser
7. être en balloune	a) être enceinte b) jouer au football c) être obèse
8. être lodé	a) être riche b) avoir beaucoup de choses à faire c) avoir une arme sur soi

9. manger ses bas	a) avoir de graves problèmes b) être pauvre c) dépenser beaucoup d'argent
10. porter des barniques	a) porter des moustaches b) porter des lunettes c) avoir des rides
11. sacrer son champ	a) partir vite b) prier pour sa famille c) espérer recevoir de bonnes nouvelles
12. se tirer une bûche	a) tomber b) prendre une chaise, s'asseoir c) s'échapper
13. sentir le swing	a) sentir la transpiration b) adorer la musique pop c) comprendre que quelque chose ne va pas
14. un aiguisoir	a) un rasoir pour hommes b) un taille-crayon c) un couteau
15. une famille tricotée serrée	a) une famille ayant beaucoup de secrets b) une famille nombreuse c) une famille très unie
16. voyager sur le pouce	a) voyager en auto-stop b) voyager sans avoir le temps de manger c) voyager à bas prix

Activité 7 : à votre ordinateur !

1 Faites les exercices en ligne n° 29 et 30 portant sur les sections 1 et 2 de ce chapitre.

2 Restons au Canada. Utilisez l'Internet pour effectuer des recherches sur la « Charte de la langue française » adoptée par le Québec en 1977, et plus connue sous le nom de la « loi 101 ». Présentez oralement, en français et en utilisant PowerPoint, les résultats de vos recherches ainsi que vos commentaires sur cette politique linguistique.

Section 3 La loi française du 21 janvier 1995

Activité 1 : dès son retour de Middlesbrough, où elle rendait visite à une amie, Bianca s'exclame : « Avec ses caméras de surveillance parlantes, c'est une vraie ville à la *Big Brother* ! Heureusement qu'en France, c'est différent ! » Par curiosité, vous effectuez des recherches pour connaître la situation en France en matière de vidéosurveillance. Vous découvrez quelques chiffres. Écoutez attentivement le document sonore (de 4′15″ minutes) afin de pouvoir remplir les blancs de la transcription ci-dessous.

Alain Chouffan, Bientôt des caméras partout ? Quand Sarkozy veut surveiller la France, *Le Nouvel Observateur*, n° 2135, 6 octobre 2005, http://hebdo.nouvelobs.com/hebdo/parution/p2135/articles/a278208.html

[...] Avec ___ caméras, Lyon est aujourd'hui une des villes les plus surveillées de France. Raymond Barre ____ les premières caméras en ___ dans la Presqu'île et à la Duchère. Gérard Collomb les a placées dans le Vieux-Lyon, autour de la place Gabriel-Péri et sur les berges du Rhône. Elles ____ : « Les ___ caméras de la mairie _____ d'euros d'investissement et _____ pour en assurer le fonctionnement, plus ______, dénonce Etienne Tête, adjoint (vert) au maire de Lyon.[...]

Symbole du tout-sécuritaire, l'usage des caméras _____. Aujourd'hui, elles sont partout. Dans les rues, les places, les jardins publics, les gares, les aéroports, les magasins, les galeries commerciales, les musées, les banques, les parkings... On **en** installe _____. À Paris, on **en** compte ___, dont ___ dans des lieux publics ou ouverts au public et environ ___ dans les rues de la capitale, destinées entre autres à ____ des bâtiments sensibles. Avec ses ___ caméras, la RATP [Régie Autonome des Transports Parisiens] surveille la quasi-totalité des voies, quais et couloirs et ____ des incidents. Depuis 2003, _____, dont ___ en Île-de-France [la région administrative autour de Paris], soit ___ caméras pour la région. Les ____ seront tous vidéosurveillés d'ici à la fin de l'année, ce ____ caméras. Toujours en 2005, _____ seront mises en place dans les aéroports parisiens, l'intention étant de ____. Bref, les moindres faits et gestes de tous _____ ces lieux sont observés à distance par des policiers ou des agents de sécurité, à partir de leur PC. Ceux-ci ____ sur l'image, et même lire les prix ____. Ils lisent une plaque minéralogique à ___, déplacent leurs caméras à tourelle et peuvent à tout moment prévenir par radio l'une des brigades qui ____ la ville à pied, à moto ou en voiture.[...]

Rien n'enraye la prolifération des caméras. Plus de ____ [**en**] seraient déjà équipées. La couverture est très variable. Marseille ne _____, alors que Cannes est largement sous contrôle. Combien de caméras pour surveiller la France ? On parle de _____.

[2 ans plus tard, ____, la Ministre de l'Intérieur, Madame Michèle Alliot-Marie, inaugure l'installation d'une « Commission Nationale de la Vidéosurveillance » et annonce qu'elle entend, ___, tripler le nombre de caméras sur la voie publique – lesquelles passeraient alors ____. Quant à la Grande-Bretagne, elle possédait déjà, ___, environ ___ de caméras, c'est-à-dire qu'elle abritait déjà environ ___ du parc mondial.]

Activité 2 : la France est donc « en retard » par rapport à la Grande-Bretagne quant au nombre de systèmes de vidéosurveillance. Serait-ce dû à sa législation, datant du 21 janvier 1995 – alors que celle de l'Angleterre ne date que du 1er mars 2000 ? Lisez ce texte et répondez, en anglais, aux 7 questions qui suivent. Il n'est pas nécessaire de faire des phrases.

Vidéosurveillance et législation

La loi n° 95-73 de 1995 liste les conditions à respecter pour l'installation de dispositifs de vidéosurveillance dans les lieux publics. Seul le préfet, après avis d'une commission départementale, peut en autoriser la mise en place. Selon la loi, seuls sont autorisés les dispositifs permettant de :

1. protéger des installations utiles à la défense nationale,
2. protéger des installations et bâtiments publics ainsi que le périmètre avoisinant,
3. réguler la circulation automobile,
4. constater des infractions au code de la route,
5. assurer la sécurité du public et des biens (effet dissuasif contre les agressions et les vols éventuels).

Par ailleurs, tout individu doit pouvoir avoir accès à l'enregistrement le concernant. Il faut savoir que la durée de conservation des données enregistrées par ces dispositifs répond à des critères bien précis. Qui plus est, seules certaines personnes identifiées sont autorisées à utiliser ces données.

Malheureusement, ajoute Alex Türk, la CNIL ne peut pas se permettre d'effectuer tous les contrôles nécessaires. La CNIL, avec ses cinq contrôleurs à plein-temps, ne peut contrôler le système de vidéosurveillance de la France entière. La CNIL ne compte que 85 salariés au total, alors que l'Allemagne en compte 400 et la Grande-Bretagne 250. Aussi, rien de surprenant à ce que la CNIL n'ait procédé qu'à 120 contrôles en 2007 (dans des hôtels, des collectivités locales, des banques, des établissements publics, etc.) – alors que nos voisins espagnols effectuent 600 contrôles par an.

Selon Alex Türk, les risques de dérive sont bien réels et le manque de moyens de la CNIL est plus que simplement fâcheux. Ainsi, par exemple, parce qu'une banque garde dans ses fichiers d'interdiction des personnes qui ne devraient pas y figurer, ces dernières se voient refuser des crédits ; d'autres se verront refuser un emploi dans la sécurité parce qu'elles se trouvent, sans aucune raison, fichées à la police, etc., etc. La CNIL inflige des sanctions presque chaque semaine. Malheureusement, explique Alex Türk, la CNIL ne dispose que d'une personne pour s'occuper de ces procédures et 3000 dossiers sont en attente ! Le temps que la CNIL traite le dossier et qu'elle rectifie l'erreur, la victime a depuis longtemps perdu une opportunité d'embauche. La CNIL doit pouvoir réagir rapidement. Rien à voir, insiste Alex Türk, avec une quelconque question philosophique sur les droits de l'homme ; il s'agit de régler des problèmes de la vie au quotidien. Aussi Alex Türk demande-t-il des moyens supplémentaires au gouvernement français. En octroyant davantage de moyens à la CNIL, le gouvernement français prouvera qu'il souhaite non seulement développer un système national de sécurité efficace mais également assurer l'existence d'un contrôle citoyen par l'intermédiaire d'un organisme indépendant.

Glossaire

Le passe Navigo de la RATP (Régie Autonome des Transports Parisiens): depuis mai 2006, tous les habitants de l'Île-de-France peuvent utiliser ce passe électronique qui, une fois chargé, leur donne accès au métro, au train, au bus et au tramway. Les technologies utilisées par ce passe sont la carte à microprocesseur et la transmission radio des informations. Ce passe possède donc une puce contenant toutes les données relatives à l'abonnement, plus une antenne qui communique avec le valideur. Les données de validation (date, heure et lieu de passage) sont associées au numéro de l'abonné pendant 48 heures – dans le but, explique la RATP, de lutter contre la fraude.

Questions

1. Pourquoi peut-on dire que les cartes bancaires et l'Internet sont, eux aussi, des instruments ayant déjà transformé, dans une certaine mesure, la France en société « à la Big Brother » ?
2. Quelle a été, en France, l'une des conséquences principales des attentats terroristes du 11 septembre 2001 ?
3. Selon Alex Türk, de quoi les citoyens français ne sont-ils pas encore conscients ?
4. Dans quels contextes les outils de « traçabilité » du public sont-ils efficaces ?
5. Selon ce texte, pourquoi beaucoup de Français ne sont-ils pas opposés au développement de la vidéosurveillance ?
6. Que doit faire le gouvernement s'il veut que les citoyens français ne soient pas contre ce développement ?
7. Quelle est, dans une usine, l'une des dérives possibles en matière de vidéosurveillance ?
8. Que dit l'auteur sur les données enregistrées par de tels systèmes ?
9. Pourquoi peut-on affirmer qu'en matière de contrôle des données enregistrées par les systèmes de vidéosurveillance, la France est nettement en retard par rapport à certains de ses homologues européens ?
10. Quelles sont les conséquences graves que peut entraîner le non-respect, intentionnel ou non, de la loi par certaines banques et certains membres de la police, en matière de conservation de certaines données ?
11. Pourquoi peut-on qualifier l'approche prônée par la CNIL de pragmatique ?

 **Activité 5 : voici maintenant Alain Weber, avocat chargé des questions d'informatique et de libertés pour la Ligue des Droits de l'Homme, qui s'exprime sur cette même question du développement de la vidéosurveillance en France. Écoutez attentivement ce document sonore (de 3′24″ minutes), puis répondez, en anglais et de façon détaillée, aux 9 questions de compréhension suivantes – qui sont dans l'ordre du texte. Il n'est pas nécessaire de faire des phrases entières.**

Glossaire
1. **Le fichage :** the recording, filing of information
2. **La reconnaissance palmaire :** palm recognition
3. **Une puce électronique :** an electronic chip
4. **Une boîte :** a nightclub

Questions

1. According to Alain Weber, what hasn't been proven?
2. What does '€ 800' million refer to?
3. What did the London CCTV cameras fail to do?
4. What do CCTV cameras enable the police to do?
5. Why can one say that the installation of CCTV cameras may lead to discrimination?
6. What happened as a result of the implementation of the January 2006 law?
7. What is the CNIL's main problem?
8. What should the French media do?
9. What is already happening in Spain?

Activité 6 : aidez-vous de tous les textes de cette section afin d'imaginer la conversation entre 2 personnes. L'une est tout à fait favorable à l'augmentation du nombre de caméras car, pour elle, vidéosurveillance signifie avant tout vidéoprotection. L'autre personne est, elle, fortement opposée au développement des systèmes de vidéosurveillance – systèmes qui, selon elle, n'empêchent pas, par exemple, les attaques terroristes. Elle pense que la vidéosurveillance n'est pas compatible avec un pays libre et démocratique. Votre argumentation devra être convaincante et votre discussion devra durer 4-5 minutes.

Activité En Plus : après ce débat plutôt animé sur le bien-fondé, ou non, de la vidéosurveillance, Samira veut détendre un peu l'atmosphère. Fière de ses racines belges, elle vous propose le jeu de vocabulaire suivant. Parlez-vous belge ?

1) un bourgmestre	a) un maire b) un instituteur c) un maître du pays
2) blinquer	a) briller b) fermer les yeux c) porter des bijoux
3) une dringuelle	a) une jolie petite maison b) de l'argent de poche c) un jeune drogué
4) ché nié	a) je ne sais pas b) chez nous c) je ne comprends pas
5) un grandiveux	a) une personne de grande taille b) une personne prétentieuse c) une personne noble
6) être amitieux	a) être gentil, amical b) avoir beaucoup d'amis c) avoir besoin d'amis, se sentir seul
7) brosser une leçon	a) réciter une leçon b) ne pas aller en cours c) réviser ses cours
8) un kot	a) un logement pour étudiant b) un lit pour un jeune enfant c) une petite montagne
9) une lessiveuse	a) une femme de ménage b) du produit pour faire la vaisselle c) une machine à laver le linge
10) nonante	a) 90 b) 0 c) sans argent, pauvre
11) postposer	a) garder près de soi b) avorter c) repousser, retarder, différer
12) avoir bon	a) se sentir bien, prendre plaisir à faire quelque chose b) sentir bon c) être gentil

13) avoir mauvais	a) être impatient b) avoir une maladie grave c) s'inquiéter
14) tirer son plan	a) se débrouiller b) faire des projets c) dessiner un plan
15) aller à la cour	a) partir en voyage b) faire une pause c) aller aux toilettes
16) faire malade	a) sentir mauvais b) faire lourd, chaud c) être excentrique

Section 4 Réglementations françaises d'octobre 2005

Activité 1 : vos parents, aussi francophiles que vous, vous demandent de leur réserver un gîte rural en France pour cet été. En allant sur l'Internet pour effectuer vos recherches, vous découvrez le texte ci-dessous, sur la naissance de ce type d'hébergement. Lisez ce document puis répondez, en anglais et de façon détaillée, aux 4 questions de compréhension suivantes – qui sont dans l'ordre du texte. Il n'est pas nécessaire de faire des phrases entières.

Le guide du créateur – Gîtes de France®, 2007, p.5 http://www.gites-de-france.com/var/plain/storage/fckeditor/File/Guidecreateurmars07.pdf

Les « gîtes de France » un mouvement historique

Au sortir de la seconde guerre mondiale, l'heure est à la reconstruction et à la modernisation. La durée des congés payés s'allonge, l'automobile se démocratise et les Français sont de plus en plus nombreux à partir en vacances !

Alors que Vincent Planque est en charge de la rédaction d'un rapport sur la modernisation du tourisme, Émile Aubert, [sénateur] des Basses-Alpes, veut trouver une solution au dépeuplement des campagnes et à la dégradation des villages abandonnés par leur population.

L'idée d'Émile Aubert est simple : institutionnaliser l'accueil de familles citadines par les ruraux, inventer un réseau d'hébergements « alternatifs » dans les campagnes qui pourrait améliorer la vision citadine du monde rural et apporter un complément de revenus aux agriculteurs.

Ainsi naît le premier « Gîte de France » en 1951 dans le hameau de Chandal à La Javie, dans les Alpes-de-Haute-Provence. « Les simples et saines mœurs de nos paysans s'accommoderont d'ailleurs mieux des habitudes modestes des travailleurs venant des villes avec leurs enfants, pour trouver dans nos campagnes ambiance familiale, bonne nourriture, grand air et logis clair [et correct pour un prix abordable] » écrivait Émile Aubert dans une note adressée à la direction des programmes économiques, le 26 janvier 1951.

D'autres départements se laissent séduire par ce nouveau modèle d'hébergement touristique rural et, le 11 janvier 1955, est créée la Fédération Nationale des Gîtes de France sous la présidence de son initiateur et père spirituel Émile Aubert.

Questions

1. What happened in France after the Second World War? (5 items)
2. What main problems had Émile Aubert identified? (2 items)
3. What were the main aims of the scheme he came up with? (4 items)
4. According to Émile Aubert, what would French city dwellers find when staying in a rural gîte? (5 items)

Activité 2 : écoutez maintenant le document sonore (de 3′32″ minutes) expliquant les critères de classement des « Gîtes de France® » afin de pouvoir remplir le tableau suivant. Le vocabulaire est dans l'ordre du texte.

traduction	mots tirés du texte
1. rating	
2. according to	
3. reassessed	
4. in case of a dispute	
5. one ear (of corn)	
6. garden furniture	
7. a bathroom	
8. a grill	
9. a mini-oven	
10. a pressure cooker	
11. cleaning products	
12. an iron	
13. a baby seat	
14. on request	
15. a washing machine	
16. a blender	
17. a TV aerial	
18. a sheet	
19. table linen	

CHAPITRE HUIT

traduction	mots tirés du texte
20. a private garden	
21. a dishwasher	
22. a fireplace	
23. a wood-burning stove	
24. a microwave	
25. a tumble dryer	
26. a landscaped garden	
27. leisure facilities	
28. a shelter	

Activité 3 : pour en savoir plus sur les gîtes, lisez attentivement le texte ci-dessous puis répondez, en français et de façon détaillée, aux 13 questions de compréhension suivantes. Il n'est pas nécessaire de faire des phrases entières.

1955-2005 : la Fédération des Gîtes de France® (FNGF) a 50 ans

C'est au début des années 1950 qu'a débuté l'histoire des Gîtes de France® – devenus, depuis, le premier réseau européen de tourisme vert chez l'habitant. À cette époque, les citadins voulaient profiter des congés payés qu'on leur avait octroyés avant la deuxième guerre mondiale, mais leurs moyens étaient limités. À la même époque, on assistait au dépeuplement des campagnes, causé par l'exode rural. Désirant « faire d'une pierre deux coups », un sénateur des Alpes-de-Haute-Provence, Émile Aubert, a eu l'idée de développer une toute nouvelle formule de vacances : les agriculteurs accueilleraient les vacanciers dans leur ferme (et percevraient ainsi un revenu supplémentaire), ce qui, dans une certaine mesure, constituerait une solution à la crise du milieu rural et pour les vacanciers peu fortunés.

Le premier gîte rural s'est ouvert en 1951. À partir de 1952, les agriculteurs qui se sont laissés tenter par l'aventure des gîtes ont pu recevoir des subventions du ministère de l'Agriculture et emprunter de l'argent à des taux avantageux, grâce au Crédit agricole et au Crédit hôtelier.

Le premier guide de la Fédération des Gîtes de France®, créée en 1955, listait 146 gîtes. De nos jours, cette fédération sort une quinzaine de guides qui recensent environ 56 000 hébergements en milieu rural que les 600 employés de la FNGF commercialisent auprès des deux millions de vacanciers qui préfèrent le tourisme vert. La FNGF a désormais son site internet, ce qui permet aux adeptes du tourisme vert de faire leur réservation en ligne. Bref, l'histoire des Gîtes de France® est une très belle réussite.

Il est important de souligner que les documents imprimés et les documents en ligne de la FNGF donnent des précisions détaillées sur les caractéristiques des hébergements proposés. Ce qui est rassurant, c'est que la qualité des gîtes est contrôlée de façon régulière. Les propriétaires sont inspectés et le label « Gîtes de France® » n'est accordé que si les propriétés répondent à des exigences spécifiques (propreté, équipements, surface, cadre, etc.). La réputation et la réussite de la FNGF en dépendent.

Les gîtes des années 50 ne ressemblent en rien à ceux de 2005. La part des agriculteurs dans le nombre de propriétaires de gîtes est tombée à 25 %. D'autres professions se sont lancées dans l'aventure. Des citadins ont délaissé leur cadre de vie qu'ils jugeaient de moins en moins supportable pour aller vivre à la campagne. Il faut savoir que ces personnes ont droit aux aides à la rénovation du patrimoine rural qu'octroient les collectivités locales, à la condition que le propriétaire en question s'engage à tenir un gîte pendant 10 ans au minimum. Grâce aux Gîtes de France®, beaucoup de pigeonniers, de fermes et de granges (au total, 10 000 bâtisses en 50 ans) ont ainsi été sauvés.

Chaque année en France, 180 millions d'euros sont dépensés pour la rénovation de telles bâtisses – ce qui représente une moyenne de 50 000 euros par bâtiment). Mais attention ! Les propriétaires de chambres d'hôtes ou de gîtes qui valorisent ainsi leur patrimoine immobilier ne courent pas après une rentabilité à court terme. Ils savent très bien que, dans le domaine du tourisme vert, on ne rentre pas immédiatement dans ses frais et que tenir un gîte apporte un complément financier mais c'est rarement la source de revenus principale, le chiffre d'affaires n'étant, en général, pas assez élevé. Bref, l'envie d'accueillir des gens continue d'être au cœur des motivations de ces propriétaires.

Quant à la clientèle, elle est désormais de classe sociale plus élevée qu'au tout début des Gîtes de France®. Ainsi, parmi les vacanciers adeptes du tourisme vert, on compte désormais 18 % d'employés mais près de 50 % de cadres et de professions libérales. Les gîtes ruraux attirent surtout une clientèle familiale qui, chaque année, veut explorer un nouvel endroit. Quant aux chambres d'hôtes, elles attirent plutôt les couples sans enfants. Bref, l'éventail des possibilités (tout comme la fourchette des prix) est large : les propriétés proposées vont de la petite ferme toute simple à la chambre d'hôte aménagée avec charme dans l'une des ailes d'un château époque Renaissance…

Questions

1 Pourquoi les citadins ne peuvent-ils pas profiter de leurs congés payés ?

2 Quel est, à cette époque, le problème majeur affectant la campagne française ?

3 De quoi les agriculteurs français ont-ils besoin à cette époque ?

4 Pourquoi les agriculteurs français avaient-ils alors intérêt à transformer leur ferme en gîte ?

5 Comment les clients potentiels peuvent-ils avoir des renseignements sur les Gîtes de France® ?

6 Pourquoi peut-on affirmer que les Gîtes de France® proposent des hébergements de qualité ?

7 Quel est, désormais, le profil type du propriétaire de gîte ?

8 Pourquoi peut-on dire que les Gîtes de France® ont permis (et permettent toujours) de préserver le patrimoine immobilier français ?

9 D'après ce texte, posséder un gîte rural est-il une activité très rentable ?

10 Peut-on dire que les propriétaires de gîte sont de véritables hommes/femmes d'affaires ? Pour quelle raison ?

11 Quel est le profil actuel des vacanciers ?

12 Quel est celui des clients de gîtes ruraux ?

13 Quel est celui des clients de chambres d'hôtes ?

Activité 4 : utilisez le vocabulaire du document ci-dessus pour traduire en français les 8 phrases suivantes.

1 Their employees will market barns, small farmhouses and dovecotes to country holiday lovers.

2 His scheme meets the needs of holidaymakers who want to be hosted in regularly and rigorously checked gîtes.

3 In the early 50s, town dwellers wanted to take advantage of their paid holidays.

4 They stayed in the wing of an old castle which was falling into ruins.

5 Because of the rural exodus, small farmers had to find a way to supplement their income.

6 Owners of gîtes were awarded grants and loans at favourable rates.

7 They looked for a property in pleasant surroundings; they had read that they would have to meet several requirements.

8 They settled in the country; they were looking for an additional source of income.

Activité 5 : en surfant davantage sur l'Internet, vous découvrez le texte suivant sur « éco-gîtes », le label agréé par « Gîtes de France® » en 2005. Lisez attentivement ce document puis remplissez le tableau suivant. Attention ! Le vocabulaire est présenté dans l'ordre alphabétique, et non celui du texte !

Le Loubatas : énergies renouvelables et chasse au gaspillage (2005)

En octobre 2005, une association des Bouches-du-Rhône fondée en 1980, Le Loubatas, a créé le 1er éco-gîte de France agréé par les Gîtes de France®. Le Loubatas a recherché des solutions techniques afin de réduire le plus possible son impact sur l'environnement et, ainsi, diminuer la production de gaz à effet de serre. Ce gîte a donc été bâti dans le respect du développement durable. Il est important de souligner que 700 jeunes bénévoles, venus des 4 coins de la planète, ont participé à ce projet.

Le Loubatas est un bâtiment construit sur un terrain ensoleillé et il recycle le plus possible d'énergie solaire. Un chauffe-eau solaire, des panneaux solaires avec des cellules photovoltaïques, une isolation thermique renforcée, un groupe électrogène au GPL (gaz de pétrole liquéfié) permettent à ses 34 occupants (14 salariés et 20 bénévoles) d'être totalement autonomes en cet endroit très isolé. L'eau de pluie est récupérée et stockée, au cas où il y aurait un début d'incendie. Quant à l'eau potable, elle est extraite par forage et c'est avec modération qu'on doit la consommer. Dans chacune des pièces, sur chacun des appareils électroménagers, on trouve une fiche explicative ; ce système permet de surveiller la consommation d'eau et d'électricité du gîte grâce à des panneaux de suivi. Le Loubatas n'a qu'un seul objectif : consommer encore moins sans toutefois s'éclairer à la bougie.

Dans le domaine de la nourriture, par contre, aucune autonomie. Les résidents du Loubatas doivent se rendre au village voisin. Toutefois, étant des consommateurs exigeants, ils achètent des produits frais, de saison et des produits bio et, ainsi, contribuent à faire tourner le commerce équitable.

N'oublions pas que la vocation de cette association provençale est de sensibiliser les jeunes et les moins jeunes aux problèmes de la planète et de leur inculquer des notions essentielles sur le respect de l'environnement et sur le développement durable. Son directeur, Maurice Wellhoff, pense que l'existence même de son éco-gîte prouve que les hommes peuvent vivre autrement, sans gaspiller, mais sans, toutefois, manquer de l'essentiel. Maurice Wellhoff espère que les visiteurs du Loubatas tireront une leçon de cet enseignement et qu'une fois retournés chez eux, ils voudront, eux-aussi, participer à la « chasse au gaspi ».

traduction	mots tirés du texte
1. the boring	
2. demanding	
3. domestic appliances	
4. drinking water	
5. fair trade	
6. a fire	
7. a generator	
8. greenhouse effect	
9. insulation	
10. local organic produce	
11. a plot of land	
12. rain water	
13. to raise awareness	
14. a sheet	
15. solar energy	
16. a solar panel	
17. a solar water-heater	
18. sunny	
19. sustainable development	
20. to use candlelight	
21. to waste	
22. water consumption	

Activité En Plus : aidez-vous de tous les textes de cette section pour créer votre propre version de « Qui veut gagner des millions ?», l'adaptation française du célèbre jeu télévisé « Who wants to be a millionaire? » Vous devrez respecter le format suivant : chacune de vos 6 questions doit être posée à l'oral puis suivie, toujours à l'oral, de 4 réponses possibles, dont une seule est la bonne. Trois questions devront porter sur les « Gîtes de France® » et les 3 autres sur les « éco-gîtes ». Les indices visuels sont interdits. Pour vous aider à formuler vos questions, pourquoi ne pas utiliser « Des mots et expressions utiles pour poser des questions de style formel », chapitre 3, section 1, p. 39 ? À vous de jouer !

Activité 6 : à votre ordinateur !

1 Faites les exercices en ligne n° 31 et 32 portant sur les sections 3 et 4 de ce chapitre.

2 Effectuez des recherches sur l'Internet sur le village écologique anglais « BedZed », situé dans la région londonienne. Vous dresserez oralement, en français et en utilisant PowerPoint, le portrait détaillé de cet éco-village puis vous donnerez votre propre opinion.

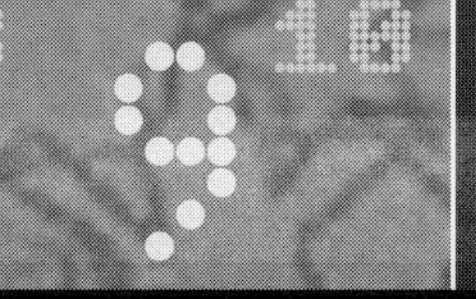

Attention danger ?

	Section 1 ***Beauté squelettique ?***	Section 2 ***Transplantations***	Section 3 ***Cyber-réseaux sociaux (1)***	Section 4 ***Cyber-réseaux sociaux (2)***
Savoirs civilisationnels	- le monde de la mode - l'anorexie - la grossophobie	- les greffes - les dons d'organes - la télé-réalité	- les usagers - leurs motivations - les aspects positifs	- les aspects négatifs - plagiat et étudiants
Savoir-faire fonctionnels		- comprendre le créole français	- comprendre le suisse	
Savoir-faire notionnels	**Grammaire :** - pronoms compléments d'objet direct (COD) et indirect (COI) (p. 152)	**Grammaire :** - plus-que-parfait (p. 156) - après + infinitif passé (p. 159)		**Grammaire :** -« avant de » + infinitif (p. 170)
Activités de compréhension auditive	n° 2 (p. 150) n° 4 (p. 153)	n° 3 (p. 157)	n° 1 (p. 162) n° 2 (p. 162)	n° 2 (p. 168) n° 4 (p. 169)
Activités de compréhension écrite		n° 2 (p. 156) n° 4 (p. 158)	n° 3 (p. 163) n° 4 (p. 163)	n° 1 (p. 167) n° 3 (p. 168)
Activités de production écrite	n° 3 (p. 151) n° 6 (p. 153)	n° 1 (p. 155) n° 5 (p. 159)	n° 5 (p. 164)	n° 6 (p. 169) n° 7 (p. 169)
Activités de production orale	n° 1 (p. 150) n° 5 (p. 153) n° 7 (p. 154) En Plus (p. 154)	n° 6 (p. 159) n° 7 (p. 159) En Plus (p. 159) n° 8 (p. 161)	n° 6 (p. 165) n° 7 (p. 165) En Plus (p. 165)	n° 5 (p. 169) En Plus (p. 170) n° 8 (p. 170)

CHAPITRE NEUF

Section 1 Beauté squelettique ?

Activité 1 : pour vous changer les idées entre 2 examens de fin d'année, Colline et vous assistez à un défilé de mode présenté par des étudiants de votre université. Soudain, Colline vous demande : « Est-ce que tu savais que la première femme mannequin à atteindre le statut de star est une Française, Inès de la Fressange ? » Effectivement, en 1983, cette jeune femme très grande et à la silhouette androgyne signait un contrat de 7 ans chez Chanel. Depuis, mannequinat et célébrité sont devenus synonymes, tout comme, souvent mannequinat et anorexie.

Lisez attentivement la transcription du texte sur « La beauté squelettique » que vous trouverez dans l'activité 2, puis expliquez, en français, les termes-clés suivants – qui suivent l'ordre dans lequel ils apparaissent dans le document.

Activité 2 : écoutez maintenant ce texte (de 3′32″ minutes) afin de remplir les blancs avec les formes verbales appropriées.

La beauté squelettique : Madrid tire la sonnette d'alarme

Le 2 août 2006, Luisel Ramos, 22 ans, ___ à la fin d'un défilé de mode. Selon la rumeur, elle ___ sous-alimentée pendant des semaines afin de conserver son look squelettique et émacié – look qui, aux yeux de certain(e)s, ___ l'idéal de la beauté féminine.

Aussi, pour le grand rendez-vous de la mode madrilène qui ___ du 18 au 22 septembre 2006, les organisateurs de la Pasarela Cibeles ____ les maisons de haute-couture. Au nom de la santé publique, ils ___ que les mannequins présentant un indice de masse corporelle* inférieur à 18 ____ . De fait, cinq mannequins ont fait les frais de ces nouvelles normes. On ___ a interdit l'accès au podium.

[Suite à la page 151]

mots tirés du texte	explication/ définition en français
1. tirer la sonnette d'alarme	a)
2. un défilé de mode	b)
3. se sous-alimenter	c)
4. un look émacié	d)
5. la mode madrilène	e)
6. un indice de masse corporelle	f)
7. faire les frais de quelque chose	g)
8. un régime alimentaire déséquilibré	h)
9. la maigreur	i)
10. être nuisible à quelqu'un/quelque chose	j)
11. l'amour-propre	k)
12. un parrain	l)
13. ne pas l'entendre de cette oreille	m)
14. sans ambages	n)
15. un « fil de fer »	o)
16. avoir de beaux jours devant soi	p)
17. un corps famélique	q)
18. le surpoids	r)

Cette mesure, tout comme celle prise dans le sud de l'Espagne d'interdire la vente de tout vêtement au-dessous de la taille 36 (taille 8 anglaise), ____ contre l'anorexie dans un pays où 1 million de femmes en ____ . Le but ____ les adolescentes qui, parce qu'elles ____ aux mannequins, ____ par leur poids, se sous-alimentent, ____ un régime alimentaire déséquilibré – ___ que l'anorexie __ de 6 à 10 % des personnes qui en ___.

Tessa Jowell, la Ministre de la Culture britannique, ____ la mesure prise par les organisateurs. Elle ____ que l'industrie de la mode, en faisant la promotion de la maigreur comme synonyme d'élégance et de beauté, est nuisible à l'image que les jeunes filles se font d'elles-mêmes et, par conséquent, à leur santé ; leur amour-propre et confiance en elles ____ indiscutablement affectés. Marks and Spencer, l'un des principaux parrains de la semaine de la mode à Londres, ne l'entend pas de cette oreille. Didier Grumbach, président de la Fédération française de la Couture, et Stuart Rose, président du Conseil de la mode britannique, non plus. Ils ___, sans ambages, que la mode ne se réglementait pas.

Bref, le règne du top modèle et des célébrités format « fil de fer » a, ___, encore de beaux jours devant lui. Est-il possible de mettre fin à cette promotion de corps faméliques ?

* indice de masse corporelle (IMC) : cet indice ___ en divisant le poids (en kilos) par votre taille (en mètres) au carré. Par exemple, si vous ___ 60 kilos [9½ stone] et ___ 1m65 [5 ft 4⁸⁄₁₀ in], votre IMC est de (60 : $1{,}65^2$) 22. Tout IMC entre 18,5 et 25 ___ une corpulence normale ; au-delà de 25, on ___ de surpoids ; en deçà de 18,5, on parle de maigreur).

Activité 3 : voici, ci-dessous, le récit d'une ancienne anorexique, Dominique. Dans ce texte, les pronoms compléments d'objet directs et indirects apparaissent en caractères gras. Réutilisez le vocabulaire de ce texte et du précédent et, si nécessaire, révisez, à l'aide du tableau ci-dessous, les pronoms COD et COI, afin de pouvoir traduire en français les 10 phrases suivantes. N'oubliez pas de réviser aussi l'utilisation du pronom « en » (voir chapitre 8, section 3, p. 140).

Mon témoignage – Dominique, ex-anorexique

À l'âge de 13 ans, comme j'avais (l'impression d'avoir) quelques kilos en trop, j'ai décidé d'en perdre 2 ou 3. Mais, très rapidement, j'ai été hantée par de véritables obsessions : réduire peu à peu la quantité de nourriture que j'étais censée avaler. Ainsi, à table, je me suis mise à cacher des aliments; j'**en** mettais dans ma serviette, voire dans mes poches. J'ai aussi commencé à peser méticuleusement tous les aliments, à **en** compter les calories, à **les** éviter, à ne manger que de la viande et du poisson maigres, des laitages allégés, des fruits et des légumes faisant moins de 50 calories pour 100 grammes. Je voulais éliminer toutes les graisses et tous les sucres de mon alimentation. En plus, pour m'aider à avoir une sensation de satiété, je buvais beaucoup d'eau.

Peu à peu, je n'ai plus pris qu'un repas, très léger, par jour et, en général, je **le** prenais seule. Mâcher devant les autres me paraissait indécent. Je rêvais de pouvoir me passer, à jamais, de ce besoin primaire.

J'étais satisfaite, mes efforts étaient pleinement récompensés. J'atteignais mon but. Mes courbes féminines disparaissaient, comme, d'ailleurs, mes menstruations. Je me pesais régulièrement pour vérifier ma perte de poids et je faisais de l'exercice physique pour accélérer la disparition de mes « kilos superflus ». Maîtriser mon corps, **le** contrôler me donnait un extraordinaire sentiment de puissance. Oui, je maigrissais, mais, malgré ma maigreur, je me sentais toujours trop grosse et laide.

Ne pesant plus que 34 kilos pour 1m65, je me sentais extrêmement fatiguée, vidée. Je sombrais progressivement dans la dépression. Ma vie ? Je **la** détestais ! J'ai nié mon anorexie pendant très longtemps. Je **l'**ai niée jusqu'à ma rencontre avec un spécialiste des troubles du comportement alimentaire (TCA). J'ai alors compris, grâce à une longue thérapie, que mon dégoût pour la nourriture et mon désir d'être filiforme cachaient des peurs bien réelles : devenir adulte, devenir une femme susceptible d'attirer les regards masculins. L'éducation inculquée par ma mère expliquait beaucoup de choses. Je **lui en** ai longtemps voulu.

Désormais, à 25 ans, je suis guérie, je me suis reconstruite : j'ai repris confiance en moi, j'ai appris à m'accepter, à m'aimer et à m'ouvrir aux autres. Je ne suis plus obsédée par mon apparence extérieure. Je me suis réconciliée avec moi-même.

J'espère que mon témoignage permettra à de nombreuses jeunes filles de sortir de l'engrenage infernal (et parfois fatal) qu'est l'anorexie. C'est « tout le mal que je **leur** souhaite ! »

Glossaire
1. **Être censé faire quelque chose :** to be supposed/meant to do something
2. **Voire :** even
3. **La graisse :** fat
4. **La satiété :** satiety (feeling full)
5. **Mâcher :** to chew
6. **Superflu :** extra; excess
7. **Nier :** to deny
8. **Filiforme :** skinny; spindly
9. **Un engrenage infernal :** a terrible vicious circle

Zoom sur …
les pronoms compléments d'objet direct (COD)

me (m') – me	la (l') – it/her	vous – you
te (t') – you	nous – us	les – them
le (l') – it/him		
a) avec des temps simples		
Il mange **un yaourt sans sucre ajouté** → il **le** mange Nous achèterons **une brique de lait écrémé** → nous **l'**achèterons Ils ont décidé de perdre **3 kilos** → ils ont décidé de **les** perdre		
b) avec des temps composés		
J'ai vu **une spécialiste des TCA** → je **l'ai vue** Tu as rencontré **2 personnes boulimiques** → tu **les as rencontrées** Il m'a accusé(e) d'avoir lu ces journaux intimes → il m'a accusé(e) de **les avoir lus**		

Zoom sur …
les pronoms compléments d'objet indirect (COI)

me (m') – (to) me	lui (l') – (to) it/him/her	vous – (to) you
te (t') – (to) you	nous – (to) us	leur – (to) them
a) avec des temps simples		
Elle ne parle plus **à sa mère** → elle ne **lui** parle plus Nous téléphonerons **à une thérapeute** → nous **lui** téléphonerons Elles veulent souhaiter bonne chance **aux malades** → elles veulent **leur** souhaiter bonne chance		
b) avec des temps composés		
J'ai demandé **aux adolescents** d'acheter un pèse-personne → je **leur ai demandé** d'acheter un pèse-personne Tu as conseillé **à cette étudiante** de surveiller son poids → tu **lui as conseillé** de surveiller son poids Vous êtes soulagés d'avoir écrit **à ces créateurs de mode** → vous êtes soulagés de **leur avoir écrit**		

Zoom sur …
l'ordre des pronoms compléments d'objet direct et indirect

Elles ont donné 2 balances **à** ces patients → elles **les leur ont données**
Ils ont donné un bon conseil **à** cette jeune fille → ils **le lui ont donné**
Vous avez donné du courage **à** ces adolescentes → vous **leur en avez donné**

1. She used to weigh her food; now she hides it in her pockets.
2. He hates his body; he finds it too fat and very ugly.
3. Many teenage girls want to look like the skinny models they can see in fashion shows, don't they? Yes, they want to resemble them.
4. The doctors explained to them what BMI means. Now they should know it but will they remember it?
5. Did she talk to him about her eating disorders ? Yes, she decided to talk to him about them.
6. He wrote to her about 10 undernourished models and he asked her to ban them.
7. Did you lend him a book about balanced diets? No, I did want to lend it to him but I forgot it in my car.
8. Have you tried these low-fat dairy products? No, I have not tried them yet but I have heard about them.
9. Her goal was to lose some excess weight; she has reached it and is proud of it.
10. Your presentation has enabled her to understand that undereating is extremely harmful.

Activité 4 : ainsi, pour beaucoup, le principal critère de beauté est la minceur, voire la maigreur, si bien que certains accusent nos sociétés de « grossophobie ». Afin d'en savoir plus, écoutez le texte (de 4′37″ minutes) intitulé « Fin de la grossophobie ? », puis répondez en anglais aux 11 questions suivantes (qui sont dans l'ordre du texte). Il n'est pas nécessaire de faire des phrases entières.

Questions

1. Who is Magalie?
2. What do Laurence Boccolini, Marianne James, Valérie Damidot and Guy Carlier have in common?
3. Who is Velvet d'Amour and what was she asked to do?
4. What happened at the end of the 1980s?
5. What event did Allegro Fortissimo organise?
6. When are overweight people more likely to be discriminated against?
7. What activities does Allegro Fortissimo organise?
8. What is Allegro Fortissimo's main achievement?
9. What is « JISR »?
10. What happens every year in Burkina Faso and Senegal – but not (yet?) in France?
11. What happened to Charlotte Coyle?

Activité 5 : utilisez le vocabulaire de cette section afin de préparer un bref exposé oral répondant aux questions suivantes. La « grossophobie » existe-t-elle dans la vie de tous les jours ? Si oui, dans quels domaines en particulier et pour quelles raisons ?

Activité 6 : les textes ci-dessus vous incitent à agir. Vous allez organiser une campagne intitulée « Être un(e) étudiant(e) bien dans sa peau même avec ses rondeurs ». Vous devrez préparer une affiche en français de 120-150 mots qui contiendra des arguments convaincants. Pourquoi ne pas utiliser les 2 affiches de la radio scolaire Info RC ci-dessous comme points de départ ?

Activité 7 : aidez-vous des documents de cette section afin d'imaginer la conversation entre 2 personnes. L'une pense que la mode glorifie la maigreur et que, par conséquent, il faudrait légiférer pour changer les choses dans le monde de la haute-couture et de la presse magazine pour les jeunes. L'autre personne est, elle, fortement opposée à toute interdiction. Votre argumentation devra être convaincante et votre discussion devra durer 4-5 minutes.

Activité En Plus : les hommes mannequins sont, eux aussi, très prisés des publicitaires, notamment lorsqu'il s'agit de vendre des parfums, des vêtements ou des sous-vêtements. C'est le cas de la marque « Dim ». Pour lancer ses nouveaux sous-vêtements masculins, elle a choisi 2 images avec 2 accroches différentes. La première est la photo d'un bel homme bronzé, sexy et musclé d'une vingtaine d'années, qui est allongé ; il ne porte qu'un slip blanc et, à la main gauche, un gant de boxe noir ; au beau milieu de la publicité, et du corps du beau jeune homme, est placée l'accroche en lettres majuscules noires : « Mâle bâti ».

La deuxième est la photo, de face, en noir, blanc et gris d'un homme d'une trentaine ou quarantaine d'années, costaud et attirant, qui est debout et qui ne porte qu'un caleçon blanc ; il tient un bébé dans les bras qu'il est en train d'embrasser tendrement. L'accroche en lettres majuscules rouges, « Dim. Très mâle. Très bien », est placée au milieu de la publicité, c'est-à-dire au milieu du corps de l'homme.

Utilisez les « Expressions utiles pour analyser des publicités en français » (voir appendice 2) afin d'expliquer, en français, comment fonctionnent ces 2 publicités.

Section 2 Transplantations

Activité 1 : vous venez, avec vos colocataires, de visionner *Les mains d'Orlac*, un film d'anticipation scientifique de 1960, tiré du roman de 1920 de Maurice Renard. Dans ce film, devenu un classique du genre, un pianiste de renom, Stéphen Orlac, perd l'usage de ses mains suite à un accident ; on lui en greffe 2 nouvelles, mais, ce qu'il ne sait pas, c'est que ce sont celles d'un assassin. Après le film, Bianca vous dit : « Tu sais, depuis 2005, avec Isabelle Dinoire, la réalité a plus que rattrapé la fiction ! ». Ces propos aiguisent instantanément votre curiosité.

Lisez le texte ci-dessous sur la première transplantation partielle du visage. Dans ce document, les verbes au plus-que-parfait apparaissent en caractères gras. Réutilisez le vocabulaire de ce texte et, si nécessaire, révisez, à l'aide du tableau ci-dessous, le plus-que-parfait, afin de pouvoir traduire les 8 phrases suivantes en français.

Une première médicale mondiale : la première allogreffe partielle de la face

Le 25 mai 2005, quand Isabelle Dinoire, alors âgée de 38 ans, **avait tenté** d'allumer une cigarette, elle **n'avait pas compris** pourquoi cette dernière ne restait pas entre ses lèvres. C'est alors qu'elle **avait vu** une mare de sang. Elle **s'était regardée** dans la glace et **n'avait pas pu** croire ce qu'elle voyait. Tania, sa chienne, **l'avait** violemment **mordue** au visage pendant qu'elle dormait. Certains journalistes déclareront par la suite qu'Isabelle Dinoire **avait**, en fait, **tenté** de se suicider par overdose et qu'elle **avait avalé** de nombreux tranquillisants.

Quoi qu'il en soit, le fait est que Tania l'**avait** sauvagement **défigurée**. Les morsures de l'animal domestique **avaient entraîné** des lésions invalidantes au niveau de la mastication et de l'élocution. Jusqu'à l'intervention chirurgicale du 27 novembre 2005, Isabelle Dinoire **avait vécu** enfermée chez elle : elle **avait perdu** la face, au sens propre comme au sens figuré.

En 2004, les « éthiciens » du Comité Consultatif National d'Éthique (CCNE) **avaient pris** position sur les greffes de peau faciales. Ils **avaient souligné** les risques accompagnant de telles opérations de chirurgie réparatrice. Ils **s'étaient prononcés** contre le remplacement total de la face mais **avaient donné** leur accord quant aux greffes remodelant le triangle nez-lèvres-menton. Rappelons ici que la loi sur la bioéthique **avait**, le 6 août 2004, **souligné** l'importance du respect du principe de l'anonymat dans son article L. 1211-5 : « Le donneur ne peut connaître l'identité du receveur, ni le receveur celle du donneur ». Malheureusement, ce droit **avait été bafoué**. En effet, les médias britanniques **avaient révélé** l'identité de la patiente tout comme celle de la donneuse – une jeune femme qui **s'était suicidée** par pendaison et dont la famille, dans un geste extraordinaire d'altruisme, **avait accepté** que soit dépecé le visage de leur fille décédée.

Grâce aux chirurgiens de l'hôpital d'Amiens et à l'opération de 15 heures qu'elle **avait subie**, Isabelle Dinoire **avait** enfin **retrouvé** le sourire.

Glossaire

1. **Une allogreffe :** a transplanted organ taken from someone else
2. **Bafouer la loi :** to break the law
3. **La pendaison :** hanging
4. **Au sens propre :** literally
5. **Au sens figuré :** figuratively
6. **Dépecer :** to lift and remove the skin

Zoom sur ...
le plus-que-parfait

	aim**er** → aim**é** fin**ir** → fin**i** attend**re** → attend**u**	mont**er** → **é** part**ir** → **i** descend**re** → **u**	
J'avais	aimé/fini/attendu	J'étais	monté(e)
Tu avais		Tu étais	monté(e)
Il/ elle/ on avait		Il/elle/on était	parti(e)
Nous avions		Nous étions	parti(e)s
Vous aviez		Vous étiez	descendu(e)s
Ils/elles avaient		Ils/elles étaient	descendu(e)s

1 When waking up in a pool of blood, she had realised that she had lost her chin, her nose, and her lips.

2 My dog had savagely bitten you; you had been unable to chew for months.

3 When she had looked at herself in the mirror, she had seen someone else's face.

4 Her skin graft had been a real success; the surgeons had been right.

5 The surgeons had talked to his parents then lifted the donor's skin.

6 Her pet had disfigured the little girl who had come to visit her aunt.

7 The accident had happened in May 2005; he had spent 6 months in hospital.

8 We had had to wait for a compatible donor but, in June, we had undergone plastic surgery. We had been given a partial face transplant.

Activité 2 : cette greffe soulève indiscutablement de nombreuses questions médicales, éthiques et psychologiques – ce dont parle le texte ci-dessous. Testez votre compréhension en répondant, en anglais, aux 12 questions suivantes, qui sont dans l'ordre du texte. Il n'est pas nécessaire de faire des phrases entières.

« Je » est un(e) autre ?

Le 6 novembre 2006, toute la presse internationale découvrait le nouveau visage d'Isabelle Dinoire. En octobre 2007 sortait chez Seuil le livre témoignage *Le baiser d'Isabelle*, de Noëlle Châtelet, qui décrit le parcours difficile d'Isabelle : l'attente d'une greffe, l'opération, le nouveau visage.

Outre les questions d'ordre médical, telles que le rejet éventuel des tissus, la revascularisation ou le suivi post-opératoire (immunologie, kinésithérapie, orthophonie, etc.), cette première médicale nous fait nous interroger : comment le receveur de la greffe réagira-t-il en voyant son nouveau visage ? Les parents du donneur peuvent-ils vraiment faire le deuil de leur enfant ?

Le visage constitue ce que nous avons de plus visible. C'est cette partie du corps qui figure sur nos papiers d'identité. Notre visage nous permet d'être reconnus, en tant qu'êtres humains, en tant qu'individus dotés d'une personnalité qui nous est propre. Notre visage exprime, parfois trahit, nos émotions. Tout ceci explique pourquoi les personnes défigurées ressentent, en général, un sentiment de dépossession identitaire, de déshumanisation. Elles se sentent laides et subir le regard des autres est pour elles une véritable souffrance. Aussi restent-elles souvent enfermées chez elles ou bien elles sortent avec un masque.

Certains docteurs en chirurgie reconstructive expliquent que la toute première étape est celle de l'acceptation de la défiguration. La seconde commence après la reconstruction faciale ; le greffé devra accepter ce visage qui ne ressemble plus entièrement à celui qu'il avait auparavant. Le succès de cette seconde étape dépend non seulement du soutien des proches du greffé mais également (et surtout ?) de la force psychologique de ce dernier.

Ainsi, certains psychiatres pensent que si un receveur

potentiel était, avant la défiguration, une personne équilibrée, sans problèmes psychologiques, il lui sera alors plus facile de « réhabiter » son propre visage. Mais est-ce une garantie de succès ? Faut-il en conclure que les personnes jugées trop fragiles psychologiquement se verront refuser toute demande de greffe faciale ?

Le baiser d'Isabelle contient de nombreux extraits du journal intime d'Isabelle Dinoire. En voici 2 qui montrent les questionnements habitant Isabelle au quotidien. Isabelle se rêve parfois « avec son visage d'avant » et avoir à renouveler sa carte d'identité l'inquiète : ce jour-là, elle sera « obligée de prendre une photo d'aujourd'hui. Ça ne sera pas drôle. Là je serai vraiment partie… » conclut-elle. Elle se rappelle le jour où elle a constaté qu'un poil lui poussait au menton. Elle explique qu'elle n'en avait jamais eu : « Là, tu vois que c'est à toi, mais en même temps qu''elle' [la donneuse] est là. C'est moi qui la fais vivre, mais ça, ce poil, c'est à elle. »

Isabelle est désormais dépositaire du don d'organes d'une autre, ce qui, selon certains, est extrêmement difficile à vivre mais qui, selon d'autres, la rend beaucoup plus forte.

Cette première médicale a, bien évidemment, donné lieu à de nombreux commentaires d'anonymes, dont les suivants – qui vous feront sans aucun doute réfléchir : le XXIe siècle accorde aux morts l'extraordinaire pouvoir de redonner la vie. Isabelle incarne, à elle seule, 2 « résurrections », la sienne et celle de la donneuse, cette dernière transcendant ainsi sa mort.

Questions

1 What happened on 6th November 2006?
2 What happened in October 2007?
3 What medical problems may transplant patients face?
4 What post-operative treatment will they have to undergo?
5 Why is the face such an important part of the human body?
6 How do facially disfigured people tend to feel?
7 What is needed if facial transplants are to be a complete success?
8 Whose request may be rejected?
9 Why does Isabelle Dinoire worry about her ID card?
10 What does the transplant recipient say about having a chin hair?
11 What does the text say about being an organ recipient?
12 Why does the text talk about "resurrection"?

Activité 3 : les allogreffes ne pouvant avoir lieu que si des donneurs compatibles existent, vous vous interrogez maintenant sur ce que pensent les Européens des dons d'organes. Écoutez attentivement le document sonore (de 3′27″ minutes) afin de pouvoir remplir les blancs de la transcription ci-dessous.

Pour ou contre les dons d'organes ?

Bien que la première greffe ____ en __ (il ___ de la greffe d'une cornée), le nombre de personnes attendant un greffon ___ toujours de beaucoup celui des dons d'organes.

En 2002, un sondage Eurobaromètre ____ que __ % des Européens ____ à offrir leurs organes (contre __ % en 2006). L'enquête Eurobaromètre de 2006 ____ d'importantes divergences nationales. Les populations scandinaves _____ des Européens (avec __ % pour les Suédois et __ % pour les Finlandais), devant les Maltais (__ %) et les Belges (__ % de donneurs potentiels). Les Français interrogés ___ « oui » à 67 %, contre seulement 27 % des Roumains.

Un ____ selon l'âge du répondant ____. En effet, les seniors ___ plus réticents ; seulement _____ avaient déclaré vouloir faire don de l'un de leurs organes ____. Les seniors étant plus nombreux que la moyenne européenne à ne _____ après l'âge de 16 ans, ce clivage ______ avec un clivage éducationnel.

Ainsi, dans cette enquête de 2006, les répondants ayant poursuivi leurs études jusqu'à l'âge de 20 ans ou plus _____ % à refuser que l'on prélève l'un de leurs organes post mortem – contre 34 % des répondants ayant eu une scolarité moins longue.

Toujours selon ce sondage, le ______ n'était pas tant la catégorie sociodémographique que le fait ____ du don d'organes avec ses proches. Ainsi, les sondés qui _____ ce sujet lors de discussions familiales _____ % à ne pas vouloir donner l'un de leurs organes – contre 77 % qui ______.

En bref, plus les répondants étaient instruits et d'un niveau socioprofessionnel élevé, plus leur opinion à l'égard de la transplantation et du don d'organes ____ positive. Aborder ces questions en famille ____ avoir un impact positif indiscutable.

En conclusion, organiser des campagnes de sensibilisation à ces 2 sujets ____ de telles discussions au sein des familles, ce qui, à plus ou moins long terme, _____ par une augmentation du nombre de donneurs potentiels.

Activité 4 : voici, ci-dessous, un texte, de 408 mots, portant sur une émission de téléréalité et le manque de donneurs d'organes. Bianca en a fait le résumé en 200 mots; malheureusement, ce dernier déforme la réalité à 9 reprises. À vous de trouver les 9 erreurs.

Comment résoudre la pénurie de donneurs ?

En juin 2007, la chaîne de télévision publique néerlandaise, BNN, a diffusé à une heure de grande écoute, 20h30, une émission de télé-réalité de 80 minutes baptisée *The Big Donor*. Au cours de celle-ci, Lisa, une femme de 37 ans atteinte d'un cancer en phase terminale, devait choisir, parmi 3 candidats, la personne à qui elle ferait don de ses reins pour une transplantation.

Les malades, âgés de 18 à 40 ans, tous 3 atteints d'insuffisance rénale, avaient été préalablement filmés dans leur vie quotidienne, avec leur famille et leurs amis et Lisa, **après avoir visionné** ces reportages, a dû sélectionner « l'heureux gagnant ». Les téléspectateurs avaient la possibilité de donner leur avis à Lisa par texto et, ainsi, ils pouvaient l'influencer.

Il va sans dire que ce programme a entraîné une vive polémique, qui a dépassé les frontières nationales. **Après avoir expliqué** que ce programme visait à sensibiliser les téléspectateurs aux difficultés liées au don d'organes, et, notamment, à celle de la pénurie de donneurs, la chaîne BNN s'est défendue en ajoutant que, grâce à cette émission, chacun des concurrents avait 33 % de chances d'obtenir un rein et que ce pourcentage dépassait de beaucoup celui des malades sur des listes d'attente. Le patron de la chaîne BNN, Laurens Dillich, avait conclu que *The Big Donor* était un programme d'utilité publique.

La Commission européenne a réagi et, **après avoir dénoncé** le très « mauvais goût » de l'émission, elle a proposé d'instaurer une carte européenne de donneur d'organes afin de lutter contre le manque de donneurs. **Après avoir déclaré** qu'attirer l'attention du public sur cette question était très positif, la Fondation néerlandaise pour les dons d'organes a toutefois indiqué que la façon de faire de BNN était choquante, qu'elle n'apportait, malheureusement, aucune solution structurelle et durable.

D'autres détracteurs ont souligné le non-respect d'un principe-clé : celui de l'anonymat du don d'organes. D'autres encore ont rappelé que la transplantation d'organes aux Pays-Bas est soumise à une législation très stricte : les donneurs de reins (et d'autres organes) n'ont pas le droit de choisir qui sera le bénéficiaire de leurs organes – ceci dit, dans le cas des greffes rénales, le donneur a ce droit s'il est établi qu'il existe un lien (de parenté, etc.) entre donneur et receveur.

Bref, tous les détracteurs s'accordent sur un point : cette émission a dépassé les limites de l'« éthiquement correct » ; elle est aussi scandaleuse et inacceptable que le trafic d'organes.

Glossaire

La pénurie : the shortage

Résumé de Bianca

En juin 2007, le manque de donneurs d'organes en Hollande a conduit un présentateur, Laurens Dillich, à diffuser, sur une chaîne d'utilité publique, une émission de télé-réalité d'1h10, *The Big Donor*. Au cours de ce programme, les téléspectateurs devaient, par SMS, choisir, parmi 3 personnes en bonne santé, celle qui aiderait Lisa, 37 ans, atteinte d'insuffisance rénale.

Cette émission, jugée scandaleuse et « éthiquement incorrecte » par la Fondation néerlandaise pour les dons d'organes, a donné lieu à un vif débat national. La Commission Européenne a expliqué qu'il existait déjà une carte européenne de donneur et que la loi européenne était très claire : l'anonymat du donneur devait être scrupuleusement respecté.

Toutes les personnes choquées par cette émission ont indiqué que cette dernière était aussi intolérable que le trafic d'organes.

  **Activité 5 : dans le document ci-dessus, certaines expressions apparaissent en caractères gras. Réutilisez le vocabulaire des textes de cette section et, si nécessaire, révisez, à l'aide du tableau ci-dessous, la tournure « après, suivi de l'infinitif passé », afin de pouvoir traduire en français les 8 phrases suivantes.**

Zoom sur …
« après + passé de l'infinitif »

Voix active:

Après avoir mangé, elle a parlé au plasticien
→ after eating, she spoke to the plastic surgeon

Après être rentrée de l'hôpital, elle s'est sentie soulagée
→ after she went home from the hospital, she felt relieved

Après m'être habitué(e) à mon nouveau visage, j'ai recommencé à sourire
→ after I got used to my new face, I started to smile again

Voix passive:

Après avoir été opérée, elle a pleuré de joie
→ after being operated on, she cried with joy

1. After receiving your transplant, you will continue to see the surgeon once a month.
2. After waiting for a kidney transplant for 2 years, he found a compatible donor.
3. After filling in an organ donor card, you talked about organ donations to your housemates.
4. Would you wear a mask after having a car accident that left you disfigured?
5. The man had lost 3 of his fingers after being savagely attacked by his neighbour's dog.
6. After being transplanted, her new lip started to swell.
7. Two Spanish transplant recipients survived after being infected in hospital.
8. After being selected, she conducted a survey about Dutch reality TV shows.

 **Activité 6 : à vous de donner votre avis ! Que pensez-vous du programme *The Big Donor* ? Est-il « éthiquement correct », selon vous, qu'une chaîne de télévision publique annonce la diffusion d'une telle émission de télé-réalité ? N'y a-t-il pas d'autres moyens de sensibiliser l'opinion publique au sérieux problème du manque de donneurs d'organes ? Devrait-il exister une carte européenne de donneur ? Tous les citoyens ne devraient-ils pas, à moins d'en exprimer clairement le refus par écrit aux autorités compétentes, être donneurs potentiels ?**

Activité 7 : le 22 juin a lieu la journée nationale du don d'organes en France. Imaginez une conversation entre 2 personnes : une personne tout à fait contre les dons d'organes et les greffes de peau faciales présentant des arguments qu'elle juge convaincants à une seconde qui est, elle, résolument pour les prélèvements d'organes et les transplantations. Votre discussion devra durer 5-6 minutes.

Activité En Plus : abordons maintenant un thème plus léger. Les langues créoles à base française sont nées aux XVIe-XVIIe siècles ; on parle un type de créole français en Martinique, Guadeloupe, Haïti, sur l'Île de la Réunion, l'Île Maurice, etc. Un conseil : lisez les expressions créoles à haute voix, cela vous aidera à trouver la solution. Alors, parlez-vous créole ?

1) Mésyé zé dam bonswa	a) Le soir, je m'assois b) Bonsoir mesdames et messieurs c) Ces hommes et ces femmes ont fait un bon choix
2) Mwen ka fay an ti pozé	a) Je fais une petite pause, je me repose b) J'ai posé ton café c) C'est moi qui ai fait ton portrait
3) Ki laj ou ?	a) Qui va jouer ? b) C'est quel jour ? c) Quel âge avez-vous ?
4) Tanzantan	a) De temps en temps b) J'entends mal c) J'attends souvent
5) I pa bon	a) C'est du bon pain b) Mon père est gentil c) Ce n'est pas bon
6) Mwen pani lajan	a) Je n'ai pas d'argent b) Je n'ai aucune chance c) J'ai parlé à l'agent
7) Si ou plé	a) Si vous voulez b) S'il vous plaît c) Si vous parlez
8) Pa vwè	a) Ce n'est pas à vous b) Je n'ai pas vu c) Ce n'est pas vrai
9) Ou bezwen ede?	a) Vous avez besoin d'aide ? b) Où devez-vous aller ? c) Vous leur avez donné un baiser ?
10) Jaden-an plen zèb	a) J'ai 10 sites Internet b) Le jardinier est très âgé c) Le jardin est plein d'herbe
11) Lapli ka tonbé	a) Il a pleuré quand il est tombé b) Il pleut c) Ce qu'il a pris est tombé
12) Mon swèf	a) Ce que je souhaite b) J'ai soif c) Je transpire
13) Mon pa fen	a) Mon père est fort b) Je n'ai pas froid c) Je n'ai pas faim
14) Jodi sé yon bèl jou	a) Il fait très beau aujourd'hui b) Il va faire très beau jeudi c) Je dis que c'est une belle journée
15) I byen cho jòdi	a) Jodi a très chaud b) J'aime bien aller chez Jodi c) Il fait très chaud aujourd'hui
16) Ki sa ou vlé	a) Qu'est-ce que vous voulez ? b) Où allez-vous ? c) Qui l'a volé ?

 Activité 8 : à votre ordinateur !

1 Faites les exercices en ligne n°s 33 et 34 portant sur les sections 1 et 2 de ce chapitre.

2 Le décès de Grégory Lemarchal a eu un effet très positif en France sur le nombre de demandeurs de carte de donneur. Qui était-il ? Pourquoi sa mort a-t-elle eu un tel impact ? Que fait France Adot ? Effectuez des recherches sur Internet et présentez oralement, en français et en utilisant PowerPoint, vos résultats ainsi que vos commentaires. Votre exposé oral devra durer 5-6 minutes.

CHAPITRE NEUF

Section 3 Cyber-réseaux sociaux (1)

Activité 1 : Pierre, votre colocataire francophone, navigue quotidiennement sur l'Internet et adore la blogosphère ; il est membre de 2 réseaux communautaires numériques. Un soir en juin, il vous apprend que le 1er janvier 2007, un Français, Arash Derambarsh, a été élu premier président de Facebook – « Enfin, à vrai dire, Arash s'était autoproclamé président ! », précise votre ami. Les Français seraient-ils aussi friands de ces nouveaux outils de socialisation que sont les cyber-réseaux sociaux ? Écoutez attentivement le document sonore suivant (de 3′46″ minutes) afin de pouvoir remplir les blancs de la transcription ci-dessous.

Jusqu'à quel point l'Internet fait-il désormais ______ ?

En septembre 2007, l'EIAA (Association Européenne pour la Publicité Interactive) ____ intitulée « Mediascope Europe », basée sur un nombre impressionnant ____. En effet, ___ d'Européens ____ sur le temps qu'ils consacrent aux médias et à l'Internet.

Cette étude ___ un tout nouveau phénomène : désormais, les Européens ____ ans pensent passer plus de temps sur l'Internet que devant leur téléviseur (respectivement __ heures hebdomadaires ___). 82 % de ces ____ utilisent le net au moins 5 jours par semaine, alors que seuls __ % de téléspectateurs regardent la télévision de façon aussi régulière – ce qui représente une ___ par rapport à 2006. Mis à part au Royaume-Uni, dans tous les autres pays européens figurant ___, le pourcentage d'internautes délaissant une activité au profit du net ___ %. Ainsi, 71 % des internautes hexagonaux ____ d'autres médias pour la Toile : ____ qu'ils regardent moins fréquemment la télévision, __ % lisent moins la presse écrite et __ % écoutent moins souvent la radio.

Les internautes français ____ heures hebdomadaires en ligne en moyenne, ___ la France au troisième rang, derrière l'Italie (__ heures hebdomadaires) et la Suède (13 heures hebdomadaires) – la moyenne européenne hebdomadaire atteignant, quant à elle, __ heures. Parmi les ___ d'internautes européens les plus friands de l'Internet, les utilisateurs hexagonaux ___ à nouveau – 32 % d'entre eux passant ___ hebdomadaires en ligne, contre 37 % des Italiens et 36 % des Suédois.

Avec de ___, rien de surprenant à ce que les internautes hexagonaux ___ également fans de cyber-réseaux communautaires – ces derniers étant indiscutablement très en vogue : __ des internautes français communiquent au moins une fois par mois via de tels réseaux – alors que la moyenne européenne ___. Selon une étude ComScore publiée en septembre 2007, les sites communautaires __ millions de visiteurs en France en juillet 2007 – ce qui représenterait la moitié de la population internaute de l'Hexagone. Avec ses __ millions de visiteurs, le site français Skyrock Network ___ des sites communautaires en France (devenant ainsi le deuxième en Europe). Avec ses __ millions de visiteurs hexagonaux, MySpace.com, le plus grand site communautaire au monde, se classe au deuxième rang. Avec seulement ___ internautes hexagonaux, Facebook n'arrive que loin derrière, n'attirant que 3 % de la population hexagonale adepte de ces sites.

La ____ du haut débit (__ % des internautes hexagonaux possèdent désormais ce type de connexion, contre une moyenne européenne de __ %) est sans doute pour beaucoup dans toutes les évolutions que nous ____.

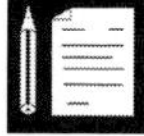

Activité 2 : afin d'en savoir davantage sur le cyber-réseautage, écoutez le texte (de 3′48″ minutes), puis répondez en français aux 13 questions suivantes (qui sont dans l'ordre du texte). Il n'est pas nécessaire de faire des phrases entières.

Questions

1. Quelles sont (étaient) les 2 fonctions initiales de l'Internet ?
2. A quoi 88 % correspondent-ils ?
3. A quoi 67 % correspondent-ils ?
4. Pourquoi le score de Facebook est-il à souligner ?
5. Qui utilise Viadeo ?

- Bonjour, excusez-moi…[I was supposed to take] le train n° 873831 à destination d'Aurillac, et il [should already be] sur le quai 3 mais [it is not there].
- Bonjour. Alors, laissez-moi vérifier les trains en partance…Je regrette mais [yours has been cancelled].
- Et [mine]? C'est le 875567 pour Nîmes.
- [Yours], monsieur ? Il circule, mais il [will be late], je suis désolé.
- Bonjour, [his] circule. Tant mieux ! Mais [I must ask you]. [My German friends were supposed to catch a train] à destination de Paris à 9h. [Don't tell me that theirs has been cancelled too !]
- C'est possible monsieur. Je regarde…Non, ils [are lucky], [you can tell them that theirs will be on time].
- Excusez-moi, jeune homme, et [ours] ? Nous [booked 4 seats] dans le train pour Lyon Perrache.
- Lyon Perrache. Alors, celui de 9h10 [will not be running] mais [the following train should leave on time].
- Merci beaucoup. Maintenant, [I must ring my friend] qui habite à Genève pour savoir quand [hers will get to Lyon].

Activité 5 : pendant votre pause réglementaire, vous lisez le court article que les grévistes ont fait publier dans la presse. Aidez-vous, si nécessaire, du tableau sur le gérondif afin de traduire en anglais cet article, qui compte 194 mots.

Mouvement de grève syndical

Pendant sa campagne présidentielle, notre nouveau chef de l'État, **tout en étant** fervent défenseur de l'ordre, avait promis d'écouter les doléances des employés de la SNCF. **En arrivant** à l'Élysée, Madame la Présidente nous a renouvelé sa promesse, **tout en demandant** à son gouvernement de modifier la loi sur le droit de grève. **En prenant** cette décision, elle nous a montré son vrai visage. **En légiférant** sur ce droit, elle porte atteinte à notre liberté mais aussi à VOTRE liberté. **En interdisant** les grèves sauvages, **en sanctionnant** les grévistes, elle nous prouve qu'elle ne nous a pas vraiment écoutés. Nous avons donc décidé de lancer cette grève, **tout en sachant** pertinemment qu'elle causerait de nombreux problèmes aux usagers de la SNCF. Malheureusement, c'est **en faisant** grève que nous pourrons faire pression. **En protestant** de cette manière contre la baisse de notre pouvoir d'achat, et du VÔTRE, nous espérons être entendus de tous.

En lisant cet article, vous comprendrez mieux nos motivations, et, **en y réfléchissant**, vous réaliserez que ce combat est aussi LE VÔTRE. **En nous battant** pour de meilleures conditions de travail, nous nous battons aussi pour LES VÔTRES.

Zoom sur …
le participe présent

formation
a) avec presque tous les verbes
1. conjuguer le verbe au présent, à la première personne du pluriel (« nous »). 2. enlever la terminaison [ons] 3. ajouter [ant]
b) 3 exceptions
1. avoir → ayant 2. être → étant 3. savoir → sachant.
En + participe présent = gérondif
a) « by doing something »
by catching the shuttle, she can be here by 7am. → **en prenant** la navette, elle peut être ici avant 7h.
b) « on doing something »/« when one does something »
on reaching the railway station/when you get to the railway station, you must ring me. → **en arrivant** à la gare SNCF, vous devez me téléphoner.
c) « while doing something »
while looking at the timetable, she was listening to French radio. → **(tout) en regardant** l'horaire, elle écoutait la radio française.
d) « although »
although he knew how difficult it would be, he did it. → **tout en sachant** combien ce serait difficile, il l'a fait.

Activité En Plus : à la fin de cette difficile journée de travail, vous décidez de téléphoner à Colline, qui, ayant trouvé un emploi saisonnier dans votre ville d'origine, est par conséquent hébergée chez vos propres parents. Faites-lui un résumé oral de votre séjour jusqu'à présent (travail et sorties). Vous devrez utiliser, le plus possible, des phrases contenant un gérondif. Certaines de vos phrases devront commencer par la traduction de : « when kissing my parents», « on reaching the airport », « while waiting for my plane », « while checking my

passport, the customs officer », « when taking off », « whilst listening to the security announcements », « when putting my boarding card in my bag », « when landing in France », « by working in France, I can » et « although they knew that many trains would be cancelled, they ».

Activité 6 : à votre ordinateur !

1 Faites les exercices en ligne nos 37 et 38 portant sur les sections 1 et 2 de ce chapitre.

2 Effectuez des recherches sur Internet sur « la bête du Gévaudan » et présentez oralement, en français et en utilisant PowerPoint, vos résultats ainsi que vos commentaires. Votre exposé oral devra durer 5-6 minutes.

Section 3 Travailler à Grenoble (1)

Activité 1 : c'est votre toute première journée comme agent d'accueil et d'information à la Maison de l'International de Grenoble. On vous a demandé d'accompagner le directeur, qui va prononcer son traditionnel discours de bienvenue devant les étudiants internationaux. Écoutez attentivement ce document sonore (de 3′14″ minutes) afin de pouvoir répondre à 12 questions – qui sont dans l'ordre du texte.

Questions

1. Why is 2000 an important year?
2. What do you learn about Algeria, China, and England?
3. What do 05, 26 and 38 refer to?
4. What is the recipe for « gratin dauphinois »?
5. What happened between 8 and 9am?
6. What is the French, in the text, for 'to unpack'?
7. What has been put on the noticeboards?
8. Where are the noticeboards?
9. What can all the international students do until 11.30am?
10. What explanations will these students be given at 11.30am?
11. What will happen between 3 and 5pm?
12. What is the French, in the text, for 'thank you for listening to me'?

Activité 2 : on vous a demandé de vous familiariser avec le règlement intérieur des chambres de la cité universitaire, qui vous est présenté ici. Utilisez ce document et révisez, si nécessaire, la différence entre « c'est » et « il est », afin de pouvoir traduire en français les 8 phrases suivantes.

Résidences universitaires du Centre Régional des Œuvres Universitaires et Scolaires (CROUS) munies de systèmes électroniques de fermeture des portes d'entrée
Résumé du règlement intérieur des chambres

C'est une évidence. Afin que la vie en collectivité soit harmonieuse, quelques règles sont à observer.
Il est entendu que tout étudiant admis en résidence universitaire s'engage à respecter la personne, le travail, le bien et le repos des autres.
Il est important de souligner **qu'il est interdit de** faire du bruit, notamment après 22 heures. **Il est naturel de** vouloir recevoir ses amis dans sa chambre. **C'est** tout à fait **normal et c'est autorisé**, mais jusqu'à 21 h 30 seulement. **C'est** la règle. Par contre, si vous songiez à héberger une autre personne dans votre chambre, rappelez-vous : **c'est** formellement **interdit**.
Il est essentiel de vous rappeler que vous êtes responsable de votre logement et de ce qu'il contient (matériel et mobilier). Ne changez surtout rien aux installations existantes, **ce serait** une entorse au règlement.
Pour votre sécurité et celle des autres résidents, **il est** vivement **conseillé de** ne divulguer le code d'entrée à aucune personne extérieure à l'établissement. **C'est** potentiellement très **dangereux**.
Vous désirez utiliser un réfrigérateur, une radio, un ordinateur ou un fer à repasser dans votre chambre ? **C'est permis**. Par contre, l'utilisation de tout autre appareil est, elle, interdite.
Il est évident que la détention et le port d'armes à feu, quelles qu'elles soient, ne sont pas autorisés. **C'est illégal. Il est** également **illégal d**'introduire des produits stupéfiants dans la résidence universitaire.
Il est rappelé que vous êtes responsable vis-à-vis de l'administration, comme des autres résidents, des dommages que vous pourriez occasionner. **C'est simple**. Si vous perdez la clé de votre chambre, l'administration va en faire faire une autre et **c'est** à votre charge.
Il est certain que l'hygiène est tout aussi importante que la sécurité. **C'est à vous d'**assurer régulièrement l'entretien

de votre chambre. Ainsi, les déchets alimentaires ne doivent pas être conservés dans votre chambre. **Ce n'est** pas **toléré**. Les parties communes et les corbeilles à papier ? **C'est** du ressort des agents de service du CROUS.
Ne vous couchez pas directement sur votre matelas. Utilisez des draps, **c'est** beaucoup plus hygiénique.
Ne fumez pas dans le couloir. **C'est** un espace non-fumeurs.
Il est obligatoire d'utiliser le sèche-linge commun et non le rebord de votre fenêtre pour faire sécher vos vêtements.
S'il vous plaît, pas d'animaux domestiques dans votre chambre : **c'est contraire** au règlement !
Il est manifeste que la qualité de votre séjour dépendra de l'attitude de chacun d'entre vous. **C'est facile**, respectez les règles ci-dessus et tout ira bien !

Bon séjour à tous !

Zoom sur ...
« c'est » et « il est »

Zoom sur ... « c'est »
a) avec un nom
C'est une règle de grammaire. C'est un professeur. C'est un Français.
b) avec un adjectif
Regardez. C'est facile, n'est-ce pas ? C'est vrai. C'est vraiment facile à comprendre.
Zoom sur ... « il est »
a) avec un nom
Il est professeur. Il est français.
b) avec un adjectif + de/+ que
Regardez. Il est facile de faire cet exercice, n'est-ce pas ? Il est vrai que c'est assez simple. Il est vraiment difficile de comprendre comment cet incident a pu arriver.

1 You must not smoke in the communal areas; it's a non-smoking hall of residence.
2 It is strictly forbidden to modify the contents of your room, in particular the furniture and the equipment.
3 The possession of firearms by residents and/or their guests is forbidden; it's dangerous.
4 It is advisable not to bring any pets. It is forbidden.
5 You must remember that this is not tolerated.
6 It is not permitted to make any noise after 11pm; it's against the rules.
7 You cannot share your bedroom with another student; this is not allowed.
8 It is compulsory to spend a year abroad. It is clear that your French will improve dramatically.

Activité 3 : de retour dans le bureau d'accueil, vous recevez un coup de téléphone concernant la venue de la directrice de l'Alliance Française de Grenoble. Écoutez attentivement ce document sonore (de 2′33″ minutes) afin de pouvoir remplir les blancs de la transcription correspondante.

- Allô, ici la Maison de l'International. Mademoiselle Ortega [speaking] [May I help you ?]

- Allô oui bonjour. Je [could speak to] Monsieur Soulier, le secrétaire de Monsieur Kazim s'il vous plaît ?

- [Who's calling ?]

- De Madame Mancret, l'assistante de Madame Kazinsky, la directrice de l'Alliance Française de Grenoble.

- Merci Madame. Un instant. [Hold the line.] [I'm putting you through to him.]

...

- [I'm sorry] mais [his line is engaged] et M. Kazim n'est pas dans son bureau.

[Do you want to call back] un peu plus tard ? [I can take] un message si vous le souhaitez.

- Merci, oui, je préfère laisser un message.

- [What is it about ?]

- Dites à Monsieur Soulier que Madame Kazinsky est [very sorry] mais elle ne pourra pas venir s'entretenir avec vos étudiants internationaux à 13h demain à cause d'un [last minute hitch.]

Par contre, elle [is available] de 14h à 17h après-demain. J'ai [her diary] sous les yeux.

- Excusez-moi, si je comprends bien, vous téléphonez [to postpone] la venue de Madame …? Pardon, vous [could remind me] son nom et [spell it for me ?]

- Bien sûr. K A Z I N S K Y.

- [I've made a note of that.] La [new time slot] qui [suits her] est donc après-demain, de 14 à 17h, c'est bien ça ?

- Oui, tout à fait. Nous devons donc [arrange] un autre rendez-vous. Madame Kazinsky s'excuse vraiment pour [this setback] mais il est tout à fait [beyond her control.]

- Je comprends. Ne vous inquiétez pas. Je [will pass on the message] et Monsieur Soulier [will call you back] dès qu'il aura parlé avec Monsieur Kazim. Quel est votre numéro de téléphone ?

- Ah oui, pardon, j'oubliais ! C'est le 76 26 68 54.

- Et quel est [your extension number ?]

- Je vous ai donné la ligne directe.

- Parfait. Bien, je vous remercie [for you call.] Au revoir Madame et [have a nice day !]

- Au revoir. Encore désolée [for the inconvenience.] Bonne journée à vous aussi !

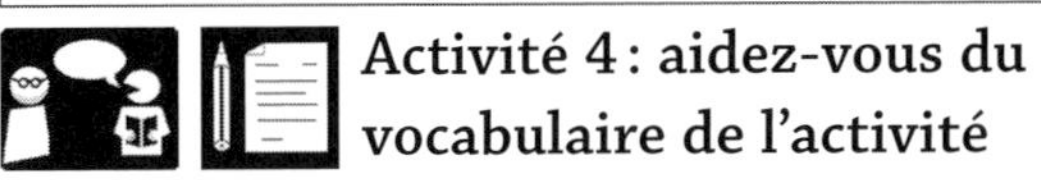

Activité 4 : aidez-vous du vocabulaire de l'activité précédente, spécifique aux conversations téléphoniques, afin de faire ces mots-croisés. Attention ! Ne laissez pas de blanc entre les mots d'une phrase ou expression toute faite, mais une apostrophe prend une case entière.

Horizontalement :

1. who's calling = c'est
5. a setback = un
6. available
7. what is it about = c'est
9. which suits her = qui lui
11. her line is engaged = sa ligne est
12. I am sorry = je
13. Mrs Roberts speaking = Mme Roberts
14. I could = je
15. I repair = j'
17. a diary = un
18. hold the line
19. he is sorry = il est

Verticalement :

2. a hitch = un
3. the inconvenience = le
4. the extension number = le numéro de
8. may I help you
10. to spell
12. to postpone
16. I'm putting you through to her = je
17. thank you for your call = merci de votre

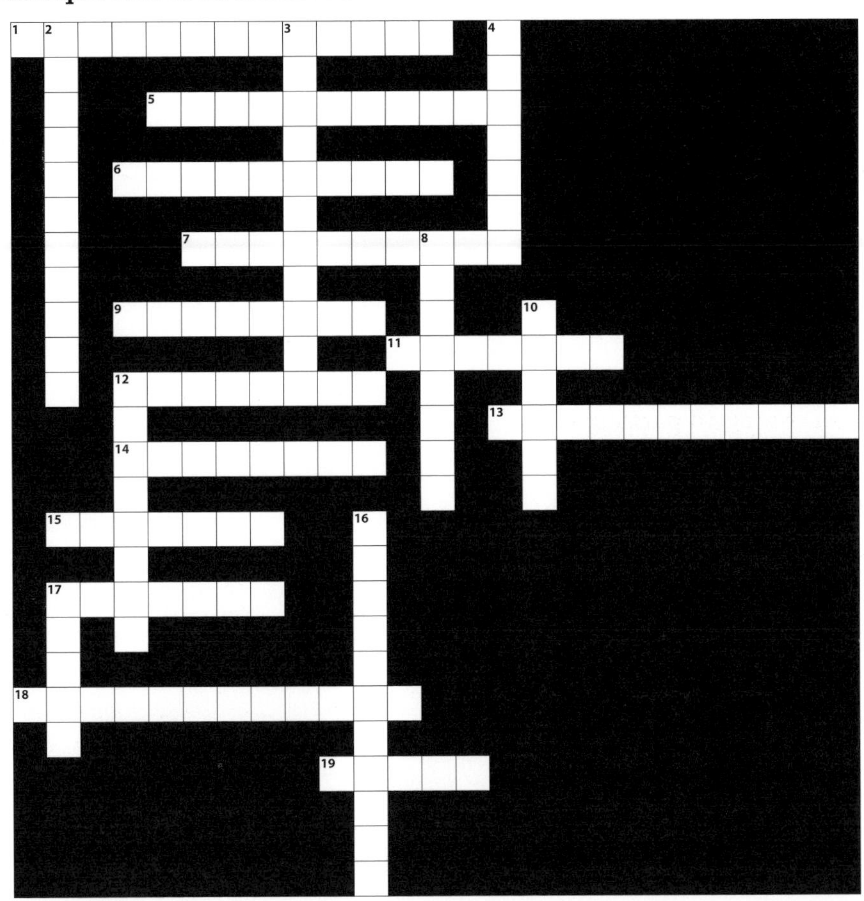

CHAPITRE DIX

  Activité 5 : comme prévu, l'atelier consacré à l'apprentissage interculturel débute à 15h. Monsieur Kazim prononce quelques mots d'introduction, avant de céder la place à l'intervenant spécialiste de l'interculturalité. Écoutez attentivement ce document sonore (de 1′10″ minutes) afin de pouvoir répondre à 8 questions – qui sont dans l'ordre du texte.

Questions

1. What is the first stage mentioned in Mr Kazim's speech?
2. What is its aim?
3. What does Mr Kazim say about the second stage?
4. What will the person in question be able to do as a result?
5. What is the French, in the text, for 'efficiently'?
6. What is the French, in the text, for 'misunderstandings'?
7. What is the French, in the text, for 'to manage a conflict'?
8. How would you translate Mr Kazim's last words (« digne de ce nom ») into English?

  Activité 6 : quels sont les symboles, valeurs, références et dates essentielles de votre pays ? Sont-ils éternels et immuables ? Ont-ils changé ? Pour quelles raisons ?

  Activité En Plus : en France, avant le passage à l'euro, de nombreux personnages français célèbres (Saint-Exupéry, Pasteur, Racine, Richelieu, Bonaparte, etc.) figuraient sur les billets de banque. Si vous aviez à concevoir un billet français sur lequel figurerait ce qui, à vos yeux, est le symbole de la francité, que choisiriez-vous et pour quelles raisons ? Si vous deviez concevoir un timbre anglais sur lequel figurerait ce qui, selon vous, symbolise ce que certains appellent « Britishness », que choisiriez-vous et pourquoi ? Si on vous demandait de concevoir un billet de banque et un timbre sur le thème « Être citoyens européens », quels personnages et objets rassembleurs choisiriez-vous ? Quel serait votre choix s'il s'agissait du thème « Citoyens du monde » ?

Section 4 Travailler à Grenoble (2)

Activité 1 : votre première journée de travail se poursuit et on vous demande d'écrire une lettre de réclamation, car il y plusieurs problèmes avec la documentation destinée aux étudiants internationaux que l'Imprimerie Alpine vous a livrée. Lisez ce courrier et aidez-vous du vocabulaire pour traduire les 8 phrases en français.

Maison de l'International de Grenoble
Hôtel de Lesdiguières
Parvis des Droits de l'Homme
1, rue Hector Berlioz
38000 Grenoble

Monsieur Riccone
Imprimerie Alpine
80, rue de Vaucanson
38330 Montbonnot

N/Réf : papet/2010/1
V/Réf : Alpine/2010/203
Objet : réclamation

Grenoble, le 2 septembre 2010

Monsieur,

En juillet dernier, nous avons décidé d'utiliser vos services car votre imprimerie nous avait été recommandée et, de plus, vos produits sont fabriqués avec du papier recyclé – une démarche que nous désirons soutenir et encourager.

Nos dossiers de bienvenue nous sont parvenus dans les délais convenus, c'est-à-dire sous quinzaine de la réception de la commande et nous sommes enchantés de la qualité d'impression.
Par contre, nous avons le regret de vous signaler que plusieurs erreurs ont été commises.

1. la quantité livrée ne correspond pas au nombre de dossiers commandés. Il en manque 3.
2. nous avions demandé à ce que la police soit « verdana 11 », or, vous avez utilisé « comic sans MS 10 », ce qui rend la lecture plus difficile,
3. les stylos contenus dans les dossiers portent bien la mention « Maison de l'International » mais, malheureusement, 10 d'entre eux ne marchent pas,
4. votre facture comporte une erreur : vous nous avez effectivement accordé la remise de 3 % que vous nous aviez promise, puisqu'il s'agit de notre première commande mais, par contre, vous avez oublié la remise supplémentaire de 2 % sur la quantité.

Fort heureusement, 3 étudiants ont dû se désister à la dernière minute ; par conséquent, nous n'avons pas besoin des articles manquants. Cependant, votre facture devrait refléter le fait qu'elle ne correspond pas au nombre des articles reçus. Par ailleurs, elle devrait aussi prendre en compte la remise de 2 % que vous nous aviez accordée lors de nos discussions initiales.

Nous réalisons qu'il est trop tard pour imprimer à nouveau tous les dossiers avec la police que nous souhaitions. Toutefois, veuillez nous faire savoir ce que vous comptez faire quant aux 10 stylos défectueux. Nous avons désormais un besoin urgent de produits de remplacement.

Étant donné ce fâcheux contretemps, nous pensons être en droit de vous demander un rabais proportionnel au dérangement occasionné.

Dans l'attente de votre prompte réponse, et avec tous nos remerciements anticipés, nous vous prions d'agréer, Monsieur, l'expression de nos sentiments distingués.

Mlle Ortega

Ortega

Bureau d'accueil

1 6 applicants had to withdraw but she still needs 12 replacement items urgently.
2 Given the setback, we want you to reprint all the items in question within a fortnight.
3 We are sorry to inform you that your invoice does not tally with your delivery.
4 I am delighted with the items that you delivered to me; however, according to her, there is a problem with the font you have used.
5 Given the inconvenience, we feel that we are entitled to a 5% discount.
6 Please grant us an extra discount of 5%; 10 products are faulty.
7 We ordered 400 pens; however, only 358 have arrived and 3 of them do not work.
8 Her printing company granted them a quantity discount of 2%.

Activité 2 : Monsieur Riccone vient de recevoir la lettre de réclamation que vous lui avez faxée. Il vous téléphone. Écoutez attentivement cette discussion (de 2′05″ minutes) afin de pouvoir remplir les blancs de la transcription correspondante.

- Allô, ici la Maison de l'International de Grenoble. Mademoiselle Ortega [speaking]. [May I help you ?]

- Allô, Mlle Ortega ? C'est Monsieur Riccone au téléphone. [I have just received] votre fax et je suis vraiment désolé. Je [really don't know what to say to you]. C'est bien la première fois que nous avons [such problems].

- C'est regrettable, [indeed].

- Voyez-vous, notre imprimerie est [a small family business] ; ma femme et mon [eldest son] travaillent avec moi. En août, ma femme et moi [had to go away] pendant quelques jours pour aller assister au mariage de sa [younger sister], qui habite maintenant aux USA. Je pense que c'est alors que les erreurs [have occurred].

- Je vois !

- Pendant notre absence, mon fils était momentanément patron. De plus, nous [had to take on] quelques étudiants, car certains de nos employés habituels [were on holiday]. Visiblement, ce [seasonal staff], tout comme mon fils d'ailleurs, n'a pas fait les [usual checks].

- Effectivement !

- Quoi qu'il en soit, cela n'excuse pas toutes les erreurs qui ont été commises. [I'm truly sorry about this].

- [What do you intend to do], Monsieur Riccone ?

- Écoutez, je pense que le plus simple est que nous achetions, [at our expense] naturellement, 10 stylos à l'Office de Tourisme de Grenoble. Je vous donnerai personnellement ces stylos cet après-midi, vers 17h. Vos étudiants auront au moins un stylo avec l'emblème de Grenoble, [even if it is not yours]. Qu'en pensez-vous ?

- Oui, c'est un bon compromis, en effet.

- [Concerning the invoice], je viens de la recalculer. Le nouveau total prend en compte [the 2% quantity discount] à laquelle [you were indeed entitled], de même qu'un rabais de 5% pour [the inconvenience we have caused you].

- Tout cela me semble tout à fait acceptable, Monsieur Riccone.

- Tant mieux. Je [am relieved], je [must admit]. Je vous faxe tout de suite [the amended invoice].

Activité 3 : Monsieur Kazim vous demande de régler un autre problème. Cyberqualité, la compagnie responsable de concevoir le nouveau site Internet de la Maison de l'International, vient de vous faire parvenir le fruit de son travail, accompagné de la facture. Utilisez le vocabulaire spécifique aux conversations téléphoniques et aux réclamations, contenu dans cette section et la précédente, afin d'imaginer le dialogue entre Mademoiselle Ortega et l'un des responsables de Cyberqualité. Votre conversation téléphonique devra durer au moins 3-4 minutes.

Activité 4 : vous avez remarqué que dans toutes les conversations téléphoniques de ce chapitre, le vouvoiement est de rigueur. Selon vous, dans quelles circonstances doit-on employer « vous », plutôt que « tu » ? Dans quelles situations doit-on employer « tu » ? Êtes-vous tutoyé ou vouvoyé par votre professeur ? Que préféreriez-vous, si vous aviez le choix ? Pour quelles raisons ?

Activité 5 : c'est votre troisième journée de travail à la Maison de l'International. Vous allez assister à la présentation de Madame Dumas sur le vouvoiement et le tutoiement. Lisez le document, de 1669 mots, qu'elle a préparé à cette occasion, puis résumez-le en anglais en 835 mots maximum. Grâce à votre résumé, n'importe quel lecteur anglophone découvrira quand était/est utilisé le « vous »/le « tu » et par qui. Il comprendra désormais dans quelles circonstances on passait/passe du « vous » au « tu » et vice versa.

Passer du « vous » au « tu » marque incontestablement l'évolution d'une relation. Toutefois, le pronom « tu » est-il toujours synonyme de moins de formalité, plus de proximité – voire d'intimité ? C'est ce que nous allons découvrir ensemble.

Saviez-vous, par exemple que, suite à la Révolution Française de 1789, le Comité de Salut Public a, en novembre 1793, condamné l'usage du « vous » en instituant, par décret, la règle du tutoiement – et ce, même dans les documents officiels écrits. Le but était de signifier que, dorénavant, tous les citoyens étaient égaux entre eux.

1. Le couple (époux ou amants)

a. mars 1796

Pendant la campagne d'Italie (1796-1797), l'épouse de Napoléon, Joséphine, était tellement mécontente de n'avoir reçu aucunes nouvelles de ce dernier qu'elle lui avait envoyé une lettre dans laquelle elle avait utilisé le pronom « vous ». Napoléon, blessé, avait alors écrit : « Je n'ai pas passé un jour sans t'aimer ; je n'ai pas passé une nuit sans te serrer dans mes bras », « Mon adorable Joséphine est seule dans mon cœur » ; avant d'ajouter « Cependant, dans ta lettre du 23 au 26 ventôse, tu me traites de vous » – ce à quoi il avait répondu par « Vous toi-même ! Ah ! mauvaise, comment as-tu pu écrire cette lettre ! Qu'elle est froide ! »

b. 1856

Emma Bovary, l'héroïne du roman de Gustave Flaubert (1821-1880), tombe amoureuse du jeune Rodolphe et ils deviennent amants – d'où les propos qu'ils échangent alors :

– M'aimes-tu ?

– Mais oui, je t'aime ! répondait-il.

– Beaucoup ?

– Certainement !

– Tu n'en as pas aimé d'autres, hein ?

Toutefois, le ton change totalement quand Rodolphe rédige sa lettre de rupture : « Du courage, Emma ! du courage ! Je ne veux pas faire le malheur de votre existence... », « Je ne vous oublierai pas, croyez-le bien, et j'aurai continuellement pour vous un dévouement profond ; Emma ! Oubliez-moi ! »

c. 1927

Dans le roman *Thérèse Desqueyroux*, de François Mauriac, on peut lire, au chapitre 13 :

« Si Bernard lui avait dit :

– Je te pardonne ; viens...

Elle se serait levée, l'aurait suivi. Mais Bernard, un instant irrité de se sentir ému, n'éprouvait plus que l'horreur des gestes inaccoutumés [...]

– Je veux une dernière fois vous demander pardon, Bernard.

Elle prononce ces mots avec trop de solennité et sans espoir. [...]

– Vous allez vous sentir bien seul : sans être là, j'occupe une place ; mieux vaudrait pour vous que je fusse morte.

Il haussa un peu les épaules et, presque jovial, la pria « de ne pas s'en faire pour lui. » [puis ajouta]

– Ne vous dérangez pas ; restez là. »

2. La famille

a. 1668

Dans *George Dandin*, l'une des nombreuses pièces de théâtre de Molière, on peut entendre, dans la scène 8 du deuxième acte :

« Angélique: Ah mon père, vous êtes là !
Monsieur de Sotenville: Oui, ma fille, et je vois qu'en sagesse et en courage tu te montres un digne rejeton de la maison de Sotenville. Viens çà, approche-toi que je t'embrasse.
Madame de Sotenville: Embrasse-moi aussi, ma fille. Las ! Je pleure de joie, et reconnais mon sang aux choses que tu viens de faire. »

b. 1871

Dans « La punition », le 33e chapitre du roman de la Comtesse de Ségur intitulé *Après la pluie le beau temps*, on peut lire les dialogues suivants :

« Le notaire : La voici, monsieur. Je dois vous prévenir que, redoutant un premier mouvement, j'ai gardé l'original signé de votre fils et je ne vous en apporte qu'une copie.
Le notaire tendit la lettre, M. Dormère la saisit et ne put d'abord la lire, tant il était troublé par l'émotion et la colère. [...]
M. Dormère : Ah ! Par pitié, ne m'accablez pas... mon fils..., mon Georges que j'ai tant aimé. [...]
Le notaire sortit et rentra peu d'instants après avec Georges.
Georges, d'un air dégagé : Vous me demandez, mon père ?
M. Dormère : Oui, monsieur. Lisez cette lettre de votre cousine Primerose. Il lui donne la lettre.
Georges, après avoir lu : Vous ne croyez pas, je pense, aux sottises que vous raconte Mlle Primerose ?
M. Dormère : Vous niez ce dont elle vous accuse ? [...]
M. Dormère regarda son fils et dit avec colère : « Misérable ! Qu'as-tu fait ? Mentiras-tu jusqu'au dernier moment ? [...]
Georges : Signez, mon père, signez tout ce qu'il voudra. J'avoue tout ce dont on m'accuse ; cela me sauvera de la prison.
M. Dormère : Lâche ! Menteur ! Tu as déshonoré mon nom ! Je te chasse ; je te déshérite. [...]
Georges : Adieu, mon père ; vous n'entendrez plus parler de moi ; je ne reviendrai que comme héritier de votre fortune. »

3. L'enseignement

a. primaire

Dans les années 70, peut-être suite aux révoltes étudiantes de mai 1968 et à l'atmosphère libérale de camaraderie qu'elles avaient créée, il n'était pas rare de voir les élèves tutoyer leur instituteur ou institutrice. Le tutoiement faisait partie des outils pédagogiques de l'époque ; on voulait ainsi instaurer une certaine proximité. Si le tutoiement est encore d'usage dans certaines écoles maternelles, où il témoigne plutôt du lien affectif entre les enfants et leur maître/leur maîtresse, il n'est pas généralisé – comme l'illustre cet extrait du roman autobiographique de l'écrivain beur Azouz Begag, *Le Gone du Chaâba*, écrit en 1986 :

« C'est trop tard pour pleurer, dit M. Grand. Il fallait travailler avant... Il arrive enfin vers moi et son visage s'illumine:
– Je suis très content de votre travail. Continuez comme ça et tout ira bien.
Il ne reste plus que Laville :
– Félicitations, Jean-Marc. Votre travail est excellent. [...]
– A partir de demain, me suggère M. Grand, vous vous installerez à côté de Jean-Marc Laville.

b. secondaire

Au collège, tout comme au lycée, vouvoyer les enseignants est de rigueur. Toutefois, en mai 2007, Xavier Darcos, le ministre de l'Éducation nationale, se disait en faveur du vouvoiement réciproque. Il déclarait, sur la chaîne de télévision TF1, qu'il « est indispensable que les enfants vouvoient les professeurs et il est préférable que les professeurs ne tutoient pas les élèves, au lycée, pour que chacun soit à sa place. »

4. La religion

a. 1963

En 1963, le pape Jean XXIII (Concile de Vatican II (1962-1965)) a décidé de moderniser l'Église et de rapprocher la communauté chrétienne dans son ensemble. Souhaitant que les chrétiens se sentent à égalité devant le Créateur, il a décrété que le « tu » serait de mise. Aussi les fidèles prient-ils désormais le seigneur Dieu en disant « Notre Père qui es aux cieux, que ton nom soit sanctifié, que ton règne vienne, etc. »

5. La police

Pendant longtemps, la police a, en général, tutoyé les criminels et les délinquants – voire même les simples suspects et... les jeunes des banlieues. D'où la surprise des héros de *La Haine*, film de 1995 de Mathieu Kassovitz. En effet, Saïd, Hubert et Vinz se rendent dans un des beaux quartiers de Paris et, quand Saïd demande une adresse à un policier, ce dernier lui répond en le vouvoyant et en lui disant « monsieur » – formules de politesse qui, à l'époque, n'étaient pas de rigueur dans la banlieue de résidence de ces 3 jeunes.

Soulignons que, depuis le 22 février 2006, des instructions ministérielles émanant du gouvernement de M. Sarkozy, alors Premier Ministre, doivent être appliquées. Elles visent à préciser le comportement à adopter envers les mineurs lors des interventions des forces de l'ordre et lorsque ces jeunes gens sont placés sous la responsabilité de la police ou de la gendarmerie nationale ; les contrôles d'identité doivent eux aussi être effectués avec politesse et courtoisie, le vouvoiement étant désormais de principe.

6. La politique

a. Le général de Gaulle (président de 1958 à 1969)

Sous la présidence du général de Gaulle, le « vous » était de rigueur.

b. Monsieur Mitterrand (président de 1981 à 1995)

Si les « camarades » militants du parti socialiste se tutoyaient, le président socialiste, lui, détestait cette pratique.

Un jour, François Mitterrand avait remis à sa place un parlementaire socialiste qui lui avait demandé s'il pouvait le tutoyer ; ce à quoi le président avait froidement répondu : « Si vous voulez. » Le message était clair !

c. Monsieur Sarkozy (élu président en mai 2007)

Nicolas Sarkozy tutoie volontiers son entourage et ses amis mais également ses ministres et les journalistes – ce qui peut surprendre. Ainsi, si Messieurs Blair et Sarkozy se tutoient réciproquement, Madame Merkel, la chancelière allemande a, elle, légèrement tiqué quand Monsieur Sarkozy lui a dit, selon *Le Monde* du 16 mai 2007, « Chère Angela, j'ai grande confiance en toi, beaucoup d'amitié pour toi ».

7. Autres domaines

Les animateurs du Club Med, tout comme d'autres clubs de vacances, ont abandonné la pratique, héritée des années 60, du tutoiement des vacanciers. Dorénavant, le « vous », suivi du prénom du vacancier, est de rigueur.

8. Les médias dans les années 2000

Le 29 mars 2002, le journal de l'économie et des finances, *Les Échos*, titrait : « Le CAC 40 tutoie les 4 700 points » – expression qui, depuis, est régulièrement utilisée dans le monde de la finance.

Le 27 septembre 2004, grâce au journal *L'Expansion*, on apprenait que Richard Branson, le patron de Virgin, voulait « tutoyer les étoiles » (il voulait lancer les premiers vols spatiaux commerciaux).

Dans le quotidien *Libération* du 9 novembre 2005, le lecteur lisait : France Télécom « devrait tutoyer les 50 milliards de chiffre d'affaires en 2005 ».

Dans *Le Monde* du 18 septembre 2007, un article sur la forêt amazonienne contenait la phrase suivante : « La forêt s'étend à perte de vue, tête immense dont la chevelure tutoie le ciel. »

 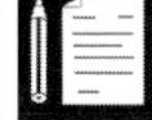

Activité 6 : vous assistez maintenant à la présentation de Madame Kazinsky sur le langage gestuel. Écoutez attentivement ce document sonore (de 3′54″ minutes) puis complétez les phrases suivantes en anglais – qui ne suivent pas l'ordre du texte.

1. In Japan, when you give your business card, you must…
2. In Marseilles, when visiting your family, you normally…
3. When greeting someone in Japan, you must…
4. Using your thumb together with your forefinger can be dangerous in…
5. In France, people shake hands to…
6. In Japan, the sign for 'money' is…
7. The Queen of England is known for her…
8. Your nose would touch someone else's if you…
9. 'Anjali' is…
10. In Tibet, to greet one another, people…
11. In Lyons, when arriving at your friends', you normally…
12. 'Wai' is…

 Activité En Plus : un étudiant étranger vous demande de l'aider à s'intégrer dans votre pays car il veut éviter de commettre des « faux-pas culturels ». Quels conseils allez-vous lui donner ? Qu'allez-vous lui conseiller de faire, et, surtout, de ne pas faire ?

 Activité 7 : à votre ordinateur !

1 Faites les exercices en ligne n°s 39 et 40 portant sur les sections 3 et 4 de ce chapitre.

2 Effectuez des recherches sur la Toile sur la signification que possèdent, selon la culture du pays en question (en Occident, en Orient, dans les pays arabes, anglophones, hispanophones, etc.) certaines fleurs, certains chiffres et certaines couleurs. Vous présenterez vos résultats oralement, en français et en utilisant PowerPoint. Votre exposé oral devra durer 5-6 minutes.

Expressions utiles pour exploiter les tableaux et les graphiques

Ce dossier/cette présentation porte sur le thème général de la/du/des... et plus particulièrement sur...
Tout d'abord/ en premier lieu, je vais parler de...
Ensuite/après, je vais aborder
- la question de la...
- le problème du...

En dernier lieu, je parlerai de...
Enfin, pour terminer, je ferai un petit jeu récapitulatif ; alors écoutez bien !

Voici un petit dossier qui résume les points principaux
Prenez s'il vous plaît ce dossier à la page 1, 2, 3, etc.

Si vous regardez
- le tableau en haut, à droite
- le graphique en bas à gauche
- la courbe, au milieu de la page
- la carte du milieu

Si vous regardez
- la première colonne
- la deuxième ligne
- la troisième image

- vous pouvez voir que le nombre de...
  - a (beaucoup) augmenté entre 199. et 200.
- vous verrez que le nombre de...
  - a (légèrement) baissé
  - a (un peu) diminué
- vous verrez que la situation des...
  - s'est améliorée
  - s'est aggravée

D'après ce tableau, ici, on peut conclure que la Suisse a connu
- une chute de(s) ...
- une diminution de 3 %
- une augmentation d'environ 5 %
- une progression de presque 7 %
- une amélioration de
- une aggravation de...

On peut voir qu'il y a eu, entre 199. et 200., une
- baisse de 30 % dans le domaine de...
- baisse importante du nombre de...

On peut observer, depuis 199., une
- nette amélioration de...
- forte/inquiétante aggravation de...

De 199. à 199., le taux de/du/des... a fortement augmenté en Belgique, puis de 200. à 201., le taux est resté relativement stable.

On constate qu'il y a
- de plus en plus de...
- de moins en moins de...

On peut conclure que
- plus le niveau scolaire du père est élevé, plus l'enfant a des chances d'avoir un diplôme élevé
- moins..., moins...
- moins les parents ont fait d'études, moins l'enfant a de chances d'avoir un diplôme élevé

Il y a la même situation au Sénégal et en Algérie.
C'est plus ou moins la même chose aux USA et au Québec.
La situation est très différente au Luxembourg.

Cette baisse/augmentation/cette différence/cet écart s'explique facilement/aisément
Je vais vous donner les raisons de cette chute ; c'est
- parce que (+ sentence)
- parce que la crise est terminée

- à cause de/du/des…
- à cause de la crise

Les conséquences/ répercussions sont évidentes

La tendance est (plutôt) à l'amélioration

À mon avis/ d'après moi…
Je pense que…

Il est très utile de comparer la situation en France à celle existant en Europe/Grande-Bretagne.

Les Belges, à la différence de leurs homologues américaines, sont plutôt des femmes…

Je suis étonné(e)/je ne suis pas étonné(e)
Je suis surpris(e)/je ne suis pas surpris(e)
Je m'attendais à un chiffre
- plus bas
- plus haut

Vous voyez bien l'écran ?
Vous entendez ? Vous voulez que je parle plus
- fort ?
- lentement ?

Vous avez des questions ? Vous voulez que je
- répète ?
- l'écrive ?
- l'épelle ?

Vous avez fini de copier ? Je peux continuer ?
Comme je le disais/je l'expliquais il y a un instant, …

« Embaucher », ça veut dire « recruter ».

Appendice 2

Expressions utiles pour analyser des publicités en français

Émetteur :

- l'émetteur est X, une agence/une compagnie/ un fabricant/un fournisseur de...

But :

- le but est de faire acheter ce produit
- le but est de rassurer les consommateurs/ les usagers de...
- le but est de convaincre les consommateurs potentiels d'acheter/de vendre...
- le but premier est d'attirer l'attention du public par le biais d'une affirmation apparemment paradoxale/grâce à un simulacre d'illogisme
- le but est, en premier lieu, de surprendre les consommateurs potentiels afin qu'ils relisent la publicité
- le tout premier but est d'amuser/de faire sourire le lecteur

Destinataires :

- Les destinataires sont les utilisateurs/ consommateurs actuels et potentiels de...
- Les destinataires sont les personnes qui aiment
  - les voyages/voyager
- Les destinataires sont des personnes voulant
  - perdre du poids/apprendre à peindre
- Les destinataires sont les enfants de 8 à 14 ans et leurs parents
- Les destinataires sont les hommes qui désirent montrer leur
  - tendresse
  - masculinité
- Les destinataires sont les femmes qui désirent montrer leur
  - féminité

Texte :

- L'utilisation de l'impératif/ l'utilisation du pronom « vous » rend le message plus personnel. Le lecteur se sent directement visé/concerné.
- À la première lecture, le texte de l'accroche semble paradoxal/contradictoire ; on parle de « simulacre d'illogisme ».
- À première vue, tout semble normal.
- Une relecture/une lecture plus attentive permet de noter les points suivants
- Il faut noter également l'utilisation d'une figure de paradiastole (c'est-à-dire des segments de même longueur, rythme et structure),
  - ce qui facilite la mémorisation
  - ce qui aide à retenir la publicité
- Il faut souligner le recours à la polysémie. En effet, l'expression/le mot X possède deux significations. La première a un sens concret et veut dire X tandis que la deuxième signification a un sens abstrait et signifie X.
- L'accroche de la publicité pour les valises Samsonite ('Making a strong case for travelling') utilise la lexie figée 'to make a strong case'. Cette lexie possède deux significations. Ici,
  - les deux significations sont à conserver
  - seul le sens concret/figuré est à conserver.
- Dans l'accroche 'Where there's a wall, there's a way' de la publicité pour la peinture Crown, le mot « will » a été remplacé par le mot « wall », lui aussi monosyllabique et commençant par le même son [w]
- Cette publicité a recours à l'homophonie. Les mots « sans » et « cent » sont homophones mais quasiment opposés/contraires du point de vue sémantique.
- Les mots « sous » et « roue » riment

- Il y a une allitération en [l], ce qui, ici, évoque la légèreté.
- Il y a une assonance en [a], ce qui, ici, évoque la tristesse, la nostalgie.
- Le rythme est le même dans les deux parties de l'accroche ; il y a 5 syllabes.

Paralangue :

- L'accroche est écrite en
  - italique, ce qui donne l'impression de...
  - caractères gras, ce qui accentue l'impression de...
  - majuscules
  - gros/petit
- La police utilisée dans l'accroche ressemble à une écriture
  - à la main
  - manuscrite
- L'accroche est située
  - au milieu de la publicité
  - au-dessous de l'image
  - au-dessus de l'image
  - à droite/à gauche de l'image
- Notons la couleur de l'accroche : rouge.

Cette couleur
  - est, en général, associée à l'idée de...
  - évoque le/la/les...

- L'arrière-plan de cette publicité est de couleur..., ce qui évoque la pureté/ la fraîcheur/la chaleur
- L'image, qui représente un/ une..., est nécessaire au décodage car...
- L'image est essentielle car elle permet de résoudre le simulacre d'illogisme
- L'image permet au lecteur de comprendre...

Grille de lecture des accroches des publicités

But(s)/Fonction(s) :
- convaincre
- dissuader
- faire réagir
- surprendre
- faire vendre...

Participants :
- **émetteur :** agence, marque
- **destinataire :** cible visée
- **récepteur :** personne lisant l'accroche

Support médiatique/canal :
- affiche
- presse
- télévision
- internet
- dépliant, etc...

Publicité écrite

Texte :
- code linguistique
- style
- niveau de langue : soutenu, courant, familier, populaire

Axe :
- affectif
- rationnel
- éthique

Intertextualité :
(relations avec texte(s) appartenant à autre(s) discours)
- films
- proverbes
- autre(s) publicité(s)...

Bagage culturel commun :
(latent, prêt à être réactivé) indispensable au décodage

Champs lexicaux :
(l'amour, le sport, les fleurs, etc.)

Paralangue :
(ajoute une signification au texte)
- caractères d'imprimerie
- polices
- taille des lettres

Index grammatical